# 自由貿易主義と大英帝国

## アフリカ分割の政治経済学

竹内幸雄

新評論

# はじめに

　イギリスの帝国が解体を余儀なくされていた1950年代初頭、ケンブリッジの歴史家ロビンスンとギャラハーが「自由貿易の帝国主義論」を提起した。彼らは、第二次大戦後、マーシャルプランによって復興を援助されていたイギリスをアメリカの非公式支配（経済支配）の下に存在するのではとの現代的問題意識から、19世紀におけるイギリスの世界的役割（覇権）を構想してみた。そして19世紀半ばにおけるイギリスを核とした自由貿易体制への世界各地の編入を「自由貿易の帝国主義」なる新概念で表現して見せたのである。彼らは、自由貿易体制による世界各地の非公式支配と公式支配そして自由貿易と帝国主義行動の同時存在を概念化しようとしたのであった。この見解は、それまでイギリスの帝国史研究の主流であった政治史・制度史的研究に比較し柔軟であり、また拡大経済の必要性などを要因として含んでいる点で新鮮なものであった。ロビンスン・ギャラハーの自由貿易帝国主義論は戦後イギリス歴史学上における最も重大な問題提起の一つであり、イギリスの帝国、イギリスの経済史を研究するものにとっては、常に振り返るべき議論であった。

　1980年代の初頭から展開された、ケインとホプキンズの「ジェントルマン資本主義とイギリスの海外膨張」に関する議論は、方法論的にはロビンスン・ギャラハーの議論を吸収し、そしてその限界を乗り越えようとするものであった。まず自由貿易を思考した主体に関しては、ロビンスン・ギャラハーの産業に対してケイン・ホプキンズは商業・金融を提案する。次に帝国拡大の動因に関しては、前者が現地の状況に本国側が対応せざるを得なくなったという周辺（ペリフェリー）論を展開するに対して、後者は本国側の主導性を主張する。本国の政策決定者が考慮する要因に関しては、前者が戦略を第一要因と考えるに対して後者は本国内における経済要因の方を重視する。ケイン・ホプキンズの時代には、ロビンスン・ギャラハーの時代とは比較にならない多くの実証的研究の蓄積（イギリス経済に関しても帝国各地に関しても）があった。ケイン・

ホプキンズによる本国経済の特異な構成（ジェントルマン資本主義）とその海外展開というような新しい考え方はその蓄積を背景に生み出されたのである。

　日本のイギリス史、帝国史の研究者がイギリスにおける上記の研究動向から影響を受けないわけには行かなかった。1960年代後半から、自由貿易帝国主義論は日本の学界で語られ始めた。著者もその影響を受け、アフリカ分割史の中での自由貿易帝国主義の存在を検討しようとした。分割の最も激しく展開された西アフリカにおいて、イギリスの政策はいかに自由貿易「的」でいかに帝国主義「的」であったのかを問う研究であった。もちろんこの分野ではホプキンズをはじめイギリス人、アフリカ人による研究の積み重ねがあり、著者の研究はそれをフォローする、あるいは原資料の一部を利用し著者なりの解釈を付け加えるというものであった。

　西アフリカの分割が、イギリスやフランスの海外投資の利害によるものではないことは明白であり、それとは別に析出できる商業利害も大きいものではなかった。それゆえ注目すべきは、当時のイギリスの商業利害関係者たとえば各地の商業会議所を構成する商人たちが、アフリカの将来的市場性をどう認識していたかに関するものであった。これについては、マンチェスター商業会議所をはじめとして多くの実証上の資料を見出すこともでき、さらに当時の書籍や評論にそれに関連する表現を多数見ることができた。それらをベースに「将来の市場論」の存在を構想し、19世紀末の西アフリカ分割を叙述しようとしたのが1990年の『イギリス自由貿易帝国主義』であった。

　この書はさらに1880年代と1890年との分割競争・植民地支配における厳しさの相違に注目し、前者の過渡的な性格を認識すべきだと主張し、本来の自由貿易帝国主義が現れたのは1890年代であると主張した。19世紀半ばにおいてその存在を認知された自由貿易帝国主義は、その帝国主義的側面をやっと1890年代において露わにしたというのが、著者の主張であった。しかしこの著作の時点において、自由貿易、自由貿易主義、帝国主義、植民地支配などについての著者の理解は充分ではなかった。自由貿易主義に関しても、理念型自由貿易主義者のコブデンやブライトの、自由党領袖のグラッドストンやハーコートの、自由帝国主義者ローズベリーらの、保守本流のソールズベリのそれは、大きくま

た微妙に異なっている。(帝国主義もまた異なった理解の下で実践されていた。チェンバレンとソールズベリにおいてさえその理念と実践は大きな相違を見せている。)

　商人層の内部においても自由貿易主義は様々に理解されている。コブデンの理念型自由貿易主義(平和主義的な)がマンチェスター商人層によって受け入れられるものでなかったことはすでに1850年代において明らかであった(クリミア戦争、アロー戦争)。マンチェスター商業会議所の一般論的で世俗的な自由貿易帝国主義は、1884年のアフリカ分割に関するベルリン会議においてまたその後の西アフリカ政策において継続的に主張されてきたが、現地に実際に進出して行ったリヴァプールやグラスゴウの商人たちの切迫し、また変幻自在の自由貿易帝国主義とはまた異なるものであった。

　さてそれでは、近年ケインとホプキンズによって詳細に展開されてきたジェントルマン資本主義による自由貿易政策とはどのようなものであろうか。ジェントルマン資本主義は1870年代以降においては、ロンドン・シティのサーヴィス業(金融と商業)および彼らと金融的つながりを持つ政治・社会のエリート層を中核としたものであり、イギリスの戦略・外交は、彼ら総体の利害をベースに決定されていく。ジェントルマン資本主義＝イギリスのエリート政策担当者の経済政策は、自由貿易と金本位制度とに基づく国際経済システムの維持であり、帝国の維持・拡大もその基本線からずれるものではない。エリートは、個々の帝国拡大策の決定において、まずは自由貿易、国際経済システム、財政均衡を前提とし、戦略すなわち列強との協調を考慮に入れ、そして現地に派遣された外務省や植民省官僚の見解を聞き、そして最後に現地進出企業の利害を検討した。自由貿易は、イギリスの政策決定の上では、エリート・非エリートの双方にとって、それぞれのご都合主義的な側面を伴いつつも当為・前提というべきものであった。

　以上の政策決定のプロセスは、『イギリス自由貿易帝国主義』における西アフリカ分析の中では充分に分析・検討されてはいなかった。論旨は、商業利害による帝国拡大の実践という直線的な解釈に傾いており、マンチェスターを中心とする本国商業利害、リヴァプールなどの現地進出商業利害、エリートの政

策意図、現地官僚の特殊な意図などが総合的に考慮された上でのものではなかった。この点を再検討し、アフリカにおけるイギリスの帝国形成を詳述しようとするのが本書の目的のひとつである。

　もうひとつの目的は対象を西アフリカから全域に拡大することである。それはアフリカ分割の最初と最後の事件、エジプト占領と南アフリカ戦争を評価することでもある。両者は勃発時から金融利害の存在を指摘され、金融・投資・金鉱の利害による戦争といわれてきた。その原因がいかなるものかを検討することは、アフリカ分割の全体像を理解することにつながっていく。

　最後に分割の政策決定過程を検討することが必要になる。政策決定は政治エリートのみによって行われたわけではない。また経済利害がその要求を簡単に政策化できたわけでもない。決定の複雑なプロセスをいくつかの例により明らかにしようとするのが本書のテーマのひとつである。

　本書は4部、12章で構成される。

　第一部は19世紀末から20世紀初頭にかけての帝国と自由貿易を総合的に理解するための理論的、概論的なものである。Ⅰ章は帝国形成に関する様々な見解を紹介しようとする序論である。Ⅱ章は、自由貿易、将来の市場論を含むアフリカ分割の前提的議論を総括しようとするものである。Ⅲ章は、イギリスの資本輸出の量、質そして対象についての概説である。

　第二部は19世紀末期における、商業帝国主義によるアフリカ分割の実証的研究である。Ⅳ章は西アフリカにおける商業利害の実証、Ⅴ章はアフリカ商人王の排除に関する分析、Ⅳ章は1890年代における植民地支配の本格化についての分析である。

　第三部はアフリカ分割をより総合的に理解するために、金融の利害および戦略・政治・外交に基づく帝国膨張政策を詳述する。Ⅶ章は金融利害を背景に行われたエジプト占領、Ⅷ章とⅨ章は同じく金融上の理由をもって帝国が拡大された南アフリカを扱う。

　第四部では政策決定過程の検討が詳しくなされる。Ⅹ章では戦略・外交が優先された東アフリカの支配が検討され、Ⅺ章では商業帝国主義の主体、リヴァプール派が紹介され、Ⅻ章においてはアフリカ分割の政治経済学が総括される。

(Ⅰ、Ⅶ、Ⅷ、Ⅸ、Ⅹ、Ⅺ、Ⅻ章は書き下ろしたものである。Ⅱ、Ⅲ、Ⅳ、Ⅴ、Ⅵ章は『イギリス自由貿易帝国主義』(新評論、1990年)のⅠ、Ⅷ、Ⅱ、Ⅲ、Ⅳ章を一部書き直し、書き加えたものである)

# 目　次

はじめに　1

## 第一部　帝国と自由貿易―1873～1914―

I　アフリカ分割に関する研究史　…………………………………12

　　1　アフリカ分割とは何か　12
　　2　論争1：同時代から現代へ　12
　　3　論争2：経済か非経済か　15
　　4　論争3：本国経済と帝国　16

II　自由貿易主義と将来の市場論　…………………………………20

　　1　「将来の市場論」の系譜　20
　　2　いわゆる「ホブスン・レーニンテーゼ」なる誤解　27
　　補論1　「ホブスン・レーニンテーゼ」は存在する　34
　　　　　　―エクステインの新見解―
　　補論2　アフリカの第一分割と第二分割　41

III　イギリス資本輸出（1860～1914年）と帝国　……………52

　　1　アフリカ分割と資本の輸出：概説　52
　　2　いわゆる「イムラー・サイモン推計」について　54
　　3　19世紀後半資本輸出の変動性　58
　　4　資本輸出の量に関する再検討　60
　　5　海外投資の収益率と投下地域　64
　　6　直接投資の再検討：鉱山業　66

## 第二部　19世紀末「商業帝国主義」の実践

Ⅳ　19世紀末における商業利害 …………………………………………72

　1　「過渡期」としての1880年代　72
　2　「将来の市場論」の現実性と虚構性　74
　3　南東ナイジェリアにおける商業利害　83

Ⅴ　1880年代後半における「商業帝国主義」の実践
　　　―南東ナイジェリア― ……………………………………………99

　1　保護条約とベルリン条約　99
　2　最大の仲買人・王、ジャジャ　100
　3　ジャジャ問題に関する初期の論争　102
　4　保護領概念のあいまいさ　105
　5　保護領政策の転換：ジャジャの排除　109
　6　政策決定における現地と中央　118
　7　小括　120

Ⅵ　1890年代、西アフリカ植民地政策の本格的展開 …………………126

　1　1890年代における転換　126
　2　1880年代後半、内陸部侵入の過渡期性　127
　3　1892年、ラゴス内陸部の支配　129
　4　1894年、商業王ナナの排除　137
　5　1890年代における政策の連続性と断続性　143

## 第三部　金融・資本輸出と帝国

Ⅶ　1882年、エジプト占領 ………………………………………………152

1　占領の原因：同時代の論争　152
　　2　エジプト経済の発展、世界市場への参加　154
　　3　エジプト財政の外債依存と破綻　156
　　4　内閣の政策決定とディルク　164
　　5　原因に関する論争　171
　　6　エジプト改革の夢と現実　173

Ⅷ　南アフリカ戦争 1：その原因 …………………………………178

　　1　アングロ・ブーア戦争　178
　　2　ブーア人とイギリスの対立の経緯　180
　　3　金鉱山業の発展　182
　　4　1895年末、ジェイムスンレイド　189
　　5　1896～1899年、交渉と戦争への道　195
　　6　ミルナーの戦争　196

Ⅸ　南アフリカ戦争 2：政策決定の過程……………………………205

　　1　鉱山業者、オイトランダー、経済と政治の媒介者　205
　　2　1899年3月における「キャピタリストの交渉」　209
　　3　経済利害と政策決定のコンテクスト　215

　　　　　第四部　アフリカ分割の政治経済学

Ⅹ　東アフリカ、戦略と商業、エリートと非エリート ……………224

　　1　東アフリカ：1880年代，分割の開始　224
　　2　「ケープからカイロへ」の夢、ニヤサランド　232
　　3　英南アフリカ会社の北上　236
　　4　1890年代、ソールズベリの平和的拡大　238

目　次　9

XI　商業帝国主義の主体：リヴァプール派 …………………………………245

　　1　リヴァプールとホルト　245
　　2　西アフリカの商業とホルト　246
　　3　コンゴ問題の発生　252
　　4　シェラレオネ小屋税問題　253
　　5　リヴァプール派　254
　　6　コンゴ改革運動とホルト　255

XII　アフリカ分割の政治経済学……………………………………………260

　　1　マネーと自由貿易　260
　　2　政策決定の責任者たち　263
　　3　政策決定におけるエリートと非エリート　267
　　4　政策の決定構造　274
　　5　帝国意識、帝国の観念　275

あとがき　281

付録　1　西アフリカ地図　1898年境界　285
　　　2　熱帯アフリカ（東・西）　286
　　　3　「アフリカはいかに分割されるべきか　1886」　287
　　　4　中央アフリカへの列強の進出　1884〜1900　288

索引　289

# 第一部　帝国と自由貿易―1873〜1914―

## I　アフリカ分割に関する研究史

### 1　アフリカ分割とは何か

　1880・90年代において、イギリス、フランス、ドイツなどのいわゆるヨーロッパ列強はアフリカのほぼ全域を植民地化した。この急激な運動は世界史的な意味を持つものとなり、20世紀の性格を規定した大事件第一次世界大戦の重要な一因であった。アフリカ分割の原因は、同時代人のみならずその後多くの歴史家を巻き込む長く激しい論争のテーマとなった。論争の対立点はその原因が経済的なものか、それとも非経済な政治・思想・イデオロギーに関わるものかであった。1902年に現れたホブスンの『帝国主義：その一研究』[1)]はこの論争の口火を切るものだった。アフリカ分割に関する論争は帝国主義の原因をめぐるより大きな論争においても重要な位置を占めてきた。序論としての本章では分割についての研究史を辿って見ることにしよう。

### 2　論争1：同時代から現代へ

　かつてシーリーがイギリスの海外膨張は「放心状態のなかで行われた」[2)]と述べたように、アフリカ分割の場合もイギリスの意図と政策は明確でなかった。またそれ以前の「自由貿易主義・小英国主義」の伝統的政策が完全に否定されていたわけではない点から、一般的には唐突なものと受け止められていた。彼らには分割競争は、フランスやドイツとりわけ前者によって意識的にそして急速に開始され、イギリスは対抗上競争に入り込まざるを得なかったものであった。たしかに同時代の政策担当者たちは分割に関する統一の論理も継続的な熱意も持ちえなかったように見える。ローズたちによって提唱された「カイロからケープまで」の大きな夢と偉大な構想は一部では熱狂的に受け止められたも

のの、政治エリートたちに真剣に考慮され実行されたわけではない。

　それゆえ、帝国に関する1883年までの著作は、シーリーの『イギリスの膨張』も、ディルクの『より大なるイギリスの諸問題』も[3]、いわゆる「白人帝国」を対象としたものであり、他民族を支配するいわゆる帝国主義型のものを直接の対象とはしていなかった。白人の移住社会の支配に関してイギリスは長い歴史を持っており、また自由主義的伝統からもそのあるべき統治形態については十分に語りうるものがあった。異民族支配という面ではインドの支配においてイギリスはすでに経験をつんできた。そこでは介入と自由放任が時には必然的に時には偶然的に採用された。しかし新しい運動・アフリカの分割を理解しまた推進するには別な論理が必要である。しかしホブスンにいたるまでその論理を明らかにするものは現れなかった。分割の期間中イギリス人は出来合いのさまざまな論理を政策決定のよりどころとして利用した。それは「文明化の使命」、「白人の責務」などの感情論や人種偏見であり、博愛主義や自由貿易主義の建前であった。ホブスンはそうした非論理の多くを批判し、その上で「経済」が帝国主義の原因であると展開したのである。

　ホブスンの帝国主義論はその構成で総合性という特徴を持っている。彼は、第一巻の『帝国主義の経済学』においては帝国主義の動力を金融・資本輸出に求める。そして第二巻の『帝国主義の政治学』においてはほぼすべての帝国主義弁護論、思想・宗教・人類学・人種論、政治論を取り上げ批判する。彼の帝国主義論とりわけ第一巻の論旨はレーニンによっても利用され、その後も経済的帝国主義論の最初の議論として評価されてきた。

　しかしそれゆえに彼の論理のいくつかとりわけ資本輸出を原因の第一とする点に厳しい批判が加えられてきた。イギリスのアカデミックな帝国研究は第二次大戦にいたるまでは帝国の政治的側面、支配の制度面を解釈することが主であったが、ランガーに始まる経済的帝国主義論批判はホブスンに由来する経済要因論を攻撃の対象とした[4]。ホブスンの論理には重要な欠陥があった。彼は帝国主義の原因を発展した資本主義国の過剰な資本が海外にとりわけ後進地域に押し出され、その保護のために政治支配が必要になったことに見る。しかしこれは実証的には確認できない。イギリスやフランスの資本輸出のほとんどは

帝国にではなく、アメリカ合衆国、そしてヨーロッパの中進地域やラテンアメリカに向かっており、また帝国向けの中でもその多くは白人帝国に対してであり、アフリカやアジアの後進地域への資本輸出は一貫して数パーセントの低率でとどまっていた。この点は現在では確認された事実となっている。

最も激しく分割が行われた地域、西・中央・東アフリカへの資本輸出が1％程度のものであったならば、資本輸出利害を原因とする分割論は破綻する。ランガー以降の研究者フィールドハウスらは、1960年前後から、こうした批判に基づき、帝国主義一般の要因として経済利害を全面的に否定するにいたった[5]。

またそれと同じ頃ロビンスンとギャラハーは『アフリカとヴィクトリアン』[6]によって、アフリカ分割の戦略論的解釈を打ち出した。これはアフリカ分割の開始をイギリスによる1882年のエジプト単独占領とし、それをインドルート確保のためのイギリスの戦略的意図によるとしたものである。その戦略意図を常に保持していたのがイギリスの政策担当者（その意図をオフィシャルマインドという）である。そしてイギリスの政策担当エリートは現地エジプトの急激な民族主義の高まりと危機の醸成により占領に引き込まれた。他方この単独占領は、フランスを刺激しフランスの西アフリカへの進出を決定させ、それはまたアフリカ全域での分割開始を告げるものとなったと理解するのである。

この考えは彼らがそれ以前に発表していた画期的論文「自由貿易の帝国主義」[7]をベースにしたものである。彼らはその論文で、19世紀中葉における自由貿易と帝国拡大の同時存在を唱え、19世紀末期帝国主義の段階性を否定した。彼らは同時に「非公式帝国」の論理を打ち出し学界に大きな問題提起をした。「自由貿易の帝国主義」における「連続説」および「非公式帝国論」と『アフリカとヴィクトリアン』における「戦略論」および「現地危機論」とあいだには距離があり、彼らの論理の整合性には難がある。前者の経済を考慮した論調に比較して『アフリカとヴィクトリアン』における「戦略・オフィシャルマインド論」そして現地の危機にイギリスが引きずり込まれたとする「現地危機論」は、非経済的な分割解釈をあまりに強く打ち出したものだからである[8]。

## 3　論争2：経済か非経済か

　ランガー以降の資本輸出否定論、ロビンスン・ギャラハー以降の戦略・現地危機論は、重なり合って、経済要因の否定をベースとしたアフリカ分割研究を促進した。他方、これらの考えに疑問を呈す方向の研究が現れてきた。資本輸出を否定する論者は、それをもってすべての経済要因を無視する傾向があったが、彼らが批判したホブスンやレーニンの研究（ホブスン・レーニンテーゼと彼らが称する）が、果たしてアフリカ分割を資本輸出利害・金融業者の利害で（あるいはそれのみで）解釈しようとしていたのかについての疑問が出されたのである。

　ストークスは「経済的帝国主義の神話」なる論文[9]で経済的帝国主義の創設者たちが、資本輸出でアフリカ分割を解釈しようとしていたという一般的な理解に重大な誤解があるとした。彼はレーニンの著作を帝国主義論はもとより、彼が帝国主義について語ったさまざまな論文・評論を読み合わせることによって次のように解釈する。「レーニンの帝国主義研究は、第一次大戦の原因を探ることを目的としており、経済的には戦争にいたる直前の時期を分析している。そこでは資本輸出は析出できる。しかし彼はそれ以前の時期に展開されたアフリカの分割にはそれ独自の原因が求められるべきだとして、帝国主義の原因たる資本輸出をその時期に当てはめることはしていない。レーニンがアフリカ分割を単一の経済利害から解釈しようとしているとするのは誤解である」と[10]。ストークスのこの論理展開以降、経済要因の全面否定はかなり難しくなってきた。

　ストークスの理論的な展開と相前後してアフリカ各地の分割の研究が行われていたが、その中で西アフリカについては商業的な解釈を打ち出す傾向が強まった。ホプキンズによるラゴスの植民地化や、アフリカ出身の研究者たちによるニジェールデルタにおける商業的対立を描写する研究が続いた[11]。アフリカ分割はそれぞれの地域においてさまざまな要因が作用した複雑なプロセスであることが認識されてきたのである。

## 4　論争3：本国経済と帝国

　近年におけるイギリス史・帝国史研究上の最大の問題提起はケインとホプキンズによる『ジェントルマン資本主義の帝国』[12]である。彼らは近代イギリスの資本主義を産業革命以降の産業資本を中核としたものではなく、17世紀末以来の伝統を持つ商業・金融を動力とした特殊な資本主義・ジェントルマン資本主義であるとする。この資本主義の内部では地主貴族の土地をベースにした資産は次第に商業金融の場面において運用され、両者は経済的に融合していく。両者の係累による擬似ジェントルマン層（専門職階層）の形成もあり地主貴族と商人金融業者は社会的にも融合を深めていく。地主貴族を中心とするイギリスの政治支配エリートはジェントルマン資本主義の経済政策を当為とする政策を展開する。19世紀においては自由貿易主義と健全な財政、そして金本位制である。この政策によって獲得された帝国は囲い込まれることによってではなくイギリスを中核とした国際経済の中で「開かれた帝国」としての役割を持つ。

　19世紀末期に行われた帝国主義的拡大はそれゆえジェントルマン資本主義の世界展開の一環である。アフリカへのイギリスの進出は戦略上の必要性からではなく経済的必要性によって、また現地の危機に引きずり込まれたのではなく中心地イギリスの政策決定によって行われたのである。ケイン・ホプキンズの帝国主義研究はロビンソン・ギャラハーのそれと対立するものである（しかし「自由貿易の帝国主義」、「非公式帝国」は彼らの研究に生かされている）。以上の永き帝国主義・アフリカ分割論争の成果を踏まえ、アフリカ各地の分割の実態を明らかにしていくのが本書の課題である。

地図Ｉ—１：1890年頃、列強のアフリカ分割、その進出の道筋

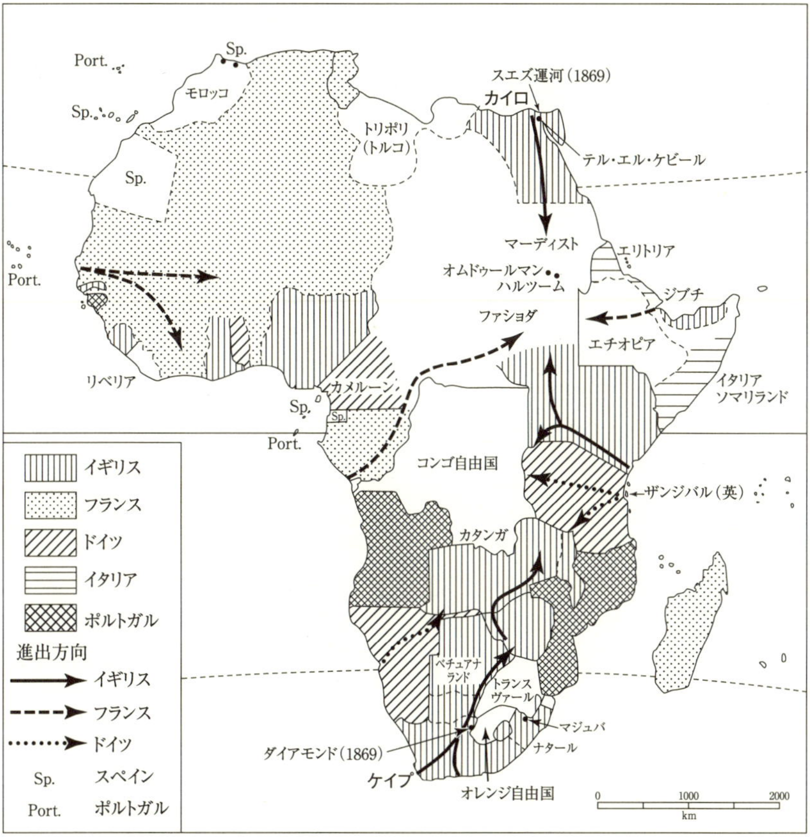
Port.
Sp.
モロッコ
Sp.
Sp.
Port.
リベリア
トリポリ
(トルコ)
スエズ運河(1869)
カイロ
テル・エル・ケビール
マーディスト
エリトリア
オムドゥールマン
ハルツーム
ジブチ
ファショダ
エチオピア
イタリア
ソマリランド
カメルーン
Sp.
Sp.
Port.
コンゴ自由国
ザンジバル(英)
カタンガ
ベチュアナ
ランド
トランス
ヴァール
マジュバ
ナタール
ダイアモンド(1869)
ケイプ
オレンジ自由国
0
1000
2000
km
イギリス
フランス
ドイツ
イタリア
ポルトガル
進出方向
イギリス
フランス
ドイツ
Sp.
スペイン
Port.
ポルトガル

出所：I. Griffiths, *An Atlas of African Affairs*, London, 1984, p. 41.
（内陸部は依然として勢力圏に過ぎない）

地図 I －2：アフリカ分割の完了（1902年）

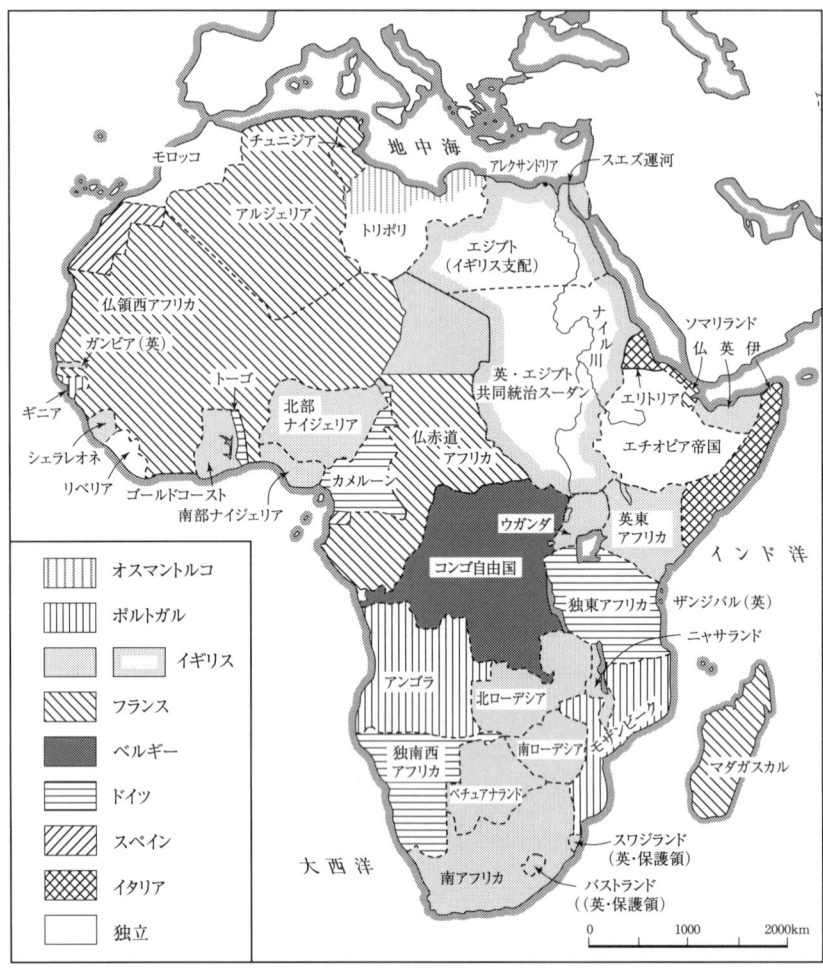

出所：S. C. Smith, *British Imperialism, 1750-1970*, Cambridge, 1998, p. 76.

1) J. A. Hobson, *Imperialism : A Study*, London, 1902.
2) "in a fit of absence of mind", in J. R. Seeley, *The Expansion of England*, London, 1883, p.8 ; W. Langer, *The Diplomacy of Imperialism*, Harvard, 1935, p.69.
3) Seeley, *Ibid.* ; C. W. Dilke, *Greater Britain*, London, 1868.
4) W. Langer, *The Diplomacy of Imperialism*, Harvard, 1935, III. The Triumph of Imperialism, IV. The Struggle for the Nile, pp. 67-100, 101-144 ; do., "A Critique of Imperialism," *Foreign Affairs, XXIV* 1935, pp. 103-104, 106-107.
5) D. K. Fieldhouse, *Economics and Empire 1830-1914*, New York, 1973.その他、II章の注57) 参照。
6) R. E. Robinson and J. Gallagher, *Africa and Victorians, The Official Mind of Imperialism*, London, 1961.
7) J. Gallagher and R. Robinson," Imperialism of Free Trade", *Economic History Review*, VI, 1, 1953. pp. 1-15.自由貿易帝国主義と非公式帝国の概念はギャラハーとロビンスンがケンブリッジ大学トリニティー・コレッジ前のパブ（Blue Boar）で語り合っていた時に生まれた。
8) 竹内幸雄『イギリス自由貿易帝国主義』新評論、1990年、X、XI章。
9) Eric Stokes, "Late Nineteenth-Century Colonial Expansion and the Attack on the Theory of Economic Imperialism : A Case of Mistaken Identity?" *Historical Journal*, XII, 2, 1969, pp. 173-195.
10) 一例を挙げれば「1891年には一般的に帝国主義はなく（私は，帝国主義が生まれたのは1898-1900年であって、それ以前ではないということを自分の小冊子のなかで証明しようとつとめました），……」(『アルマンドへの手紙』280頁：この文献についてはII章の注42) を参照)。
11) A. G. Hopkins, "Economic Imperialism in West Africa : Lagos 1880-1892", *Eco. Hist. Review*, Dec. 1968. pp. 580-606.
12) P. Cain and A. G. Hopkins, *British Imperialism, I & II*, 1992（竹内幸雄・秋田茂訳『ジェントルマン資本主義の帝国　I』、木畑洋一・旦祐介訳『ジェントルマン資本主義の帝国　II』1997年、名古屋大学出版会)

## II 自由貿易主義と将来の市場論

### 1 「将来の市場論」の系譜

(1) リビングストン以降の将来の市場論

　19世紀半ばアフリカは未知の世界であり、商業は沿岸諸地域の各点において細々と行われていた。それらの拠点から内陸部の探検に乗り出した人々の中から広大な内陸部の将来の市場性を唱える声があがってきた。1850年代におけるリビングストンの探検はイギリス人のアフリカへの関心を大いに促進した。彼の帰国演説はマンチェスターをはじめ各地で商業界の喝采を受けた。彼は商業の拡大とキリスト教の布教をともに語り、アフリカの将来性を主張した[1]。1870年代になるとS・ベイカーが東アフリカの経済的未来について語り、V・キャメロンがアフリカを「宝庫」と表現し100万から200万ポンドの資本の会社でアフリカを開発できるという構想を王立地理協会に提出した。同じころスタンリーがコンゴの膨大な富に関してイギリス商業界、そしてレオポルド二世を説得していた。ゴードン将軍はウガンダを含むナイル上流域の「巨大な富」について語った。これらの言葉の多くは誇張であり過大評価であったことはその後まもなくわかるのであるが、同時代の人々がそれらの言説にアフリカの将来の市場性を見たのもまた事実であった[2]。

　1873年の不況以降、マンチェスター商業会議所をはじめとする各地商業会議所に結集する商人層には従来の市場を確保できるかの危機感が芽生え始め、スタンリーによる「4000万人のアフリカ人が綿製品を着用すれば……」等の誇大視された無限の市場論が受け入れられる素地があった。A・アイアランドやA・フラックスの著作で語られた「貿易は国旗に従う・Trade follows the Flag」のような言説は多くの人々に共有される幻想（popular delusion）となった。

ところでホブスンは当時主張され始めた『貿易は国旗に従う』の論理に事実を持って反論していた。彼は帝国主義の第2章「帝国主義の商業的価値」においてこう述べる「植民地と外国市場を求めてこのように多大なエネルギー、人命と金を費やしたことは、イギリスがその主たる生存資源を貿易によって手に入れていると示しているかのように見える。しかし事実はそうではない、外国および植民地との取引は、量と価値において大きなものではあるが、この国の全産業の一部分を構成しているに過ぎない。……」ホブスンは第4章以降において展開する帝国主義の原因、すなわち海外投資・投資家階級・金融業者の役割を主張する前提として商業的価値を過小に評価する傾向（必要）があったためにではあるが、当時の誇張された将来の市場論に対する批判としては彼の主張は一定の役割を果たすものであった[3]。

## （2）　ウルフとムーンによる将来の市場論

　これらの漠然とした考え、将来の市場論に、ある種の理論づけを行った最初の人物はL・ウルフであった。彼の「経済的信念・願望、economic beliefs and desires」論[4]が「将来の市場論」の系譜の中でいかなる意義を持っているかを検討してみよう。

　ウルフは社会改良の点ではホブスンやP・ムーンと共通認識を持ってはいるが[5]、帝国主義の経済要因に関してはホブスンが主張した資本輸出帝国主義論ではなく、彼が意識的に軽視しようとした商品市場の拡大要求に注目した。それも現実の市場ではなく将来の市場可能性に関する信念や期待に注目し、それらに基づく植民地獲得論を展開した。ウルフはまず国家のあり方と政策形成に関する抽象論から議論を始める。彼によれば国家の政策はその構成員たる人々が何を望み、何を信じたかによって規定されるという。そこでは「事実の論理、a logic of facts」ではなく、「信念と期待の論理、a logic of beliefs and desires」[6]が先行する。こうした国家の政策に関する一般論から1790年（産業革命）以降の政策を具体的に理解しようとすると、国家の政策はヨーロッパでの産業化の過程および商業の拡大を無視して検討されるわけにはいかない。ここで信念と期待一般は、経済的商業的信念や期待に特殊化されることになる。さらにこれ

をアフリカに適用すると、アフリカ分割の基本的要因は経済的商業的信念や期待に求められる。彼はアフリカ分割をヨーロッパ各国（英・仏・独）の商業的経済的要求、特に将来の市場や原料に対する商人や企業家層の期待や信念および各国政策担当者のそれへの積極的対応に的をしぼって説明しようとするのである[7]。

経済利害と政策との結合における以上の一般的メカニズムは19世紀末期の特殊経済状況すなわち国際的な競争の激化、他国の保護主義化への懸念、相互不信の拡大という経済的な信念の悪循環によってその動きが増幅されていくのであり、アフリカにおいては勢力圏と植民地の拡大が遂行されていくことになったのである[8]。

ところで最後にウルフは、これら信念や期待によって獲得された将来の市場が現実の経済利害として実現されていったのかについて答えることになる。彼の結論は明らかに否定的である。例えば彼はイギリスの東アフリカ進出を例にとり、その占有後、貿易や商業の発展が絶対量においてはやや増大したとしても、チェンバレン、ルガード、マキノン等の予想や予言に反して少額であり、市場としても原料供給地としても期待にそえないものであったことを立証する[9]。アフリカ分割は現実の富を基準にしてではなく、経済的信念や期待によって遂行されたが、ここでも貿易は国旗に従うことはできなかったのである[10]。この点においてはホブソンやアイアランドの論との共通認識を見ることができる。こうしてウルフのアフリカ分割に関する「将来の市場論」は完成し、現在においても古典としての位置を占めることとなったのである。

ウルフと基本的には同じ立場に立ちながらも、やや非経済要因に近い論者として「将来の市場論」の系譜から無視できないのはムーンである[11]。彼は別な面からみれば、シュンペーター、ムーン、ランガーとつづく非経済論者の系列に含みうる論者であるが、我々はここで彼を「将来の市場論者」の一員とみなすことができる（ここに「将来の市場論」のあいまいさを見ることができるのであるが）。ムーンによれば将来の市場をめざす積極的帝国主義者のグループの中で最初に登場するのは「特定の企業利害」であり、いわゆる「総資本家階級」ではない。この観点はアイアランド・ホブソンの系譜をひくものであり、

こうした一部の経済利害（綿・鉄鋼・貿易・海運・金融業者）が政治を動かしうる力を、彼等の組織性や同盟者（陸海の軍人、外交官、植民地官僚、宣教師、探検家）の存在から説明し、また社会全体の中では少数にすぎないこれら植民地前進派の利害を理念化（大衆化）しうる構造を明らかにする。これを彼は「利害と理念のダイナミックな同盟」[12]と表現する。

　以上にみたウルフやムーンの経済的帝国主義論、将来の市場に基づくアフリカ分割論が第二次大戦後における帝国主義論争の中で再生していたのであるが、その中間過程で注目すべき論者が何人かいる。すなわち帝国史研究におけるL・ノールズとA・マクフィー[13]、そして先占・防衛的併合を提起したランガーとP・スウィージー[14]である。ノールズはイギリスの新植民帝国の成立要因を1873-1886年の大不況とアジア・アフリカへの新市場可能性に求める。その過程を加速するのが仏・独との商業的対立であると理解する。ノールズは明白にウルフの系列にあり、個々の拡大に唱えられた非経済要因（原住民保護、部族間戦争抑止、法と秩序の導入、ミッションの活動）を経済要因の単なる手段に過ぎないものと理解している[15]。マクフィーは、ノールズの論を西アフリカ分析で具体化し、経済要因解釈において重要な位置を占め、ホプキンズ等の研究者に与える影響も大きいものがあった[16]。

（3）　レッドフォードとマンチェスター

　次にロビンスン・ギャラハーの論に始まる帝国主義論争とは別な角度からアフリカ分割への商業利害の存在を理論化していたA・レッドフォードに触れておく必要がある[17]。彼はウルフ、ムーン、ノールズ等においては一括されていた「特定の経済利害・植民地進出勢力」を分析し、その中で最も精力的で独自な活動を展開したマンチェスター商業会議所（Manchester Chamber of Commerce、今後MCCと略）に注目し、彼等マンチェスター商人の自由貿易地帯の防衛・占有論を理論化しようとした。この考え方は他面では、単純な新市場要求＝植民地拡大論への歯止めあるいは限定づけの理論としてもその独自性を発揮する。著名な書 *Manchester Merchants* において彼は、自由貿易地帯確保のための政府介入を要求していったMCCの積極的活動を論証すると同時に、

MCCによる自由貿易主義保持の意外な息の長さを強調し、彼等の便宜主義的自由貿易論の本質を明らかにする。

レッドフォードによれば1880年代におけるMCCのアフリカへの動きはコンゴ河流域の自由貿易地帯としての保持と、西アフリカ地域での内陸支配の拡大とにあった[18]。コンゴに関してはポルトガルの支配（低率のモザンビーク型保護関税の導入）に反対し、ベルギー王レオポルド二世の「国際協会」による自由貿易保持の約束に期待をかけた。西アフリカに関してはそこでの利害が国家的重要性を持つとの便宜主義的主張からその領有を正当化し、イギリス商人の活動をよりよく援助しうる行政の確立を要求した。こうして自由貿易地帯をできるだけ確保し、それがインフォーマルには不可能な場合、国家の介入・領域の直接支配を要求するという「拡大指向性」はまさに「80年代自由貿易帝国主義」以外の何ものでもない。そして言うまでもなくその内的動因は、アフリカへの綿製品輸出が絶対量は低くとも着実に増加しつつあり、増加させねばならない経済的必要性なのである[19]。

しかし何よりもレッドフォードの研究の特徴は、新市場への政府の介入を要求するというマンチェスター商人層の政策を明らかにするのと表裏の関係で、マンチェスターにおける公正貿易・帝国連盟運動への反対すなわち自由貿易原則の根強い支持という状況が叙述されている点にある[20]。彼は綿業における国際競争力の存在とそれを維持するための安い穀物と原料の輸入＝自由貿易堅持という点に注目する。不況による新市場要求＝アフリカ市場の確保は、理論的には綿業界の保護主義への転向を予想させるものではあるが、事実はより複雑に展開していった。レッドフォードはかの「不況調査委員会」[21]のアンケートに対するMCCの回答に、外国の競争圧力を脅威と意識している部分がほとんどない点に着目する[22]。

たしかにMCCの回答は外国の競争圧力については明示的ではなく暗示的である。それは、競争激化が市場確保のための植民地拡大に至るというストレートな形ではなく、まず生産コストの問題、工場内での問題として現れている。MCCは外国（大陸諸国、インド、日本）の低賃金と比較して、自らの産業内における工場法の影響による高賃金を強調し、工場法の改正すら要求する[23]。

ただしこの要求は多分に政策的なものであり[24]、賃金格差への危機意識も1880年代においてはそれほどではない。すなわち不安や懸念と同時に、彼等はまだ自らの産業における生産力優位（労働生産性の高さ、高級な労働を低価格で：a superior class of labour at a lower price)[25]に一定の自信を保持している。この優位性を低廉な穀物と原料で保証しうる自由貿易こそが当面必要な政策なのである。それゆえ新市場（アジア・アフリカ）の開発もいわゆる自由貿易地帯の確保というリベラルな方法が前提とされ、植民地の拡大という直接的な動きには批判的である。そこに、レッドフォードが強調した保護主義へのMCCの根強い抵抗[26]の根拠が見られるのである。

以上レッドフォードはアフリカ分割へのマンチェスター商人層の積極的動きを明らかにすると同時にその動きが彼等の独自な自由貿易主義論によって限界づけられている（便宜主義的に結合している）点を慎重に検討し、そのことによって「将来の市場論」の系譜において分析の深さという点では独自な位置を占めることとなったのである。

しかし研究史においてレッドフォードのこうした二つの方向性（留意点）がその後の研究者によって総合的に展開されていったかというと、そうはなっていない。綿業に関する内的分析（コスト・競争論）は古くはT・エリソン、近年ではD・ファーニー、R・タイソン、D・オールドクロフト等[27]によって詳細に分析されている。しかしこれらと新市場要求論についての研究とが十分総合的に検討されているとは言えないのである。1960・1970年代の論争での特徴は、前者とは無関係に後者の新市場要求論が将来の市場論として復活してきた点にある。（あたかも市場論的研究がその性格上、産業の内的分析を排除する傾向があるかのようである。）しかし少なくとも、商業的要求がいかに政策形成に関わったかについてはいくつかの前進があったといえる。すなわち従来の商業的要求→政策という一方通行的見解ではなく、政策への反映過程の複雑さ、商業的要求の層や質の差が問われ[28]、商業的要求の限度や要求達成の限界[29]が問われることともなった。この点ではレッドフォードの視点は生かされている。また政策主体（official mind）側の研究から、商業的要求に対する政治家達の慎重さと、判断の独自性についても多くが語られるようになった。例

えばソールズベリ（Salisbury）の「穏和な前進派 The Moderate Forward」としての役割について、また1880・1890年代のヨーロッパ政治を含んだ全体状況の中で、自由貿易地帯確保をめぐる彼と植民地拡大派との意外なへだたりについても検討がなされている[30]。

### （4）「将来の市場論」と商業帝国主義

　ロビンスン・ギャラハー論争を契機に再生した「将来の市場論」は大きく分けると二つの方向、その消極的受容と積極的受容という方向で検討され、論争されてきた。前者はロビンスン・ギャラハーやフィールドハウスに見られる、いわゆるシュンペーター・ランガー系列と呼べるものであり、まず「ホブスン・レーニンテーゼ」を批判、すなわちその段階論と資本輸出＝植民地拡大論を批判し、次に経済要因論の一形態である将来の市場論を彼らの非経済要因体系を補完するものとして受け入れようとする方向である。ウィルスン、ディグナン・ギャン、B・ポーター、W・バウムガルト等の研究[31]は基本的にはこうした系論のものである。フランス帝国主義のアフリカ進出に関する研究者の中には、現地における政治・軍事要因の独自性を強調し、将来の市場論の主観的側面のみを強調する、いわゆる「神話論」的傾向が見られる[32]。

　もうひとつの道は、将来の市場論をより積極的にアフリカ分割論に組み込もうとするウルフからの系論と呼べるものであり、その理論的位置づけを確定しようとしたプラット、ストークス、サクトリフ等や、西アフリカに関する実証的分析を深めようとしたホプキンズ、フリント、ハーグリーヴス等の研究である。彼等の考え方は「将来の市場」と「現存の市場」との総合を図りつつも、どちらに重点を置くか、あるいは「将来の市場論」の主観性をいかに見るかで微妙な違いを見せているが、実証的分析を進めているホプキンズやフリント等には現存の市場の重さを強調する傾向があると言えるだろう。

　以上の二つの方向は別な角度から見れば、将来の市場論に基づく商業的帝国主義を局地的な（periphery）ものと見るか、あるいはそれを中心地（metropolitan）からのものと見るかの違いとなって現れる。この相違は　最近ではB・ラトクリフとハインズとの論争[33]として展開されており、前者は商業的要

求を局地的で一部利害関係者のものと解釈し、後者はそれを商業界全体のものとしつつ、その動きを不況の進展からアフリカ・アジア進出への因果関係のなかで把握しようとする。たしかに「将来の市場論」は論争当事者双方に受容されるという幅広さを持っている。この概念のみで19世紀末帝国主義政策を包括的に説明することはできないし、イギリス帝国形成の説明に限っても十分なものとはいえない。

にもかかわらず、帝国主義段階への「過渡期」においてそして熱帯アフリカにおいて、「資本輸出」が析出できず、また商業的要求もその実際の貿易額が不十分なものでしかないとすれば[34]、「将来の市場論」は消去法的に我々が選びうる唯一のものだということができる。そしてアフリカとりわけ西アフリカを対象とした実証的研究の積み重ねはこの概念の有効性を確認するものとなっている。少なくとも政治・戦略的視点を一面的に強調するものや、商業的要求を局地的にのみ見る傾向に対しては、概念上の優位を認めることができるだろう。今後はこのあいまいな「将来の市場論・商業的帝国主義論」を実証の面から深めていくこと、またそれと19世紀末における中心地諸国の経済構造分析とを、さらには周辺経済の変容過程分析とを結合して検討していくことが必要となるだろう[35]。その過程を経てそれは主観的な「市場論」としての限界を越えて、帝国主義形成史理解の重要な概念として復活したと語りうるのではないだろうか。

## 2 いわゆる「ホブスン・レーニンテーゼ」なる誤解

### (1) 誤解の大きさとその影響

「ロビンスン・ギャラハー論争」はアフリカ分割要因論争という形をとった19世紀末帝国主義の要因に関する論争であった。そして対立の基本点は中心地か周辺かというより経済か非経済かにあった。しかし論争の過程で経済か非経済かという二者択一的な議論は克服され、経済要因のいかなるものがいかなる層において、またそれらが政治・政策にいかなる道筋を経て反映されていったのかという細かい議論が主要なものとなってきた。

ホプキンズ、ハインズ、ハーグリーヴス等の見解を総合してみると、経済利害は以下のような三つの層に分けて考えることができる。第一は、各国の一般的な経済状況のなかで生まれて来た全国規模のブルジョア利害（national bourgeois interests）といえるもの。第二は、各国内の各産業・各地域を代表する商工業組織、典型としては商業会議所のもの。第三は、アフリカ現地に進出した商社、鉱山会社等の局地的なもの。およそ以上の様な三層の経済利害が、ある場合には二を媒介に三が一の利害として現象し、またある場合には三の局地的経済利害が本国の利害とは無関係に存在する。ホプキンズのような経済要因を重視する論者も、これら諸層の経済利害がアフリカ分割史上、常に全面的に作用していたと見るわけではない。しかし彼らはこれらの重層的な経済利害（とりわけ商業・貿易上の）の存在を受け止め、帝国拡大におけるその役割を実証していこうとするものであった[36]。

　このように復活してきた経済要因の中では、商業利害の研究に関して着実な前進があった。他方、資本輸出の利害に関しては分割の中心地であった熱帯アフリカはもとより、エジプト、南アフリカに関してもいくつかの重要な留保や疑問が提起されている。すなわち論争の過程で浮かび上がってきた経済要因の復活現象とは主として商業利害に関わるものだったのである。本章の1は、アフリカ分割要因論争の中で復活してきた商業的要因に焦点を合わせ、19世紀末帝国主義を「将来の市場論」という同時代人の系譜をもつ論理を使って再構成できるのではないかと主張したものであった。

　しかしそうした主張を行うにはもうひとつ障害を越えなければならない。前提としていわゆる「ホブスン・レーニンテーゼ」が多くの研究者によってどのように誤解され、幻想化され、19世紀末帝国主義の理解に大きな混乱をもたらし実証を歪めてきたかを理解する作業が行われなければならないのである。なぜなら「ホブスン・レーニンテーゼ」すなわち資本輸出＝植民地分割＝帝国主義という作り出された幻想（mirage, delusion）を前提として議論する限り、経済要因論・非経済要因論の双方にとって歴史解釈上の進歩はないからである。それゆえここでは「ホブスン・レーニンテーゼ」なる幻想・誤解を、レーニン自身の言辞を偏見なく参照することによって解いて行きたい。さらに彼の帝国

主義論執筆上の「論理段階規定」を援用し、帝国主義「生成期」に関する彼の多くの留保を伴った規定や表現を利用すれば、19世紀末から20世紀初頭にかけて帝国主義のいかなる時期区分が可能となるかを検討する。そこで我々は、19世紀末の植民地分割期を本来の帝国主義段階への「過渡期」として明確に設定する視点を見出すこができるだろう。そして「過渡期」の理解に有効な経済要因が先述した「将来の市場論」なのである。

（2）いわゆる「ホブスン・レーニンテーゼ」なる誤解とそれへの批判

1960年代以降、ロビンスンとギャラハーやフィールドハウス等を中心にホブスン・レーニンのいわゆる「経済的帝国主義」に対する非経済要因側からの批判が多面的に行われたが、それに応ずる経済要因側の反論はまず非経済要因側による「ホブスン・レーニンテーゼ」なる幻想・神話（mirage, myth）すなわちホブスンやレーニンの理論に対する誤解に向けられた。その誤解とは、第一に時期区分に関するもので、彼らが1870年代以降を一括していわゆる植民地分割＝帝国主義なる一段階を設定したと解釈するものである。第二はもちろんこの段階論と結びつくが、ホブスン・レーニンの理論をもっぱら過剰資本の輸出にもとづき植民地分割・帝国主義を定義したものと理解し、統計数値の面から資本輸出と植民地分割の対象地域とが一致しないゆえに彼等の理論は実証的にも完全に破綻したと主張するものである[37]。

しかし我々はこれらの批判が自ら作り出した幻想の上に展開されていること、とりわけレーニンに関しては筋違いであることを立証することができる。マグドフやケンプなどマルクス主義に通じた人々も参加した「帝国主義理論に関するシンポジウム」[38]の結論としてサトクリフは非経済要因論者のレーニン批判を四つにまとめ・それぞれへの反論を行った[39]。とりわけ時期区分に関してサトクリフは、植民地分割期を帝国主義（分割の完成としての）への前奏段階と把握し、本格的帝国主義の開始を世紀転換時であると提唱する[40]。こうして非経済要論の幻想は理論的・実証的に批判されていくことになるのであるが、レーニン理論への誤解とりわけ時代規定に関する誤解をはっきりさせ論駁した理論家はインド史研究などで名高いE・ストークスであった。

（3） ストークスによるレーニン「帝国主義論」理解

　ストークスは、ロビンスン・ギャラハーやフィールドハウス等によるいわゆる「ホブスン・レーニンテーゼ」なる誤解についてはレーニンの諸著作を厳密に読みとることによって明らかにしようとする[41]。彼は非経済要因論者による、「レーニンは植民地主義と帝国主義を同一視した」との批判について、レーニンの諸著作の中から帝国主義の時代規定に関する主要な論文[42]を取り出し、その批判の不当性を明らかにした。ストークスによるレーニン理解はおよそ以下のごとくである[43]。……レーニンは植民地主義（植民地分割）と帝国主義は時代的には完全に一致するものではないととらえた。彼は帝国主義の基本的指標すなわち独占・金融資本の確立期を1870～1900年にかけた植民地争奪・分割期の後に見ており、20世紀の初頭にその決定的転換点を見出し、独占・金融資本すなわち帝国主義よる領土分割はすでに分割されつくした領域の再分割にのみ関わり合うものと一理解している。さらにレーニンは1900年に至る四分の一世紀にわたる植民地争奪を、基本的には列強によるつかみ取り（free grabbing）の時期と把握し、この争奪戦も概念的には1870年代以前の戦争に至らない「平和的拡張」の範囲に属するものであり、列強の「協定」が可能な時期のものと理解しているのである。こうしたレーニンの考え方を敷術すると、1870年代後半以降1900年前後迄の25年間を過渡期、「新しい資本主義＝独占・金融資本の時代」への移行期として認識しえることになる。この時代における各国内での自由競争から独占への動きは植民地分割の急激さと比べゆるやかのものであり、まして国際的独占体による世界市場の分割は現実問題としてはまったく現れていない。すなわち独占（国内・国際的）と植民地争奪は直接的には同一視されていない。両者の関連は認められてもそれはあくまで一般的な意味合いにおいてであり、時間的にも空間的にも間接的なものである（資本の輸出に関してもレーニンは「19世紀の開始期においてのみ巨大な規模に達した」としそれと植民地分割との関係も間接的なものにすぎないとみている）。……

　たしかにレーニンの諸著作を偏見なく検討していくと以上のストークスによる解釈は納得のいくものとなる。レーニンは「帝国主義論」に限つても各章の

結論的部分[44]でそれぞれの指標に関して年代史的に重要な規定を繰り返している。例えば独占形成・産業集中に関して1900年恐慌の重要性を強調し、産業、銀行双方における大合同の起点を1897年あるいはそれ以降に求め、1900年恐慌の画期的性格を主張し20世紀の開始期を「金融資本への支配の転換点」であると規定し、資本の輸出に関しても「その大きな発展をとげたのはやっと20世紀初頭のことである」と述べている。レーニンにとっては諸現象の発生が1870・80年代に遡ることができるとはいえ、それらがそろって開花するのは20世紀初頭以降のことであるというのであろう。以上の相次ぐ年代規定を「19世紀末における地球の最終的分割の一応の完了」[45]という表現と関連させてみると、かの「独占資本主義段階、金融資本への資本主義の移行が世界の分割のための闘争の激化と結びついているという事実は疑うべくもない」[46]との言も抽象度の高い段階規定と考えるべきであり、独占と分割との直接的で全面的な連関（歴史的意味での）の存在を示したものと受けとることはできない[47]。またレーニンの帝国主義に関する5つの指標設定は、理論的に抽象度の高いものであり、年代史的・歴史的規定に直接的に採用できるものではない。（補論2を参照）レーニンはそれらの指標を絶対的基準として「帝国主義が『最終的』に確立したのは何年あるいは何十年代のことか、などということについて論争し合うようなことはまったくばかげたことであろう」[48]とも述べている。

さて以上のようなレーニン理解はストークスによって初めて取り上げられたものではない。すでに1932年ソヴィエトの歴史家ルーキンは、「帝国主義時代の経済的諸徴候が時を異にしても典型的でありつつも、他方でその個々の現象については年代的不一致が認められる」[49]という事実に着目し、これを整合的に理解するためとして帝国主義時代を小区分することを提案する。彼は1880－1914年間を2時期にすなわち過渡時代（1880－1900）と古典的帝国主義時代（1900－1914）とに区分する可能性について語り、1900年代以来「発展した帝国主義の時代にのみ特徴的な、政治的＝社会的領域におけるあらゆる変化を観察しうる」[50]とし、こうした見方をレーニンに帰している。

さらに服部之総はこうしたルーキンの年代的不一致・小区分論を積極的に評価し、1895－1900年の中国分割の急速な展開を例にとり、それを「成熟帝国主

義の到来を物語る植民地再分割戦」として理解し、それと「1880年代半ばに見られる後印度および朝鮮で見られた「最初の帝国主義的前哨戦」との間には大きな差、「過渡」を示すものと「成熟」を示すものとの差を見ることができるとし[51]、時代区分の一例とする。

上述したルーキン、服部、ストークスによる時代規定あるいは「帝国主義史に関するレーニン的把握のより明細な規定」[52]は我々に「古典的帝国主義時代への過渡時代」の可能性を指し示し、その時代における他の指標に先駆けた植民地分割の進行の事実を説得力をもって説明し、またそこでの独自な経済利害の存在を想定させることになる。さらにこうした理解に立つと植民地分割そのものが対象と方法の双方において二分化されることになる。すなわち過渡期における対象としてのアフリカ・アジア（従属地域）および方法としてのつかみ取り・協定による「平和的」政策と、[成熟期] における対象としての中国やトルコ等の半植民地を含む地域、および方法としての戦争を含む瀬戸際政策とに。これはレーニンによる金融資本の植民政策の本質的面とは「分割されつくした政治領域の再分割であり、半従属国をめぐる闘争の激化であり」、「まさに農業国だけでなくて、あらゆる国を合併しようとする志向にある」[53]との言とも重なりあい、また金融資本以前の資本主義的植民地政策の存在の暗示[54]とも符号するものである。こうしてロビンソン・ギャラハー等によるレーニン帝国主義論を植民地分割と時代的に重ね合わせるという幻想・誤解は、レーニン自身によってその誤解たる理由が明らかにされたことになるのである。

### (4)「資本輸出帝国主義」なる誤解への批判

ここで、「過渡期」・19世紀末における資本主義的植民政策とは何か、その固有な経済要因とは何かが問題として残されるのであるが、これは非経済要因論者によるホブスン・レーニンへの誤解のもう一つすなわち「資本輸出帝国主義論」に関わるものなのである。この「資本輸出帝国主義論＝ホブスン・レーニンテーゼ」なる理解は古くはランガーによって指摘され、近年ではフィールドハウス、C・ウィルスン等多くの非経済要因論者によって執拗に繰り返され、W・ハインズですらこの点を誤りとしてホブスンとレーニンを擁護しえないと

しているものである[55]。

　まずランガーは、「C・コナントやホブソンによって提起されネオマルクシストに受け継がれた」資本輸出＝帝国拡大論を単一原因論であるとしりぞける[56]。彼によれば資本輸出は1875年以前の自由貿易最盛期にすら活発に行われており、植民地分割時の固有な要因にはなりえない。そこで彼は19世紀末での要因を防衛的先占、将来の市場確保、さらには大衆への帝国主義的社会進化論の浸透などに求め、最終的には各国の外交的対立にもとづく帝国主義論を展開する。しかしランガーの経済要因論批判は後の多くの論者による批判と比較して折衷的である。例えば帝国拡大の背景としてイギリスの経済的地位の低下、商品と資本のための新市場必要論を挙げざるをえない点などがある。

　ところがフィールドハウス、ウィルソン等になると、ホブスン・レーニンテーゼの解釈に、一面的で独善的な傾向が現れてくる。フィールドハウスはまずレーニンの独占帝国主義論を、独占の形成と植民地獲得との時間的な相違を強調することによって批判し[57]、さらに　ホブスン・レーニンテーゼすなわち資本輸出＝植民地拡大をG・ペイシュ、A・ケアンクロス、H・フェイス等[58]の資本輸出に関する実証研究をもとに批判する。共同研究「アフリカにおける植民地主義、1870－1960」の編者P・ディグナンとL・ギャン、その有力な参加者ウィルスン等も[59]ホブスン・レーニンテーゼの解釈とその一方的批判ではフィールドハウスと異なるところはない。アフリカへの海外投資への少なさ、とりわけ分割の主要対象地域西アフリカへのマージナルな量と割合（3,700万ポンド、1％）が強調される。

　こうした諸論者のホブスン・レーニンテーゼ批判は、仮にホブスンとレーニンがアフリカ分割・植民地分割をもっぱら資本輸出の必要性において見ていたとするならば正当であり、統計的にもアフリカとりわけ熱帯アフリカへの資本輸出の少なさは否定しようもない[60]。しかしホブスンはともかく（ホブスンは資本輸出の対象地域に関する分類を商品輸出の際の様には細かく実行しておらず、一般論で押し切っている。これについては補論1、注の3と34を参照）レーニンに関しては先のストークスの指摘のごとく資本輸出＝植民地分割はレーニン自身の言によって疑問視されている。レーニンはフィールドハウス等

も依拠するペイシュの数値をも含め自ら資本輸出表を作成し、「資本輸出が大きな発展をとげたのはやっと20世紀初頭のことである」[61]と明言している。また先に展開したレーニンの「過渡期」論を承認する限り、もし歴史的に植民地分割の独自な経済要因を求めるとするならば、それは資本輸出以外のものでなければならない。

この資本輸出以外の経済要因としてランガーは将来の市場確保論に注目し、フィールドハウス、ウィルスン、ディグナン・ギャンはそれぞれ「商業的理由による先取的併合 pre-emptive annexation for commercial reasons」、「巨大な可能性のある宝庫 a vast potential treasure house」と表現する経済要因を選び出す[62]。ただし彼等の場合これらの経済要因はベースとなる非経済要因への補助的な役割を与えられているにすぎない。それは我々が注目しようとする「将来の市場論」とは質を異にするものである。

以上、二つのホブスン・レーニン誤解についてそれが誤解である根拠が説明された。そうした誤解をもとに展開される帝国主義論は帝国主義の段階論的性格を否定し、当然「過渡期」の存在の必要性を認めない。同時にその連続説（19世紀中葉からの）に基づく「19世紀末帝国主義的政策」の要因は戦略・政治・イデオロギーに求められ、経済要因は全面否定されるか、その一部が補助的に利用されるかに終わる。いずれにしても連続論かつ非経済要因論の帰着するのは、一方的な非経済的解釈論あるいはさまざまな要因が重なったという多元論である[63]。

それに反してレーニンの帝国主義論への誤解を払拭したところに「過渡期」の可能性とそこでの独自な経済要因の存在が見えてくる。そして植民地獲得・アフリカ分割の歴史的説明に有効な経済要因が将来の市場論なのである。

## 補論1　「ホブスン・レーニンテーゼ」は存在する
### ―エクステインの新見解―

ストークスの解釈以来、いわゆる「ホブスン・レーニンテーゼ」が大きな誤解であるとの認識は次第に賛同者を集めつつあった。しかし1991年エクステイ

ンはエコノミック・ヒストリー・レヴュー誌上でこのテーマについての彼の「新見解」を明らかにした。結論は「テーゼはやはり存在した」である。以下は彼の論証をまとめ、それに対する私見を述べたものである。(A. M. Eckstein, "Is there a 'Hobson-Lenin thesis' on late nineteenth–century colonial expansion?", *Economic History Review*, XLIV, 2, 1991, pp. 297–318. 以下ページ数のみを記す)

### 1 二人のホブスンは存在するのか？

彼はまず論争の開始を告げた1961年におけるエコノミック・ヒストリー・レヴュー誌上のフィールドハウス論文を紹介する。フィールドハウスはホブスンとレーニンの帝国主義を資本輸出帝国主義と規定し、統計の上から植民地分割と資本輸出の関係を否定する。19世紀末期の資本輸出のほとんどがヨーロッパ各地、合衆国、ラテンアメリカなどに向かい、アフリカ、とりわけ西アフリカには向かわなかった。ホブスン・レーニンテーゼは事実にまったく反している、と。(297)

しかしこの解釈は、1969年、同誌において、ストークスの厳しい批判に曝された。ストークスはフィールドハウスがレーニンの関心・著述の目的を見誤っているとした。レーニンは19世紀末植民地主義の原因ではなく第一次世界大戦の原因を説明しようとしたのである。レーニンは、彼が規定するような帝国主義は1896－1900年以前には存在せず、またそれ以前にアフリカ分割はほぼ終了していたと理解していた。彼は「帝国主義」は工業化された地域、ヨーロッパ内部においてすら発生している現象であると述べている。それゆえ1870－1900年期における西アフリカへのイギリスの投資が微少であるとの統計から、レーニンを批判しようとするのは筋違いであるとした。(297－298)

その後、エザリントンはホブスンをフィールドハウスの攻撃から擁護しようとした。確かにホブスン「帝国主義論」の中心的な章、「帝国主義の根幹」は資本輸出論にとっての著名な部分であるが、それは1870年以降の世界より、世紀転換期における危険な「現代世界」を描写しようとしたものである。それゆえ、ホブスンに関してもフィールドハウスの批判は不適切である、と。(298)

エクステインは、その後、批判及び反批判があたかも異なった世界に存在するかのごとくそれぞれが自らを主張し、議論は交差することがほとんどなかった述べ、彼がここで検証を深めたいとする。(298-299)

　まずホブスンの「帝国主義論」について彼は、その対象の時期、地域、原因を再確認する。時期は1870年以降、地域はアジア・アフリカである。原因は多面的であり、この点でホブスンの思想家としての卓越性とオリジナリティーがある。(299-301)

　しかし問題はホブスンがそれらの諸原因をいかに配置、整理したかに関してである。エザリントンはここで二人のホブスンが存在すると考えた。一人は1870年から1900年にかけての帝国膨張を解釈するコブデン主義的な反軍事的自由貿易主義者、もう一人は1900年以後の世界を描写する金融・投資家理論の代表者である。しかしエクステインは二人のホブスンではなく一人のホブスンが、1870年以降全体を投資利害による帝国主的行動という根本的な論理で解釈していると理解する。(301)

　確かにエザリントンが強調するようにホブスンは投資主導の帝国主義を1898年の米西戦争のおけるアメリカに関連させて記述している。ホブスンがアメリカ人ウィルシャーから経済帝国主義の論理の幾分かを引き出し、さらに世紀転換期のブーア戦争が彼の著述への最大の契機であったことは言うまでもない。(301)

　しかし彼の叙述の根幹は、1884年から1903年にかけての海外投資からの所得の増大と活発な植民地拡大との関連性の強調にある。確かに投資の量や内容に関する詳細な事実について彼の論証は不十分ではあるが、彼は明白に、海外投資、植民地の増大、そして軍事費の拡大についての数量を挙げ、それらの歴史的な連関を強調する。

　さてこの歴史的な連関はいかに生み出されたかについてホブスンは「帝国主義の経済的根幹」の章で答えていく。この章で彼は、資本主義の富裕階級の過剰貯蓄と人々の過少消費の同時存在を主張し、過剰な貯蓄が高利潤を求め海外に流れ、その保全のために帝国主義が発動されると述べる。(303-304)

　ホブスンはこの事例としてエザリントンが述べるように米西戦争とブーア戦

争を取り上げた。しかし彼は、世紀転換期の事例のみならず、フランスのメキシコ遠征（1860年代）とチュニスの征服（1881年）、そしてイギリスのエジプト征服（1882年）を挙げている。(304)「帝国主義の根幹」の冒頭で彼が対象を1870年以降とはっきりと述べているところからも、彼はこの時期全体を、過剰貯蓄による海外投資と帝国拡大との関連性において説いているのである。(304−305)

　もう一点は、エザリントンがそしてその前にミチェルが、帝国主義の諸原因についてのホブスンの構成が複雑であることを強調した点、すなわち彼の提案した非経済的要因がより重視されるべきとの彼らの主張についてである。確かにホブスンはそれらの重要性を主張した。しかし問題は彼が諸要因をどのように配置し、位置づけたかである。諸要因をホブスンが考えたように整理するならば、経済、とりわけ投資の圧力こそが、第一であり、それはその他の要因を圧倒している。金融業者の圧力こそが帝国主義の根幹をなし、金融業者こそが帝国主義の組織者そしてマネジャーなのである。(305)　結局、エザリントンのかたるような時期と要因に関する二人のホブスンはありえない。そして金融・投資と帝国拡大についてのホブスンの論理にレーニンは最も注目し、詳細に検討したのである。(306)

## 2　レーニンは二人存在するのか？

　エクステインはまずストークスの解釈、レーニンの課題が1900年以降の世界そして第一次大戦の原因の解明にあったこと再確認する。彼はストークスが取り上げたレーニンのさまざまな著作を紹介し、レーニンが規定する「帝国主義」はやっと1900年ごろに始まり、そしてこの時期までに資本主義列強による世界の領土的分割は完了していた、との言を再確認する。またかれは、例のイネッサ・アルマンドへのレーニンの手紙、「あなたは重要なこと、1891年には帝国主義は存在していないことを忘れています。私はその生成が1898年から1900年においてであり、それ以前にではないことを明らかにしようと勤めてきました」を紹介している。(307−308)

　しかしエクステインは、レーニンが、事実上、1900年以前の分割についても

ホブスン同様に語っているとする。そしてこれは、ホブスンが行ったように資本輸出の圧力、経済要因をベースにして、しかしホブスンが使った帝国主義という言葉を使わずに、行われたと言うのである。レーニンにとって分割の時期というのは19世紀中葉の競争的資本主義から20世紀初頭の独占資本主義への過渡期のことである。レーニンによれば、競争的資本主義は1860年代・70年代に限界点に達し、1873－6年期に恐慌と経済不況の中で終焉を迎えた。1870年代半ばから独占が資本主義の重要な要素となった。しかしことがらはまだ移行状態にあった。移行状態の独占に加えて、この時期に資本主義諸国による海外帝国の拡大があった。それ以前にはその傾向はまったく見られなかったにもかかわらず。レーニンは資本主義諸国内部の経済発展とこれら諸国における1870－1900年にかけての植民地拡張との連関性を主張する。(308－309)

しかしこの連関の原因はレーニンにとっては何であろうか。ストークスはこれについてはあいまいではあるものの、レーニンはいわゆる上部構造、非経済的なものすなわち、政治やイデオロギー、さらに領土競争に遅れをとることへの恐れなどに求めている（これに関するレーニンの「帝国主義論」における二つのパラグラフ）のではないか、と述べている。エクステインは、このストークスの解釈をレーニンが二人いるものとし、それを否定する。レーニンは一人しか存在せず、そのレーニンは過渡期の植民地分割の要因を、金融資本主義とそれによる諸原料の可能な源泉の確保に求めている。上部構造の諸要因はレーニンによってはあくまでこれらの経済的要因をベースに語られている。レーニンはなによりも唯物論的弁証法論者であり、先の二つのパラグラフも、「金融資本主義をベースにして」とはっきり書かれている。(309－310)

ストークスの解釈は、レーニンが資本輸出の量は20世紀の開始を見て初めて巨大な規模に達したと考えていたという点では、完全に正しい。しかしこのことは投資の圧力が帝国拡大期に重要ではなかったと意味しているわけではない。レーニンは過渡期における資本輸出と帝国拡大についても明確に語っている。そしてエクステインは、資本主義の不均等発展の論理から、いくつかの国とりわけフランスとイギリスが金融資本主義への移行の道を他の国より速く進んでいたとレーニンが理解していたとする。レーニンはイギリスに関してとりわけ

資本輸出と帝国拡大の連関性を説き、この国を有色人種の労働によって生み出された利潤によって生活する社会の典型と述べている（このような、資本輸出の投下に関する実証面での誤りについては常識的なところとなっているが）。(310-311)

　資本輸出と帝国の拡大の連関については、エクステインはレーニンの帝国主義論ノートにおけるホブスンの引用の多さ（それらは投資家階級の必要性による帝国拡大を主張するもの）とそれへのレーニンの「重要」との添え書きに注目する。(312)

　エクステインによれば、ストークスはレーニンが帝国主義論で主として現状分析を行ったと解釈する点ではまったく正しい。しかし現状分析はレーニンの場合ホブスンと同様に過去の分析の上に行われている。帝国主義はすでに生まれ成長してきた金融資本主義の上に成り立っている。そして現在の再分割はすでに分解された世界の上に行われているのである。(313)

　結論としてエクステインは次のようにまとめる。レーニンは19世紀末期の帝国拡大に触れていた。帝国は「移行期」における独占資本と資本輸出の圧力を原因として形成された。レーニンの後継者たち、ウルフ、ドッブ、カーナンなどはレーニンが何を語っていたかについては一致していた。彼らの理解は正しかった。レーニンの19世紀末植民地拡大に関するストークスらの修正主義的解釈は受け入れがたい。(314)

## 3　「ホブスン・レーニンテーゼ」は存在した

　それでは19世紀末植民地拡大の原因に関する「ホブスン・レーニンテーゼ」は存在するのであろうか。それは存在する。ホブスンもレーニンも過去より現状分析のほうに力を注いではいたし、また過去・19世紀末の分析に関しては非経済的要素をかなり重視してはいても、である。確かに両者とも歴史家ではなく、それぞれ現状で解決を迫られた問題の分析に集中していた。しかし両者は真剣な思想家であり、現状を過去の分析の上で行おうとした。そして過去とは最近の数十年間のことであり、その分析は経済とりわけ投資圧力をベースとしていた。(314-315)

ホブスンとレーニンが異なる点は多い、レーニンは独占資本や非公式支配についてより多くかたり、ホブスンが資本主義の改良を可能と見るに対してレーニンは資本主義とその世界的な発展は革命に至ると考えた。研究者の中には、これらの違いはあまりに大きく「ホブスン・レーニンテーゼ」を語ることは不可能とするものもいる。しかしすでにまとめたように両者の帝国拡大とその要因たる海外投資の圧力に関する一致は、否定しがたい。
　最後にエクステインは彼の論述を次のようにまとめている。「ホブスンとレーニンが19世紀末の西欧植民地主義の究極的な原因についての理論において正しいか否かを議論することはここでの目的ではない。この問題が、コミュニズムと反コミュニズムの政治の中に取り込まれてきたことは不幸なことであった。投資の流れがいかに政治支配に向かったに関するホブスン・レーニンの主張がある面では正しく、別な面では誤りだったということはありうるだろう。私の目的は密接に連関した「ホブスン・レーニン理論」が実際に存在したということを示すことにあった。ストークスやエザリントンの主張にもかかわらず、この「テーゼ」は存在したのである。そしてそれは、1870年から1900年にかけての未開発世界における西欧の帝国建設の起源において資本輸出の果たした決定的な役割に関するものであり、また、それゆえに、フィールドハウスによって30年前に提起されたあの重要な分析に関わり続けるものとして今でも存在しているのである。」(316)

## 4　いくつかの問題点

　以上、エクステインの論理は重要で興味深い点をいくつも提起している。ここではそれらのいくつかに問題を投げかけておくことにしよう。
　まずはホブスンとレーニンの分析対象に関してである。ストークスが両者の分析対象が現状分析にあるとしている点は、エクステインも認めており、実際にホブスン・レーニンともに19世紀末の帝国拡大についてはほとんどふれていない。確かに彼らには過渡期の設定はあるものの、その原因についてはあいまいで、エクステインが述べるように資本輸出を中心に考えているとは、断定できない。この時期には将来の商品の市場、資源の確保が経済利害としては想定

されうると見るのが妥当である。レーニン自身が、帝国主義以前の植民地拡大の説明には別の要因が必要であるといっているからである。

　第二に、両者の19世紀末植民地拡大に関する原因があいまいである限り、ホブスン・レーニンテーゼをこの期間において設定するわけには行かない。「ホブスン・レーニンテーゼ」は20世紀初頭から、あるいは第二次世界大戦直前に関して設定可能といえる。

　第三に、ホブスンとレーニンの決定的相違が、両者の分析手法にあることに留意すべきである。ホブスンは、理論家・歴史家という以前に鋭い評論家であった。レーニンは政治家・革命家であったのみならず、厳密な理論家でもあった。彼は論証・分析を行う場合、まず対象と分析の論理限定を行った。帝国主義論が、現状分析を主たる対象としており、歴史分析上の限界を持つものであることは彼の意図であった。もちろん時として、政治家レーニンはそれをご都合主義的に使う場合があったものの、研究を基本とする場合その限定付けは必要でもあり、必然でもあった。論理段階に関するこうしたレーニンとホブスンの相違を無視して「テーゼ」を語るのは行き過ぎである。

　第四に、エクステインはホブスンの金融資本、投資家階級を規定する場合、紋切り型に陥っている。ホブスンにはイギリス型の金融資本を頭に置きながらも、それを金融資本に一般化している点が確かにある。しかし、近年のホブスン研究は、ホブスンの金融資本をイギリス東南部、ロンドン・シティの特殊な資本形態と捉え直す傾向がある点に留意が必要である。この点に関するエクステインの考えは不明である。（P. Cain の最近の研究はそのことを明らかにしている）

## 補論2　アフリカの第一分割と第二分割

　アフリカの分割に関しては、その時期と原因に関して疑問が存在する。とりわけ経済的必要性と目的を持って分割されたはずの諸地域の実質的な分割すなわち「開発」が遅れている点に関してはかねてから疑問視されてはいたが、問題として認識され、研究され始めたのは近年のことである。この点での研究の

出発点としてホプキンズの「アフリカにおける帝国のビジネス」(A. G. Hopkins, "Imperial Business in Africa: Part I. Sources; Part II. Interpretation," *Journal of African History, XVII* (1976), pp. 29-48, 267-290) を紹介しておく必要があるだろう。

ホプキンズは企業史の現段階での分析を中心としつつ、アフリカにおける経済利害の展開をより深く理解しようとする。彼はまず、経済利害の包括的な理解を妨げているものとしてアフリカ分割に関する一面的理解の存在を指摘する。彼はアフリカ分割には二種類あることを主張する。「第一は、19世紀最終四半期に発生し、かの大陸にヨーロッパ列強が新しい政治領域を刻印したものである。第二の分割（the second partition）は19世紀半ばに始まり、世紀転換期にペースを早め、およそ1930年頃まで続き、アフリカで活動するヨーロッパ諸企業がその活動領域を決定していった過程である。第一の分割は今迄十分に議論され、ほとんどのアフリカ史叙述にあっては、少なくとも一章を割り当てられた重要なテーマである。ところが第二の分割は実際には今までほとんど語られておらず、現在まで帝国主義のこうした『非当局の意図』（unofficial mind of imperialism、企業家たちの意図）による領域分割についての体系的研究はないといってよい。現在の研究の多くは、各国のブルジョア利害による強欲な策謀についての一般論であったり、現地進出企業（expatriate business）の特殊な企図をアフリカ分割に関する伝統的説明に安易に結びつけようとする試みであったり、特権諸企業についての個別的地域的研究であったり、という水準のものであり、その対象時期も当然1880年代に始まり1900年に終わるというものである。」

こうしたホプキンズの問題提起は画期的なものといえる。アフリカの第二分割なる規定も意欲的なものではある。確かにアフリカの分割はその政治領域の確定に関する急激さで人々の関心を集め多くの研究者の対象となり、本章で述べてきたごとく原因に関する論争は激しいものであった。そして分割は表面上での激しさとは別に依然として「紙の上での分割」といわれるように直接支配の実体をあまり持たず、また経済的な必要性もそれほど大きくなく、開発も十分に実践されていたわけではなかった。ホプキンズの主張したい点はこの第一

分割の底流として第二分割の動きが存在しており、層を異にする二つの流れの混じり合いは全面的ではなかったということであろう。

しかし第二分割の概念はまだ十分に明らかにされているわけではない。第二分割の開始時点はともかく、その実質的展開を1900年以降にとらえている点では第一分割の時期に続いて第二分割を理解しているようでもある。さらに第二分割のメルクマールを現地進出企業の規模、構造、戦略での変化にもとめ、それらの変化を第一分割の終結時から1920年代にかけての時期にとらえ、特に企業革命、合同化という企業の大規模化（多国籍企業への成長）という面においてのみ強調する限り、それは彼の本来企図する総合的理解と離れていくように見える。すなわち、このような第一分割と第二分割の存在およびその継起性の強調は、今まで彼が主張してきた分割における経済利害と政治行動との関連性を脇に置き、第一分割の原因を政治要因に帰し、第二分割の経済性（open economy論）を強調するという二元論になってしまうのではなかろうか。こうした第二分割の独自性の強調は、アフリカにおける企業活動を19世紀を通じたゆっくりとした拡大傾向として、さらには1900年以降、1920年以降をも単にそれの量的な拡大（企業の性格はカリスマからビューロクラティックへと転換するが）としてのみ理解することにつながっている。

以上のような疑問は浮かんでも、第二分割の提案とそれを第一分割に連関させようとするホプキンズの問題提起は積極的に受けとめられるべきである。そしてその際の課題のひとつは、彼が従来展開して来た政治分割期における独自な経済利害の存在についての研究をこの新しい提案の中で再構成していくことである。政策決定にあたっての経済的要求・必要性の役割は、決定論的ではなく、より複雑な関係の中のものとして解釈されていくことになる。もうひとつの課題は、第一分割以降のアフリカの「開発」の遅れについてである。第二部で取り上げられるように西アフリカにおいては「政治分割」後の現地の経済支配は遅れる傾向にあった。とりわけナイジェリアの開発は、20世紀に入ってかなりたってもプランテイションが植民地政府そのものによって阻止されるという、「なぞ」の状態にあった。そのなぞをA・フィリップスは、間接統治、アフリカ人農民の土地所有、農民生産などをキーワードに解こうとした。ここで

は土地の資本主義的な利用、コンセション、プランテイションへの規制が1930年代においても実行されている状況が述べられる。(Anne Phillips, *The Enigma of Colonialism : British Policy in West Africa*, Indiana U. P., 1989) アフリカの開発は、各地域でさまざまな方法で実験され、実施されたのである。それぞれの開発の特徴を具体的に分析することの必要性は高まっている。

1) B. Stanley, "'Commerce and Christianity' : Providence Theory, the Missionary Movement, and the Imperialism of Free Trade, 1842-1860", *The Historical Journal*, XXVI, 1983, 71-94.
2) J. S. Galbraith, *Mackinnon and East Africa 1878-1895*, Cambridge, 1972, pp. 3-9.
3) マンチェスターを始めとする各地商業会議所の危機意識についてはⅣ章の2を参照。スタンリーについても同上箇所。ホブソンの独自な考えについては*Imperialism ; A Study*のChapt. II "The Commercial Value of Imperialism". そして、竹内幸雄「イギリス人の帝国」(ミネルヴァ書房、2000年)の第二章「ホブスン『帝国主義論』の構成」を参照。A. Irelandは*Tropical Colonization* (London, 1899). A. W. Fluxは "The Flag and Trade," *Journal of the Royal Statistical Society*, 1899, pp. 489-533. チェンバレンなどについてはD. Platt, *Finance, Trade and Politics in British Foreign Policy 1815-1914* (Oxford, 1968), pp. 256-261.
4) Leonard Woolf, *Empire and Commerce in Africa* (London, 1920).
5) Alan Hodgart, *The Economics of European Imperialism* (London, 1977), pp. 39, 48-50.
6) Woolf, *op. cit.*, pp. 5-9.
7) *Ibid.*, pp. 21-47.
8) *Ibid.*, pp. 322-323.
9) *Ibid.*, pp. 330-336.
10) *Ibid.*, pp. 315-337.
11) P. T. Moon, *Imperialism and World Politics* (New York, 1926).
12) *Ibid.*, p. 74
13) L. C. A. Knowles, *The Development of the British Overseas Empire* (London, 1924) ; Allan McPhee, *The Economic Revolution in British West Africa* (London, 1926). 12)
14) W. Langer, *op. cit.*, pp. 74-75 ; P. M. Sweezy, *The Theory of Capitalist Development* (New York, 1956, first pub. 1942,), pp. 302-304.

15) Knowles, *op. cit.*, pp. 104–108.
16) Hopkins は McPhee の *Economic Revolution* 再刊（London, 1971）序文で彼の研究の斬新さと帝国史研究における経済史的見方の重要性を説いている。
17) Arthur Redford, *Manchester Merchants and Foreign Trade, Vol. II. 1850–1939* (Manchester, 1956).
18) *Ibid.*, pp. 59–78.
19) *Ibid.*, pp. 61–62, 74–75. Redford は綿製品の対アフリカ輸出額を T. Ellison, *The Cotton Trade of Great Britain*（London, 1886）から引き出し、1856年時の総輸出額の3％から1883年時の6％（450万ポンド）へと増大していると主張する。また1880年時での西アフリカへのランカシャー綿布輸出は4,000万ヤードであり、1913年には1億4,500万ヤードへと急増した。この時点でアフリカのシェアーは9％に昇ったが、なかでも西アフリカ、特にナイジェリアへの増加は目ざましいものがあった。（しかしこの急増も1900年以降）
20) *Ibid.*, pp. 97–111.
21) Royal Commission on the Depression in Trade and Industry, 1886, Minutes and Reports (Irish University Press ser. of British Parliamentary Papers, 1969). 以下 D. T. I. と略す。この調査委員会報告書についてはⅣ章で詳述。
22) Redford, *op. cit.*, p. 99.
23) D. T. I., First Report, Appendix A, Answer from MCC, pp. 113–121 (IUP page no.) 彼等の非難の対象は1874年工場法による週56.5時間規制と児童労働への新設諸規制にあった。
24) 工場法規制の緩和が可能かというと、その実現については要求している当の各地商業会議所も懐疑的であるといってよい。実際 D. T. I. の最終レポートも労働時間の延長という要求に対しては明確に反対の立場をとっている。(Final Report, xxi)。
25) 賃金の国際比較、イギリスの他国に比しての高賃金ではなく「相対的低賃金」（労働生産性の高さに比して）については、マルクスが、ユア、カウェル、レッドグレーブ等の調査・報告をもとに、ケアリー的賃金論すなわち生産性・労賃正比例論を批判している点に注目すべき。イギリスは生産力優位によってより高度な労働をより安く手に入れることができるとの MCC 派の自信の一端は事実に根ざしたものであったといえるだろう。マルクス『資本論』第1巻第20章・労賃の国民的相違、Marx/Engels Werke, Bd., 23b, S.. 583–588；邦訳『全集』大月書店刊、1965年、第23巻第2分冊、727–733頁。
26) Redford, *op., cit.*, pp. 103–108.

Ⅱ　自由貿易主義と将来の市場論　45

27) D. Farnie は競争圧力（すなわち価格、利潤へのプレッシャー）に対処する方法として個別綿業資本のとりうる道はとして、(1)下級原綿の使用、(2)技術革新、(3)賃金低減(4)販売・運送費の低減、等を挙げている。この(3)と(4)こそ、後述する1886年不況調査委員会への各地商業会議所の回答に最も頻繁に現れる「改善要求」のタイプなのである。D. A. Farnie, *The English Cotton Industry and the World Market 1815–1896* (Oxford, 1979) pp. 196-205 ; R. E. Tyson. "The Cotton Industry," in D. Aldcroft edt., *The Development of British Industry and Foreign Competition 1875–1914* (Toronto, 1968). 外国からの競争圧力にいかに対処するかの一般論は D・オールドクロフトによれば、(1)報復関税、(2)帝国への撤退、(3)技術改良、(4)積極的マーケティング、となる。D. H. Aldcroft, "British Industry and Foreign Competition" in D. H. Aldcroft, edt., *Ibid*.

28) J. D. Hargreaves, "Towards a History of the Partition of Africa", *Journal of African History*, I (1960), p. 100.

29) J. D. Hargreaves, "British and French Imperialism in West Africa, 1885– 1898," in Gifford and Louis eds., *France and Britain in Africa* (New Haven, 1971), p. 280 ; do., *West Africa Partitioned : The Loaded Pause 1885*, pp. 20-27.

30) G. N. Uzoigwe, *Britain and the Conquest of Africa* (Michigan, 1974), Chapt. III.

31) Bernard Porter, The Lion's *Share : A Short History of British Imperialism 1850–1970* (London, 1975), pp.74-84, 111-118 ; Winfried Baumgart, *Imperialism : The Idea and Reality of British and French Colonial Expansion 1880-1914* (Oxford, 1982), pp. 91-135.

32) 拙著『イギリス自由貿易帝国主義』のXの8を参照。

33) W. G. Hynes, "British Mercantile Attitudes towards Imperial Expansion," *Historical Journal, XIX*, 4 (1976), pp. 969-979 ; *The Economics of Empire.* B. M. Ratcliffe, "Commerce and Empire : Manchester Merchants and West Africa, 1873-1895", *The Journal of Imperial and Commonwealth History*, VII, 3, 1979.

34) 商業的価値と帝国主義との関係、『貿易は国旗に従う』についてはホブスンがその関係を否定している。竹内幸雄「イギリス人の帝国」（ミネルヴァ書房、2000年）の第二章「ホブスン『帝国主義論』の構成」を参照。

35) イギリスの国内経済の構成と帝国拡大の関連については、ケイン・ホプキンズ『ジェントルマン資本主義の帝国』、本書Ⅰ章の4節を参照。

36) 現地に進出した企業についてはホプキンズが企業史研究の現状を含めて紹介している。A. G. Hopkins, "Imperial Business in Africa : Part I. Sources ; Part II. Interpre-

tation," *Journal of African History, XVII* (1976), pp. 29-48, 267-290. 第二の層の経済利害についてはハインズが包括的な研究を一書としている。W.G. Hynes, *The Economics of Empire : Britain, Africa and the New Imperialism 1870-95*（London, 1979, 以降 *Economics of Empire* と略記）

37) W. L. Langer, D. K. Fieldhouse, C. Wilson, P. Duignan, L. H. Gann などの論者の見解に共通するのがホブスン・レーニンテーゼなる誤解である。典型はフィールドハウスのそれである。D. K. Fieldhouse, *Economics and Empire 1830-1914*, 1973, p. 46.

38) E. R. J. Owen and R. B. Sutcliffe, eds., *Studies in the theory of imperialism*, 1972.

39) R. B. Sutcliffe, "Conclusion", in *Idid.,* pp. 316-320. 彼は諸論者のホブスン・レーニンテーゼ批判を以下の4点……(1)経済要因の妥当しない「例外」が多い(2)資本投資地域と分割地域が一致しない(3)植民地は損失をもたらした(4)資本投資の収益性は低かった……とまとめ、それらに反批判を行う。

40) Ibid., pp. 313-314. サトクリフはここでケンプにそってレーニン帝国主義論の論理的性格に注意を促し、マグドフにそって植民地と帝国主義の同時性を否定し、その同一視をレーニンに帰すのは誤りであるとする。

41) Eric Stokes, "Late Nineteenth-Century Colonial Expansion and the Attack on the Theory of Economic Imperialism : A Case of Mistaken Identity?" *Historical Journal, XII*, 2, 1969（以降 Stokes, "Late Nineteenth Century" と略）(New York, 1976), pp.173-195.

42) ストークスがレーニンの時代規定論として重視するのは以下の著作である。(1)「資本主義の最高の段階としての帝国主義」『レーニン全集』（大月書店刊）第22巻、(2)「自決に関する討論の総括」第22巻、(3)「帝国主義と社会主義の分裂」第23巻、(4)「第2インタナショナルの崩壊」第21巻、(5)「イネッサ・アルマンドへの手紙」第35巻。数例を引用すると、「マルクスもエンゲルスも、世界資本主義の帝国主義時代を見ずに死んだ。この帝国主義時代は、1898-1900年以後にようやくはじまったのである」(『分裂』119頁)、「1891年には一般的に帝国主義はなく（私は、帝国主義が生まれたのは1898-1900年であって、それ以前ではないということを自分の小冊子のなかで証明しようとつとめました）、……」(『手紙』280頁)。

43) Stokes, "Late Nineteenth-Century," pp. 289-291.

44) レーニン「資本主義の最高の段階としての帝国主義」『全集』第22巻、240-241、259、279頁。

45) 同上、294頁。

46) 同上、295頁。

47) 「レーニンが資本独占と植民地領有との間に構造的必然性を想定していた」との「断定」に関しては、それを肯定的にとらえ、資本独占と植民地領有の同一性(同時性)を強調する見解(吉信粛「帝国主義と世界の領土的分割」島・宇高編『新マルクス経済学講座；2 帝国主義の理論』有斐閣、1972年、187—188頁)も、それを否定的にとらえ、「レーニンは実際の跛行過程を構造的連関性をもつものと見誤った」とする見解(河合秀和「ヨーロッパ帝国主義の成立」『岩波講座世界歴史』第22巻、1969年、27頁)も、レーニンの論理・歴史理解に関しては双方その一面的強調に陥ったと考えることができるだろう。

48) レーニン「帝国主義」「全集」第22巻、308頁。

49) エヌ・エム・ルーキン「帝国主義時代研究の諸問題」『歴史科学』1932年6月号、12－13頁。

50) 同上、14頁。

51) 服部之総「戦前の帝国主義の成熟過程」『歴史科学』1932年7月号、149—150頁。この小区分論は最近ではJ・スタージスによって展開されている。スタージスは1870－82年を移行期の (transitional)、1882－92年をためらいがちな (hesitant)、1892－1902年を意識的な (conscious)、と三期に小区分する。彼は第一期を中期ヴィクトリア期の植民地整理と引きしめ政策 (consolidation and restraint) のマイナーな手直しの時期として、第二期を1882年のエジプト占領以来のリベラルのジグザグ政策と大蔵省の緊縮財政下での安上がり帝国主義 (imperialism on the cheap) の時期として、第三期を本国政府が直接乗り出していく相次ぐ征服、侵略の時期として、規定する。J. Sturgis "Britain and the new Imperialism", in C. C. Eldridge edt., *British Imperialism in the Nineteenth Century* (London, 1978) pp. 85–96.

52) 服部、同上、137頁

53) レーニン『帝国主義』前掲訳書、300頁；「帝国主義と社会主義の分裂」、『全集』第23巻、114頁。

54) 同上、300、303－304頁。

55) W. Hynes, *The Economics and Empire*, pp. 45.

56) W. Langer, *The Diplomacy of Imperialism* (Harvard, 1935), III. The Triumph of Imperialism, IV. The Struggle for the Nile, pp. 67–100, 101–144 ; do., "A Critique of Imperialism," *Foreign Affairs, XXIV,* 1935), pp. 103–104, 106–107.

57) D. K. Fieldhouse, "Imperialism : An Historiographical Revision," *Eco. Hist. Review, XIV,* 2, 1961,pp. 195–202, 209 ; do., *The Theory of Capitalist Imperialism* (London, 1967), "Introduction"

58) G. Paish, "Great Britain's Foreign Investment, *Journal of the Royal Statistical Society, LXXIV* (1911) A. K. Cairncross, *Home and Foreign Investment 1870–1913* (Cambridge, 1953) ; H. Feis, *Europe : The World's Banker 1870–1914* (New York, 1930) ; C. K. Hobson, *The Export of Capital* (London, 1914). フィールドハウス等に主として利用されるのは、C. K. Hobson の1870−1912年資本輸出表（pp. 204、223）とそれをアレンジした Feis の資本輸出表（p. 11）であり、これらによると1905年前後に停滞・急増の切れ目が見える。また Paish・Feis の1913年資本輸出表は、トータル37億6,330万ポンドのうち帝国内17億8,000万ポンド、南アフリカ3億7,020万ポンド、西アフリカ3,730万ポンドと表し、西アフリカの1％という低率を明らかにしている（Feis, p. 23）。本書Ⅱ章で詳述。

59) C. Wilson, "The Economic Role and Mainsprings of Imperialism," in P. Duignan and L. H. Gann eds., *Colonialism in Africa, 1870–1960, IV* (Cambrige, 1975), p. 74 ; Duignan and Gann, "Reflection on Imperialism and the Scramble for Africa," in *Ibid.*, 1, pp. 111–113.

60) この数値・西アフリカ3,730万ポンド（1％）は、Paish・Feis による1913年段階でのものであり、それ以前と比較してアフリカの比率が最も落ちこんだ時点のものである。他方 Feinstein の推計による「分割」期での資本輸出の増加とその地域別比率を見ると、南アを除く「その他のアフリカ（エジプトも除く）」は1881−1890年間の1,000万ポンド（総増加量7億9,500万ポンドの13％）から1891−1900年間の4,500万ポンド（総増加量5億7,000万ポンドの8.0％）へと急増している。この点は投資対象・投資主体の分析とともにより詳細な検討が必要とされる。しかし総括的に見る限りでは、1870−1913年期にかけても、1914年段階においても資本輸出の多くの部分がカナダ・オーストラリア等自治領、南アフリカの鉱山、南米へと向かっていったのは否定できない現象であり、「資本輸出＝植民地分割」論の定立は困難な作業といえる（山田秀雄『イギリス植民地経済史研究』岩波書店第1章；毛利健三『自由貿易帝国主義』東京大学出版会、333−345頁）。

61) レーニン『帝国主義』前掲訳書、278−279頁。

62) Langer, *op., cit.*, pp. 74–79 ; Fieldhouse, *Economics and Empire 1830–1914* (1973), p. 34 ; Wilson, *op., cit.*, p. 73 ; Duignan and Gann, *op., cit.*, p. 114.

63) G. N. Sanderson, "The European Partition of Africa : Coincidence or Conjuncture?" *op., cit.*, pp. 1–17.

**補注：レーニン帝国主義論の抽象性**

レーニン帝国主義論をその時代規定部分（帝国主義論の主構成部分に対する補足部分と言える）に関してのみならず、その直接意図としたところ、およびその論理的抽象段階の程度がどれほどのものかを再認識しておく必要がある。レーニン帝国主義論は帝国主義戦争の必然性を明確化することを目指したものであり、当面の論敵はカウツキーであった。カウツキー帝国主義論への彼の批判は二重である。それはまずカウツキーの超歴史的な非段階論そして政治・政策を重視する論理に対して、独占・金融資本の段階的性格を明確に提示しようとしたものであり、高度に理論的なものであった。また他面ではカウツキーの「超帝国主義」論という「死んだ（空虚な）抽象」に対して、「世界経済の具体的な経済的現実を対置する」という限りで「現実的」なものであった。（レーニン「資本主義の最高の段階としての帝国主義」『レーニン全集』（大月書店刊）第22巻、その第7節）。この論理的かつ現実的性格を総括的に把握するならば、それはまず歴史具体的な分析はまず外側に置き、構造的な理解を第一義とするものであったと言える。それゆえ、レーニンの5つの指標設定は第一の独占規定から以降二から五へと論理的な継起性・上向を示すものとなっており、いうまでもなく直接に歴史的な序列を示すものではありえない。先に引用した「帝国主義論」第6章での「したがって独占資本主義の段階への、金融資本への資本主義の移行が、世界の分割のための闘争の激化と結びついているという事実は疑うべくもない」（同上、295頁）との表現も論理的連関を一般論的に示したものであり、歴史的で具体的な独占・金融資本と植民地分割とのつながり、すなわち歴史的継起関係を述べたものではない。（論理・歴史の直接的統一を否認し得るマルクス主義史観からいえば、これは当然なことではあるが）。

　こうした論理的抽象段階への鋭い認識とその厳密な適用はレーニンが重視してきたところであり、『ロシアにおける資本主義の発展』における論理展開（市場論での）への歴史的・外的諸条件の排除という姿勢（『ロシアにおける資本主義の発展』の純経済的性格およびその抽象段階の規定に関しては、真木実彦氏「資本主義分析におけるレーニンの方法」『経済』1970年4月号参照）を参照せよ。あるいは「哲学ノート」における論理展開への深い洞察（レーニン『哲学ノート』全集第38巻、主として「ヘーゲルの著書（論理学）への摘要」、これが帝国主義論執筆とまったく同時期に行われていることに注意）に注目すれば「帝国主義論」もその同じ道筋をたどって叙述されたものと理解しうるだろう。「帝国主義論」においてレーニンには帝国主義を具体的・歴史的に展開する必要性はなく、19世紀末アフリカ分割史を具体的に叙述する必要性はさらにない（レーニン「帝国主義」前掲訳書、308頁参照。なおSanderson はレーニン「帝国主義」の限定された意図に早い時期に注目した数少ないイギ

リス研究者の一人である。G.N. Sandersn, "The European Partition of Arica : Coincidence or Conjuncture? in H. F. Penrose ed., *European Imperialism and the Partitiion of Africa* (London, 1975)。レーニン帝国主義論の批判者の論点の多くはレーニンの意図・目的の読み違いによるものといってよいだろう。

　上述の論理的限界にもかかわらず、歴史分析の出発に際してレーニン帝国主義論を直接援用できるとすればそれは二点にわたるものである。まず、彼が本来の帝国主義段階の時期をすなわち諸指標の相当な成熟を世紀転換期（主として20世紀初頭）にとらえていた点にある。第二は、独占・金融資本以前の時期における帝国主義政策の存在を示唆している点である。これは例えば「資本主義の従前の諸段階の資本主義的植民地政策でさえ、金融資本の植民政策とは本質的に異なる（レーニン「前掲訳書」、300頁）」、「世界の分割は、まだどの資本主義的強国によっても略取されていない領域へ妨げられずに拡張しうる植民政策から、くまなく分割された領土の独占的領有という植民政策への移行だからである（同書、307頁）」等々で表現されている。この視点に立つならば、少なくとも理論的には20世紀初頭からの古典的帝国主義段階に先立つ、19世紀末「過渡期」の設定およびそこにおける帝国主義政策の独自性の主張は十分に可能なように思われる。

　それでは独占以前の帝国主義政策およびその時期をいかにとらえるべきであろうか。我々は1873年から1895年ないし1900年迄を帝国主義段階への過渡期として設定できるとしよう。この時期をヴィクトリア中期・自由貿易帝国主義時代からの連続性（政策論的意味で）においてとらえるならば、この時期こそ自由貿易の帝国主義的「属性」が最高度に発揮された自由貿易帝国主義の「本来の段階」といえる。なぜならこの時期においてこそ、イギリスにとって自由市場を確保しようした政策が、可能な場合には現地支配層やヨーロッパ列強との交渉および条約により、不可能な場合には保護領あるいは侵略により、という多面的な方法によって（とりわけ後者の方法が頻繁に）展開されたからである。

　毛利健三氏は「自由貿易帝国主義」第6章『自由貿易と帝国』（300頁）において1870年代以前は「イギリス自由貿易主義の帝国主義的属性」が強調され、1870年代以降第一次世界大戦までを「イギリス帝国主義の自由貿易的属性」が強調される時期と特徴づけ、いずれも「自由貿易帝国主義」と規定しつつ、後者を時代的には「古典的帝国主義段階」と称している。氏の「属性」規定には賛成であるが、1870年代から第一次大戦までを一括する見方に対して、筆者はむしろ1870年代以前から1900年前後までを「自由貿易の帝国主義」と連続説的にとらえ、その内部で小区分し、1880・90年代を「自由貿易帝国主義の本来の段階」とする見方を提案したい。

# Ⅲ　イギリス資本輸出（1860〜1914年）と帝国

## 1　アフリカ分割と資本の輸出：概説

　アフリカの分割時にどれだけの資本が投下されていたかについてはフェイス（H.Feis）による研究が総括的な評価を行っている。彼は1913年段階における資本輸出の量を総額38億ポンドと概算し、その投下地域を表Ⅲ－1のごとくにまとめる。それによると帝国には17億8000万ポンドが、帝国外には19億8300万ポンドが投下されている。帝国内ではカナダ、オーストラリア、南アフリカと「移住植民地」が多く、「従属植民地」にはインドが目立ってはいるが、分割が最も激しく行われた西アフリカには3700万ポンドと総輸出額のわずか1％が輸出されているに過ぎない。

　これは、1913年、従属地域にも投資が行われ始めた段階での数値と割合である。19世紀末期の分割期においては総額20億ポンドの内部における西アフリカへの量が1％を切っていたことは明確であり、分割の要因を資本輸出に求めるのはこの地域に関しては無理といえるだろう。ただしエジプトと南アフリカに関してはそれぞれ、Ⅶ章とⅧ・Ⅸ章で述べることになるが、19世紀末においてエジプトには7000万ポンドの、南アフリカには1億ポンドの投資が行われており、後者は直接投資の比率もかなり大きく、資本輸出利害の帝国形成への役割を否定するわけには行かない。（表Ⅲ－2に見るようにフランスもドイツも資本輸出のうち、植民地、従属地域に向かった量は数パーセントであり、分割への資本輸出利害を一般論として主張するにはイギリスと同様に無理がある。）

　本章では、資本輸出の量は実際にどのくらいであったのか、形態は間接投資か直接投資か、対象の産業はなにか、対象の地域はどこか、などの問題が、資本投資の研究史を整理する中で検討されることになる。

表Ⅲ-1　イギリスの資本輸出（地域分布）〔1913年〕

(単位：100万ポンド)

| 帝国 | | 帝国外 | |
|---|---|---|---|
| カナダ | 514.9 | USA | 755.0 |
| オーストラリア、N.Z. | 416.4 | ラテンアメリカ | 756.6 |
| 南アフリカ | 370.2 | ロシア | 110.0 |
| 西アフリカ | 37.3 | 南欧 | 39.6 |
| インド | 378.8 | フランス | 8.0 |
| 海峡植民地 | 27.3 | ドイツ | 6.4 |
| 北ボルネオ | 5.8 | オーストリア | 8.0 |
| 香港 | 3.1 | バルカン | 17.0 |
| その他 | 26.2 | その他 | 19.6 |
| 計 | 1,780.0 | 全ヨーロッパ | 218.6 |
| | | エジプト | 44.9 |
| | | トルコ | 24.0 |
| 合計 | 3,763.3 | 中国 | 43.9 |
| | | 日本 | 62.8 |
| | | その他 | 77.9 |
| | | 計 | 1,983.3 |

出所：H. Feis, *Europe : The World's Banker 1870-1914*, New York, 1965, pp.23, 51.


表Ⅲ-2　フランス、ドイツの資本輸出（地域分布）

| フランス（単位：億フラン） | | | ドイツ（単位：億マルク） | |
|---|---|---|---|---|
| | 1900年 | 1914年 | | 1914年 |
| ロシア | 70 | 113 | オーストリア・ハンガリー | 30 |
| トルコ | 20 | 33 | ロシア | 18 |
| スペイン、ポルトガル | 45 | 39 | バルカン | 17 |
| オーストリア・ハンガリー | 25 | 22 | トルコ | 18 |
| バルカン | 7 | 25 | フランス、イギリス | 25 |
| イタリア | 14 | 13 | スペイン、ポルトガル | 13 |
| スイス、オランダ | 10 | 15 | その他 | 17 |
| その他 | 8 | 15 | 全ヨーロッパ・小計 | 12 |
| 全ヨーロッパ・小計 | 199 | 275 | アフリカ | 125 |
| フランス植民地 | 15 | 40 | アジア | 20 |
| エジプト、南アフリカ | 30 | 33 | USA、カナダ | 10 |
| USA、カナダ | 8 | 20 | ラテンアメリカ | 37 |
| ラテンアメリカ | 20 | 60 | その他 | 38 |
| アジア | 8 | 22 | 合計 | 5 |
| 合計 | 280 | 450 | | 235 |

出所：H. Feis, *op. cit.*, p.74.

## 2 いわゆる「イムラー・サイモン推計」について

　19世紀から20世紀初頭にかけてのイギリス海外投資の趨勢を見るのに最もよく利用されるのはイムラー・サイモン推計である（図Ⅲ－1）。実線はイムラーによる経常収支残高（OBCA, Overall Balance on Current Account）推計である[1]。この残高を取り出す方法は間接法（indirect method）とよばれ，年々の海外投資量を推計するには便利であるが，投資地域・投資対象を区分できないという難点をもつ。破線はサイモンによる直接去（direct method）推計である[2]。これは投資月報（Investor's Monthly Manual）による新規公募証券統計を積算していくもので1865年から1914年にかけて入手できる。直接法は投資地域や対象を区分できる利点をもっているが，その様々な問題点によって推計値の正確さに難がある。しかし，ともあれイムラー・サイモン推計は今日、この期間におけるイギリス資本輸出を現わすにはほぼ妥当なものと広く受け入れられている。

　以下ではこのイムラー・サイモン推計の根拠をなす間接法、直接法の系譜を

図Ⅲ－1　資本輸出1816－1914年（イムラー・サイモン推計）

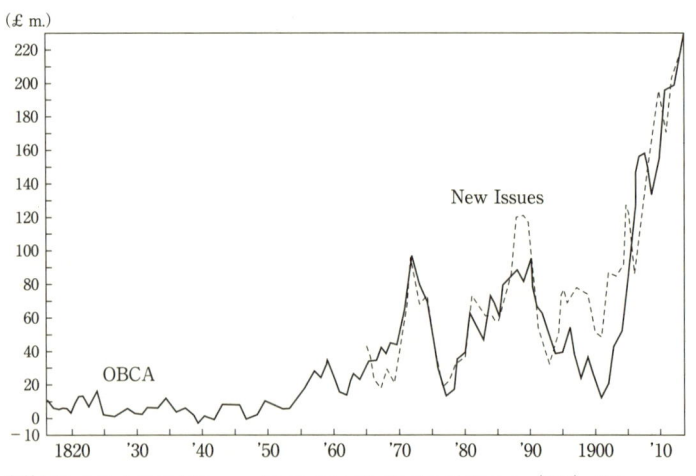

出所：P.L..Cottrell, *British Overseas Investment in the Nineteenth Century* (1975), P14

探り、それぞれの到達点と問題点とを明らかにしておくことにしょう。

(1) 間接法

間接法の最初の提案者はホブスン（C. K. Hobson）と言ってよいだろう。彼は1914年の著「資本の輸出・Fxport of Capital」で1870年から1912年にかけての経常収支残高（Overall Balance on Current Account）を求めようとした[3]。この手続きは以下のごとくである。まず商品の輸出入から貿易収支のバランスが求められる（それはこの間ほとんど入超を示す）。次に貿易外収支すなわちサービス収入（海運収入、輸出入コミッション、保険収入、政府サービス収入、海外からの送金、新旧船舶売却益等）が求められ、最後に内国収入税リポートから海外投資所得（後述するペイシュ推計に初めて利用された）を核とした海外投資収入総計が推計される。これら三者を加減し各年の剰余（バランス）すなわち海外純投資額が割り出されるのである。

ホブスンがこの推計操作の中で最も力を入れたのは海運収入である。彼の概算のベースは全世界輸出入量から個別海運会社の企業分析に至るまで多様であり、また運賃指数から帆船・汽船の輸送効率の比較に至まで実に包括的である。ケアンクロス（A. K. Cairncross）はこのホブソン推計に若干の変更、主として海運収入を10％程度引き下げることで総額をやや下方に修正した[4]。これに対して間接法の戦後の代表者と言うべきイムラーはやはり主として海運収入の値を高めに修正することで全体を相当程度引き上げた[5]。

以上三者によるイギリスの1870年から1912年にかけての資本輸出量累積額はホブスンでは23億3280万ポンド、ケアンクロスでは22億2000万ポンド、イムラーでは30億7300万ポンドとなる。

間接法は後述する直接法に比べて批判に耐えうるとの一般的評価がされるべきかもしれない。しかしそれ自身多くの概算・推計の積み重ねによってなされているものであり、個別的研究の進展によって絶えず再検討されなければならないものである。例えばイムラー推計はプラットによれば以下の4点について批判にさらされるというのである[6]。

第一はサービス収入のうちの保険料、仲介料、海運コミッションについてで

Ⅲ　イギリス資本輸出（1860-1914年）と帝国　*55*

ある。イムラーはギフェン（R. Giffen）の推計、すなわち1854－80年期にかけて海外貿易総額の2.5％が妥当であろうとの推論を、1816年から1913年の全期間にあてはめようとするが、これはあまりに一律的で強引である。第二にサービス収入内の輸出手数料についてである。イムラーはジェンクス（L. Jenks）等を利用してそれを5％と概算し、多少の変動を斟酌しつつも全期間に適用するが、これまた客観的根拠にうすい。第三は海運収入に関してである。イムラーはギッフェンの1880年に関する推計すなわち帆船でトンあたり5ポンド、汽船でトンあたり15ポンドをほぼ全期間に適用しうるとするが、これもまた一律にすぎる。最後に海外投資収入に関してである。イムラーは内国収入税報告書をベースにホブソン・ペイシュ等にそって公的投資・民間投資の比率や、資本化の際の利子率平均を求めているが、これも恣意的なものに過ぎない。

　以上4点にわたるプラットの指摘は現行間接法の不備の一端を明らかにしている。間接法が概算による概算の積み重ねであり、研究上でのさらなる前進が望まれている領域であることは間違いない。

（2）　直接法

　直接法の最初の提唱者はペイシュであろう。サイモンの直接法は投資家月報等の新規公募証券統計を積算していくものであるが、これを部分的にではあるが内国収入税資料とともに利用し累積額を推計したのがペイシュであった。ここではまずペイシュの推計方法と推計額とを再確認しておく必要がある。

　彼は1909年論文「外国へのイギリス資本投資」で内国収入税リポートを使ったいわゆる「もう一つの直接法」を展開する[7]。その1906／7年度データによれば課税対象となった対外投資収入は政府・地方政府債、鉄道債からの7960万ポンドであり、それが部分的に修正され8280万ポンドとなる。さらにこの額に海外進出株式会社2172社の公表利益5800万ポンドが加えられ、イギリス投資収入はおよそ1.4億ポンドとされる。これを各分野の平均利子・利潤で資本化し投資額累計を割り出すと26億9373万ポンドとなる。さらに1907年末までのストック（累計）とみられる27億ポンドに1911年、1914年論文ではロンドン証券取引所新発行証券の1913年迄の6年間分が加えられ、1913年時点でイギリス

海外投資総額は37億ポンドと結論づけられる[8]。このペイシュ推計はフェイスによってロシア、トルコ公債での若干の上方への修正を受け[9]、通称ペイシュ・フェイスリストとなる。

　直接法は投資家月報等を利用したサイモン（M. Simon）によってより完成度の高いものとなった。投資家月報資料を最初に利用したのはホブスンであったが[10]、彼のクリエイション（creation・公募名目額）推計については公募されたものと実際の販売量との差について、またパーシャル（partials、ロンドンと他の海外市場で同時販売されるもの）のロンドン割合を一率50％と見る推計について、等々に疑問が出されていた。サイモンはホブスンの推計に対して、①クリエイションではなくコール（money calls・払い込み請求額）すなわち実際に請求され払い込まれた額に注目し、②月報が無視した地方市場や外国市場でのイギリス人購買を考慮し、③パーシャルを一率50％ではなく個々のケースで上げ下げし、④またいわゆる借替え（conversions）のうちとくにエクスポート・コンヴァーション（export conversions）を実額増として付加し、等々と大幅な改良を行なった[11]。こうしてサイモンは1865年から1914年にかけてイギリスの新規公募証券累計40億8200万ポンドを得た[12]。

　しかるにサイモンの推計もまた批判を免れえない。彼の推計が名目価格で処理されていること、すなわち多くの債券が実際にはかなりの割引を受けて販売されていることを無視している点で、過大評価であるとの批判をうけることになるのである[13]。（サイモン推計の最大の長所はそのプロセスで投資地域と投資対象との詳細な分類が行なわれたことであろう。これについては後述）。

　以上で間接法と直接法の概略が述べられたが、それが果たしてイギリス資本輸出の妥当な近似値を示しえているのかの評価は、一つにはその双方の方法で得られた数値が大よその所で一致している点をどう見るかにかかっている。イムラーは自らの間接法による数値とペイシュ・フェイス等のそれとの一致を重要視し[14]、サイモンもイムラーの数値と自らのそれとの、変動に関わる基本的一致を強調し[15]、コットレル（P. L. Cottrell）も両方法による数値上の一致に驚くべきものがあると指摘する[16]。プラットはこれに対して一致は単なる偶然事あるいは何らかの意識的操作によるものとしている[17]。ともかくこの点は間接

法の改善を行ないつつより慎重に判断されていかなければならないであろう。

## 3 19世紀後半資本輸出の変動性

イムラー・サイモン推計を前提として考えると、19世紀半ばから20世紀初頭にかけてのイギリス資本輸出はその量的な推移に関しては三つの特徴をもっている。第一は1860年以降1913年にかけての資本輸出の増大傾向であり、第二は1860年代から1905年にかけてのその変動性であり、第三は1903年以降のほぼ直線的な上昇傾向である。これらの三つの特徴をまとめてみれば、世紀転換期を境に、それ以前を増大しつつも極端な変動性をともなう時期として、それ以降をほぼ一方的な上昇時期としてみることができる。

本節ではこの変動性に焦点を合わせ、「19世紀資本輸出増大論」への一つの留保条件を明らかにしてみよう。この海外投資の変動性は、GNS/GNP内での国内投資とのまったくの反比例関係によってよりよく理解される（図Ⅲ－2）。すなわち海外投資の大きな時には国内投資は小となる関係にある。この反比例関係はM・エーデルステインによって一般的増大傾向とともに強調されているのであるが、かつてはC・ホブスンによってふれられ、また交易条件との関係ではケアンクロスによって、景気変動との関係ではA・フォードによって検討されていた[18]。

この反比例関係で言えることは国内投資が比較的定常であるに対して、海外投資はこの関係をリードする変動の大きさを示し、またそれ自身その収益率の変動によって規定されていることである。エーデルステインは国内・国外投資の収益率の比較を566社の企業分析で行い、国内・国外収益率の差が投資の国内・国外比を予測（anticipate）すると結論づけている（図Ⅲ－3および表Ⅲ－3）[19]。

この変動性・反比例関係が認められる限り、かの第一の特徴である「増大傾向」には19世紀に関する限り大きな留保条件がなげかけられなければならない。B・ウォレンやG・インガムはS・クズネッツを引用し、19世紀後半での海外投資の急増（ブレイク）の存在を否定する[20]。彼等はブレイクが20世紀初頭に

図Ⅲ-2　国内投資・海外投資反比例関係（対 GNP 比）

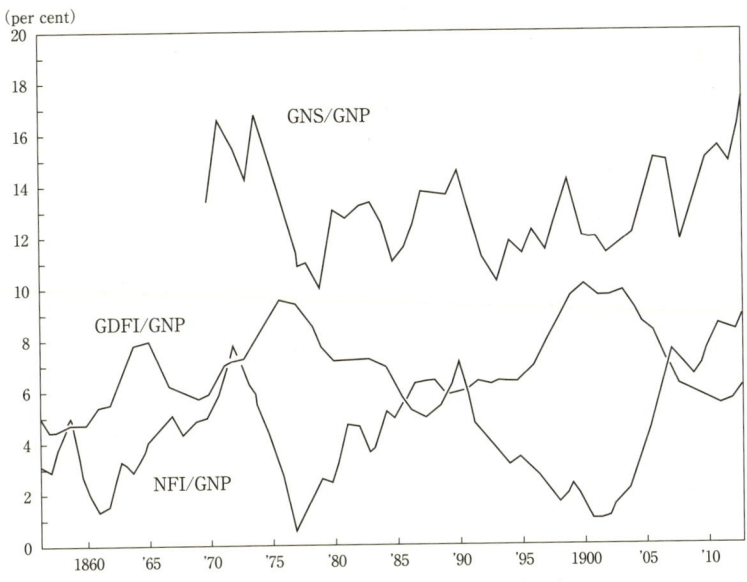

出所：M. Edelstein, *Overseas Investment in the Age of High Imperialism* (1982), P.30.

図Ⅲ-3　国内投資・海外投資の収益率比較（長期債権1870-1913年）

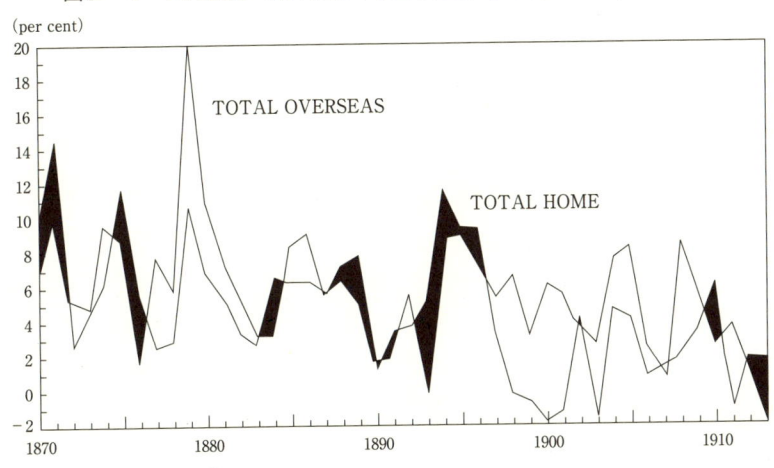

出所：M.Edelstein, *Ibid.*, P.146
（黒い影は国内投資収益率が国外投資収益率を上まわっていることを示す。）

Ⅲ　イギリス資本輸出（1860-1914年）と帝国　59

表Ⅲ－3　国内投資・海外投資の収益率比率

|   | 1870－1876 | 1877－1886 | 1887－1896 | 18797－1909 | 1910－1913 |
|---|---|---|---|---|---|
| A．国内 | | | | | |
| 　1　普通株 | 11.94 | 7.19 | 8.93 | .92 | 6.44 |
| 　2　優先株 | 9.08 | 5.70 | 6.10 | 1.85 | 3.25 |
| 　3　社債 | 4.36 | 4.12 | 4.92 | 1.40 | 1.84 |
| 　4　全体 | 7.62 | 5.37 | 6.42 | 1.35 | 3.60 |
| B．海外 | | | | | |
| 　1　普通株 | 7.34 | 13.27 | 5.34 | 9.54 | 1.37 |
| 　2　社債 | 6.29 | 6.40 | 5.16 | 3.82 | 1.90 |
| 　3　全体 | 6.60 | 8.06 | 5.23 | 5.20 | 1.79 |
| C．海外－国内 | | | | | |
| 　1　普通株 | －4.60 | 6.08 | －3.59 | 8.62 | －5.27 |
| 　2　社債 | 1.93 | 2.28 | 0.24 | 2.42 | 0.06 |
| 　3　全体 | －1.02 | 2.69 | －1.19 | 3.85 | －1.81 |
| D．市場平均 | 7.72 | 6.51 | 5.92 | 2.97 | 2.84 |

出所：Edelstein, op. cit., P.148.

あるとする。またF・クルーゼのように20世紀初頭以降の商品輸出の再上昇傾向と海外業務（サービス）収入の増大をもってして、20世紀においてすら海外投資の役割の相対的減少を説く研究者もいる[21]。

　世紀転換の以前と以後における海外投資増大のテンポの違いが様々な論者によって指摘されてきたことはすでに帝国主義論争の中でも明らかにされていた。以上から少なくとも1870年代から1913年迄を一括して資本輸出の増大期としてとらえることの問題点が理解されるだろう。

## 4　資本輸出の量に関する再検討

　今まで適切だと思われてきた資本輸出推計に近年数量の面で疑問を提出したのはプラットである。彼はイムラー・サイモン推計の系譜上での第一人者をペイシュと見る。それゆえ彼の批判はまずペイシュの推計値と方法とに関してであり[22]、それは以下の5点で展開される。

（1）　ロンドン市場での外国人購入分

ロンドンは第一次大戦前においては「世界の金融市場」として多くの外国銀行、代理店の支店が存在し、彼等は戦前ロンドンでの海外投資の20％を扱ってきたといわれている。ロンドンはあらゆる債権取引での仲介者であり、各国の余剰資金の安全な投資場所であった。それゆえロンドン市場での発行証券への外国人購入がかなりの部分を占めていたことは疑いがない。しかるにペイシュはこの外国人購入に関して、かの1909年論文に続く討論の中で参加者の質問に答える形でのみ、それを10％と推測する。プラットはキンダーズリー、ケインズ、デイヴィス・ハッテンバックの11％、16％、21％、30～40％等々の推計を利用し、1908年から1914年には20％が、1907年迄には15％が外国人購入分として妥当であると想定し、これをペイシュ推計に適用すると合計4.87億ポンドの削減が必要となると提起する。

（2）パーシャル
　パーシャル（Partials）とはロンドンのみならず複数の外国市場に販売量が分配される債権である。ここでの問題は、従来50対50と目されていたロンドンとその他の市場の割合が、実際にはロンドンの割合は低かったのではないか、またロンドン割当の部分への外国人購入が旺盛だったのではないかに関するものである。1900年代以降、好評であった日本の戦争債、ブラジル鉄道債等にそうした傾向が強かったことが指摘される。1907年迄に関してはペイシュによるパーシャルの割合50対50は妥当なものであったとしても、それ以降1913年迄の部分ではロンドン割当部分を下げる、すなわち1.5億ポンド（15％）程度を削減する必要があるとされる。

（3）第二次市場での外国人への販売
　ペイシュがイギリス人所有と確認したものの少なからぬ部分は第二次市場（証券流通市場）としてのパリ、ベルリン、ニューヨーク等の市場で外国人に転売された。ロンドン市場には新規証債券取引が集中していたが、他市場では旧債証券が活発に取引されていた。すなわち初発ではイギリス人所有のものが外国人に転売されていったのである。これはペイシュの新規証債券累積では現

Ⅲ　イギリス資本輸出（1860－1914年）と帝国

れてこない。プラットはこれをおよそ5％、1億3500万ポンドと試算する。

(4) 償還、償却、破産・債務不履行による減価、発行失敗、等

　プラットはキンダーズリー、レンファントの研究をもとに償還、償却分を試算する。ペイシュの1908－13年分では無視されたこれらは年平均1.5％、総計1600万ポンドとみなされる。さらにエーデルステインは1870－1914年期において会社株で4億5000万、政府債で5000万ポンドの破産・債務不履行による減価があったとするが、プラットはこれと証券価格の上昇部分とを相殺することによって3億5000万ポンド分の純損失を割り出す。最後に彼は発行失敗、未払込等々によるロスを1億3000万ポンドとみなす。

　以上のごとく様々な削減の必要性により、全削減量は実に12億6800万ポンドに昇るというのである。


(5) 削減に対する増加部分、直接投資等

　上述の削減分に対して量的には少ないが、いくつかの増加分を挙げなければならない。第一に、ペイシュ推計は1913年12月末で終わっているが、これを1914年7月末まで伸ばすことで7000万ポンドが増加される。第二に外国および地方市場でのイギリス人購買分が6500万ポンド、第三に直接取引（未公開証券の）分が5000万ポンド増加される。最後にそして最大の増大分として直接投資の2億ポンドがフランケル、レマー、ケインズ等の個別研究の成果をもとに推計されペイシュの3億ポンドにつけ加えられる。

　プラットは以上の5項目の加減を整理し、最終的にペイシュ推計を表Ⅲ－4のごとく、およそ30％削減し、総額31億3200万ポンドの新推計値をえるのである。

　プラットによるこうしたラディカルな量的再検討にも問題や批判がない訳ではない。第一はロンドンにおける外国人所有部分に対するイギリス人による外国市場での購入分の相殺効果に関するものである。しかし第一次大戦前のロンドン市場の他に抜きん出た国際的性格を考慮するならば相殺は過大評価されてはならないだろう。第二は、先述したごとく先行研究の多くが示す直接法推計

### 表Ⅲ-4　プラットによるペイシュ推計の改訂

(イギリス海外投資　1914年7月31日,単位£billions・10億)

| ペイシュによる1913年12月31日推計 | A新規公募証券 | B直接投資 | 合　計 |
|---|---|---|---|
|  | 3.715 | 0.300 | 4.015 |
| A　新規公募証券について |  |  |  |
| 削減分 |  |  |  |
| 1）ロンドン応募分への外国人購入分<br>　　（1908-13年） | 0.083 |  |  |
| 2）同上<br>　　（1907年12月31日迄） | 0.404 |  |  |
| 3）パーシャルの変更分 | 0.150 |  |  |
| 4）第二次市場での外国人購入分<br>　　（1907年12月31日迄） | 0.135 |  |  |
| 5）償還・償却分<br>　　（1908-13年） | 0.016 |  |  |
| 6）破産・債務不履行による減価<br>　　（1870-1914年） | 0.350 |  |  |
| 7）発行失敗・引受業者留保分<br>　　（1908-14年） | 0.100 |  |  |
| 8）未払い分（会社株）<br>　　（1908-13年） | 0.030 |  |  |
|  | －1.268 |  |  |
| 増加分 |  |  |  |
| 1）新規公募分（植民地・外国）<br>　　（1914年7月31日迄の半年分） | 0.070 |  |  |
| 2）外国市場・地方市場でのイギリス人購入分 | 0.065 |  |  |
| 3）未公開証券直接取引 | 0.050 |  |  |
|  | ＋0.185 |  |  |
| B　直接投資増加分 |  | ＋0.200 |  |
| 新推計額 | 2.632 | 0.500 | 3.132 |

出所：D. Platt, *op. cit.*, p.60.

と間接法推計との量的な一致である。これがプラットの考えるような偶然的なものか、他の論者が考えるような必然的なものかは彼が提起した様々な削減の可能性の適否の考察が深められるとともに、間接法そのものへの再検討がなされてゆく必要性がある。ともあれプラットに代表される19世紀資本輸出の量に関する再検討論はより注目されてしかるべきものである[23]。

## 5 海外投資の収益率と投下地域

　海外投資の収益率がそう高くないことはすでに1910年代のレーフェルトらによって明らかにされていたが[24]、近年エーデルステインやデイヴィス・ハッテンバック等によってより緻密な企業分析研究（566社、482社）が行なわれた。前者によれば国内・国外の収益率は基本的に反比例し、とりわけ国外投資の収益率は変動が激しい。また一般的には植民地企業は国内より高く、外国より低いという結果となる[25]。後者によれば1880年代初期迄は帝国投資は国内より3分の1高く、外国より2分の1高かったが、それ以降逆転し、国内よりかなり低く、外国よりやや低いという関係となる（図Ⅲ-4）[26]。さらに帝国投資の社会的費用（補助金、防衛費）を考慮すればそれら費用を負担する中産階級の犠牲によって帝国向け債権の主要な出資者たるエリート階層（ジェントルマン、ロンドン商人・金融業者）が益する、すなわち富の移転が行なわれるのがイギリス海外投資の本質だということになる[27]。

　帝国投資利潤・利子率の「意外」な低さはイギリス海外投資と「帝国主義」との関係にもう一つの留保条件を投げかけたものであるが、デイヴィス・ハッテンバックの分析は投下地域・対象に関してものびていく。彼らの分析はこの分野での先駆者サイモンを超えて詳細である。投下地域に関しては北米・南米の大きさに比しての帝国の低さ、また帝国内でも従属帝国たるアジア・アフリカ地域への低さが指摘される。

　すなわち問題点は以下のごとくである。①1865年から1914年にかけてイギリス全海外投資のうち国内、外国、自治植民地に90％が、残りの10％が従属地域に投下された。②その後者のうち4分の3がアジアへ、わずか6分の1がアフリカへ向かった[28]。③表Ⅲ-5のごとく、アジア・アフリカへの投資における特徴は1900年以前の停滞とそれ以降の急増とである。④さらにアフリカ内部に関しては南ア鉱山業（分類A&E、農業・抽出産業内）の重要性とその南ア戦争後における資本の吸収力とが注目されるべきである。以上の投下地域と投下対象との分析のみからも、19世紀末におけるアフリカ分割、帝国の拡大と資本

図Ⅲ—4　国内・外国・帝国投資収益率

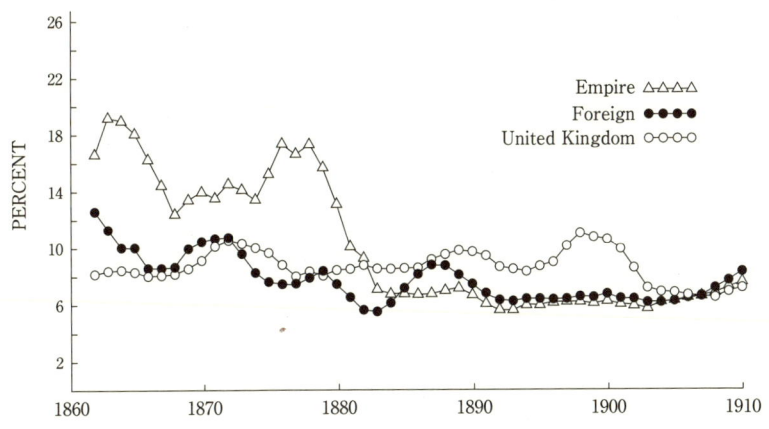

出所：L. Davis & R. Huttenback, *Mammon and the Pursuit of Empire*, 1986, p. 108

表Ⅲ—5　アフリカ・アジアへの資本投下（産業別）

(単位£1,000, アジア省略)

| 期　間 | 農業・抽出 | 金融 | 製造 | 公共 | 商業・サービス | 交通 | その他 | 計 私的分野 | 政　府 | 合　計 |
|---|---|---|---|---|---|---|---|---|---|---|
| 1865-69 | 78 | 709 | 0 | 0 | 560 | 227 | 0 | 1,574 | 10,129 | 11,703 |
| 1870-74 | 117 | 1,349 | 0 | 510 | 12 | 586 | 0 | 2,574 | 229 | 2,803 |
| 1875-79 | 54 | 250 | 0 | 200 | 30 | 0 | 0 | 534 | 15,815 | 16,349 |
| 1880-84 | 1,827 | 2,576 | 104 | 688 | 194 | 1,400 | 213 | 7,002 | 11,813 | 18,815 |
| 1885-89 | 3,113 | 1,860 | 153 | 998 | 135 | 1,154 | 56 | 7,469 | 12,793 | 20,267 |
| 1890-94 | 4,731 | 1,451 | 91 | 271 | 170 | 603 | 13 | 7,330 | 12,926 | 20,256 |
| 1895-99 | 9,916 | 9,781 | 376 | 300 | 698 | 4,899 | 111 | 26,081 | 7,741 | 33,822 |
| 1900-04 | 12,839 | 13,782 | 3,006 | 396 | 934 | 3,248 | 274 | 34,479 | 54,604 | 89,083 |
| 1905-09 | 12,052 | 14,570 | 1,207 | 1,181 | 251 | 2,976 | 236 | 32,473 | 23,735 | 56,208 |
| 1910-14 | 13,782 | 6,747 | 481 | 1,579 | 258 | 3,439 | 58 | 26,344 | 14,554 | 40,898 |
| 合　計 | 58,509 | 53,075 | 5,418 | 6,123 | 3,242 | 18,532 | 961 | 145,860 | 164,344 | 310,204 |
| 年平均 | 1,170 | 1,061 | 108 | 122 | 64 | 371 | 19 | 2,917 | 3,287 | 6,204 |

出所：Edelstein, *op. cit.*, p. 148.

輸出との直接的なつながりが一般的には疑問視されるべきことは理解されるだろう。

## 6　直接投資の再検討：鉱山業

　先述したように資本輸出の内容に関して直接投資が軽視されていたのではないかとの批判が出ていた。直接投資に関しては近年その概念構成を含めて新しい研究が提起されている。尾上修悟は『イギリス資本輸出と国際経済』において直接投資に関する研究をまとめている。尾上によれば、直接投資の概念とその総資本輸出内での比率について始めて問題にしたのはストッフォードである。ストッフォードは、資金はロンドンの資本市場で調達されるが事業は国外で行われる企業に対する投資を、母国を脱して事業を行うという意味で脱母国投資（Expatriate Investment）と規定し、それが当時の証券投資の中に少なからず存在したとする。さらに1913年末におけるイギリス対外投資の累積の中で対外証券投資68％、脱母国投資22％、ならびに対外直接投資10％と推計した。尾上氏は後二者を現代の国際投資規定から見ると直接投資と考えられるとし、直接投資は海外投資総額の30％強になっていたとする[29]。ヒューストンとダニングも、表Ⅲ−6のごとくおよそ30％を直接投資と解釈している。

　スヴェドベルグは直接投資の比率を発展途上の各地域ごとに捉えようとする。表Ⅲ−7に見るようにそれはラテンアメリカにおける45−66％、アフリカにおける31−58％などかなり高い比率を占め、全体的にも平均44−60％を占めていたということになる。スヴェドベルグはこの傾向がイギリスの投資においても存在していることを確認する[30]。

　イギリスの発展途上国に対する民間投資のなかで直接投資がとりわけ大きな役割を果たしたのは抽出産業・鉱山業である。本書の対象となる英領アフリカに対する投資の約8割は直接投資で占められ、そのほとんどは鉱山業に対するものであった。

　イギリスの海外鉱山投資に関してはヴァン・ヘルテンの研究がある。表Ⅲ−8を見ると19世紀末期までの鉱山業への海外投資はオーストラリアついで南ア

表Ⅲ—6　イギリス対外投資の構成

(100万ポンド、%)

|  | 対外投資総額 | 対外直接投資額 |
|---|---|---|
| 1870 | 785　(100.0) | 200～　240　(25.5～31.0) |
| 1907 | 2,694　(100.0) | 950～1,050　(35.0～39.0) |
| 1913 | 3,763　(100.0) | 1,300以上　(34.5より上) |

（出所）Houston, J.&J.H.Dunning, *U. K. Industry Abroad*, Financial Times, 1976, p.12
（尾上修吾『イギリス資本輸出と国際経済』ミネルヴァ書房、1995年、26頁から）

表Ⅲ—7　発展途上諸国に対する外国民間投資の構成（1913—14年）

(100万ドル、%)

|  | 外国民間投資累積額 | 直接投資の占める割合 |
|---|---|---|
| ラテン・アメリカ | 10,352 | 45～66 |
| アフリカ* | 2,795 | 31～58 |
| トルコ | 1,216 | 20～38 |
| インドおよびセイロン | 2,250 | 25～28 |
| 中国 | 1,610 | 69 |
| 東南アジア | 1,262 | 82 |
| 合　計 | 19,485 | 44～60 |

（出所）Svedbreg, P., "The portfolio-Direct Composition of Private Foreign Investment in 1914 Revisited", *The Economic Journal*, Dec., 1978, p.769 より作成。
（注）＊　南アフリカを除く。
（尾上修吾、前掲書、29頁から）

表Ⅲ—8　イギリスの海外鉱山投資の地域別構成（1880—1913年）

(5カ年平均、100万ポンド)

|  | 1880—84 | 1885—89 | 1980—94 | 1895—99 | 1900—04 | 1905—09 | 1910—13 |
|---|---|---|---|---|---|---|---|
| 全　世　界 | 10.47 | 30.55 | 18.13 | 72.62 | 38.47 | 22.39 | 18.37 |
| オーストラリア | 0.04 | 3.58 | 2.81 | 29.68 | 7.66 | 2.60 | 2.52 |
| 南アフリカ | 1.11 | 6.56 | 3.84 | 10.11 | 4.44 | 3.79 | 1.98 |
| その他のアフリカ | 0.21 | 0.62 | 1.39 | 8.23 | 12.09 | 4.82 | 6.10 |
| 米　国 | 3.11 | 7.96 | 3.00 | 4.92 | 1.34 | 0.81 | 1.67 |
| その他の北アメリカ | 0.57 | 2.82 | 2.02 | 7.89 | 3.64 | 2.23 | 4.21 |
| 南アメリカ | 2.56 | 3.83 | 1.92 | 2.45 | 2.17 | 2.07 | 2.23 |
| ヨーロッパ | 1.22 | 2.80 | 1.78 | 2.71 | 4.23 | 3.03 | 2.17 |
| ビルマ・インド | 0.78 | 1.19 | 0.64 | 0.76 | 0.52 | 0.61 | 0.25 |
| その他のアジア | 0.07 | 0.85 | 0.72 | 0.95 | 1.51 | 2.23 | 0.90 |

（出所）J. J. van Helten, "Mining share manias and speculation : British investment in overseas mining, 1880-1913", in *Capitalism in a Mature Economy–Financial Institutions, Capital Exports and British Industry, 1870-1939–*, Edward Elgar, 1990, p.162（尾上修吾、前掲書、33頁から）

フリカに向かっている[31]。

　南アフリカの鉱山業はほとんどが金鉱山である。南アフリカの鉱山業者の手にはダイアモンド鉱山業で蓄積された資金があった。それは初期の露天掘り金鉱山開発の重要な資本となり、またそこで蓄積された資金は次の深堀りの金鉱山業の資本となるという、内部蓄積の再投資という性格が強かった。しかし深堀りにおける投資額の増大はシティを通じての一般投資家の参加を必要とした。南アフリカの金鉱山業はイギリス投資家のよき対象となった。しかし同時に金鉱業者は金融業者としての内容を持つようになった。最大手の鉱山会社、ウェルナー・ベイト社は本社をロンドンにおく「金融・金鉱会社」であり、自らの株式の増資や保有のみならず、株式投資業にも参入し自らの資金の投資先を多様化し資産全体の安全性を高めるという、マーチャントバンカーの性格を持つものになっていった。こうした複雑な投資環境の中で、資本投資利害の政策決定への影響が問われることになる。この点で問題となるのは資本投資の量の大小ではなく質、形態、構造なのである。

1) A. H. Imlah, *Economic Elements in the Pax Britannica : Studies in British Foreign Trade in the Nineteenth Century* (Cambridge, 1958), pp. 70–75.
2) M. Simon, "The Pattern of New British Portfolio Investment, 1865–1914", in A. R. Hall edt., *The Export of Capital from Britain 1870–1914*, pp. 38–39.
3) C. K. Hobson, *Export of Capital* (London, 1914), Chapt., VII, pp. 164–205.
4) A. K. Cairncross, *Home and Foreign Investment 1870 1913 : Studies in Capital Accumulation* (Cambridge, 1953), pp. 170–181.
5) Imlah, *op. cit*. Chapt., III, pp. 43–81.
6) D. C. M. Platt, *Britain's Investment Overseas on the Ive of the First World War* (MacMillan, 1986), pp. 17–21.
7) G. Paish, "Great Britain's Capital Investments in Other Lands", *Journal of the Royal Statistical Society, LXXII*, 3 (Sept. 1909), pp. 465–95.
8) G. Paish, "Great Britain's Capital Investments in Individual Colonies and Foreign Countries", *Journal of the Royal Statistical Society, LXXII*, 2 (Jan. 1911) pp. 167–200 ; "The Export of Capital and the Cost of Living", *Statist* (Supplement), 14 Fed., 1914. pp. i, viii.

9) H. Feis, *Europe the World's Banker* (New Haven, 1930), pp. 3-32.
10) C. K. Hobson, *op. cit*, pp. 217-20.
11) Simon, *op. cit.*, 1723. 36.
12) Ibid., p. 24.
13) M. Edeistein, *Overseas Investment in the Age of High Imperialism : The United Kingdom 1859 1914* (London, 1982), p. 16.
14) Imlah, *op, cit.*, pp. 79-81.
15) Simon, *op. cit.*, p. 36.
16) P. L. Cottrell, *British Overseas Investment in the Nineteenth Century* (MacMillan, 1975), pp. 13-15.
17) Platt, *op. cit.*, pp. 17-18.
18) Edelstein, *op. cit.*, pp. 28-33 ; C. K. Hobson, *op, cit.*, pp. 220-222.Cairncross, *op. cit.*, pp. 187-208. A. G. Ford, "Overseas Lending and Internal Fluctuations, 1870-1914", in A. R. Hall edt., *op. cit.*, pp. 90-92.
19) Edelstein, *op. cit.*, p. 146.
20) B. Warren, *Imperialism : Pioneer of Capitalism* (London, 1980), pp. 61-63, 68-70. G. Ingham, *Capitalism Divided* (MaCMillan, 1984), Chapt.,5.
21) F. Crouzet, *The Victorian Economy* (London, 1982, translated into English by A. Forster), p. 369.
22) Platt,*op.cit.*, 3-7.
23) *Ibid.*, pp. 31-60. 入江節次郎は「資本輸出史氏から世界金融史へ」「経済学論集」第40巻の②（1989年）のⅡにおいてプラットの説を的確に紹介し, 彼の論の妥当性を19世紀前半の資本輸出においても見出すことができるとする。
24) R. A. Lehfeldt, "The Rate of Interest on British and Foreign Investments", *Journal of the Royal Statistial Society, LXXII* , 4 (1914), pp. 432, 435.
25) Edeistein, *op. cit.*, pp. 141 150.
26) L. Davis & R. A. Huttenback, *Mammon and the Pursuit of Empire : The Political Economy of British Imperialism, 1860-1912* (Cambridge, 1986), pp. 107-110. Davis /Huttenbackの企業分析482社のうち, 241社はロンドン証券取引所のランダムサンプル方式により抽出され, 234社は主としてパートナーシップか個人企業の中から個別的な企業分析が可能なものが選択された。残りの7社は鉄道会社である。
27) *Ibid.*, Chapt., 7, "The shareholders in imperial enterprises".
28) *Ibid.*, p. 72.

29) 尾上修梧『イギリス資本輸出と国際経済』ミネルヴァ書房、1995年、25—27頁。
30) 同上書、29—30頁。
31) J. J. van Helten, "Mining, share manias and speculation : British investment in overseas mining, 1880-1913", in *Capitalism in a Mature Economy : Financial Institutions, Capital Export and British Industry, 1870-1939*, Edward Elgar, 1990, p. 162.

**補注：資本輸出・帝国・国民経済**

　上述のごとく、量と質との両面から資本輸出と帝国拡大との直接的関係に様々な疑問が提出されてきた。しかしそのことは必ずしも資本輸出がイギリス国民経済に大きな位置を占め、大きな影響力をもっていたことを否定するものではない。資本輸出と帝国、資本輸出と国民経済、という二つの連関は一応区別して語られなければならないもののように見える。

　マクロスキー（D. N. McCloskey）等によるいわゆる「新古典派」的国民経済均衡論からみれば海外資本投資は単なる国内余剰の排出にすぎないものであり、その投資決定も合理的に行なわれ、国内利子率を上昇させることでむしろ国内経済の合理的均衡点を上方にシフトさせるものなのである。これはマクロスキーが以前に提起した、ヴィクトリア人が効率的経済運営・企業経営に失敗したのではなく、むしろ時代に適応しえていたとの論点に繋がるものであり、海外投資と国民経済との直接的つながりをとりわけそのマイナス面に関しては否定するものである。(D. N. MaCloskey, *Enterprise and Trade in Victorian Britain* (London, 主として、5・6・7章)

　これに対して資本の海外投資がいかに国内資本形成、国内投資を妨げ、19世紀末から20世紀初頭の国際競争の激化、新産業の育成という重要な時期にイギリス経済の停滞の原因となりえたかは現在、コットレルやケネディー（W. P. Kennedy）等によって指摘されている所である。ケネディーは例えば1913年段階で機械装置産業への需要創出に関して、国内資本形成1ポンドと同等なものを生み出すために海外投資では実に6ポンドが必要となると試算し、海外投資の非生産性を語り、イギリス国民経済構造の転換にそれがいかに阻止的であったかを強調する。(W. P. Kennedy, *Industrial Structure, Capital Markets and the Origins of British Economic Decline* (Cambridge, 1987),主としてIntroductionと6. の "The Economics of British Foreign Investment in the Late Nineteenth Century" ; S. Pollard, "Capital Exports, 1870-1914 : Harmful or Beneficial?" *Eco. Hist. Review, XXXVIII*, 4, 1985, pp. 489 514 ; Cottrell, *op. cit.*, pp. 54-55.}

第二部　19世紀末「商業帝国主義」の実践

## Ⅳ　19世紀末における商業利害

### 1　「過渡期」としての1880年代

　第一部において19世紀末帝国主義現象をいかに理解すべきか、とりわけアフリカの分割をいかなる要因から、またいかなる時期としてとらえるかに関する様々な議論を整理した。その過程で我々はそれを経済要因とくに「将来の市場を確保しようとする先占の理論」を軸に把握し、またその時期を本来の帝国主義段階への「過渡期」と認識しうるのではないかと提起した。

　しかし「将来の市場論」は主観を伴うあいまいな概念であり、客観的な経済諸指標の分析、さらに主観的・客観的経済圧力と帝国拡大政策との連関性についての実証研究によって絶えず再構成されていかなければならないものである。また時期区分に関しても単なる「過渡期」の設定ではなく、その内部における小区分、例えば1880年代のより過渡的な性格についても深められるべき問題がある。本章のように、イギリスの西アフリカ政策という限定された対象でそれらの課題を果たそうとする場合でも、それは困難な仕事といえるだろう。

　1880年代イギリスの対外政策、主として「新帝国」の対象たるアフリカに関する政策は、それ以前の政策とは明らかに異なっている。分割の主な対象地域、ニジェール川、コンゴ川流域における「将来の市場」をめぐる「商業的帝国主義」の実践はその主体である商業的圧力団体のプレッシャーの強さも政策決定側の受け入れの姿勢もそれ以前の時期とは質を異にしていた。しかし同時に1880年代の進出の規模と内容は1890年代と比較してみれば、各国との対抗という面でも、内陸部への浸透という面でも、いまだ抑制的なものであった。

　ここに1880年代の過渡的な性格、すなわち新市場確保のために政治的軍事的力を行使（公式帝国を公式的方法で拡大）するという面での一貫性の欠如を見ることができる。この時期におけるイギリスのアフリカ政策は、自由党の保守

党のを問わず、「自由貿易信条・直接支配の忌避」から解放されていなかったのである。

以上のごとく1880年代の拡大政策は、それ以前のものとは断続性と連続性との両面から検討されなければならないのであるが、自由貿易地帯をいかに確保するかという目的と方法の両面に関して一般論的に言うならば、その連続性の面が浮かび上がってくる。そもそも自由貿易主義はその二面性、便宜主義的傾向にその本質を見ることができる。ロビンスンとギャラハーによれば、ヴィクトリア中期においてさえイギリスは、自由貿易市場確保のために必要とあらば、帝国の拡大を力で遂行するという政策を取ってきたからである。彼等の「自由貿易の帝国主義」論を援用すれば、1880年代はまさに「将来の市場」としての自由貿易地帯の確保を公式的なやり方で公然と展開し始めた時期とみることができ、この時期を「自由貿易帝由主義の時代」の中での「本来の時期」[1]と規定することも可能である。

さて1880年代の、帝国拡大・直接支配という面での限定された性格すなわち過渡期性は、アフリカ分割に関する諸研究者の論をアトランダムに並べれば、以下のような論拠から主張される。

第一に、独・仏との産業的・商業的競争の激化にもかかわらず、自由貿易信条が特にマンチェスター綿業界を中心に自らの生産力優位での自信という形で根強く存在していたこと。それゆえ海外進出論も自由貿易地帯の確保と創出を基本としており、ストレートに植民地形成には結びつかなかったこと[2]。第二に、新市場開発へのイギリス商業界の要求が1880年代一貫した高揚を示していたわけではなく、景気の変動につれそのボルテージが上がり下がりしていたこと[3]。第三に、進出地域の市場性が現存のものとしてより将来のものとして主観的に認識され、この幻想的将来性を先占的に確保するという考え方に引きずられ進出が決定されたこと[4]。第四に、将来の市場論に基づく本国中心部の商業的利害と、現存の市場を維持せんとする現地進出の商業利害との連携がまだ不十分であったこと[5]。第五に、進出した地域での支配形態は保護領（Protectorate）や特許会社（Chartered Company）という間接支配が主要なものであり、いわゆる「平和的侵入」の方法が可能であり、実際とられていたこと[6]。

第六に、英・仏・独の対抗はそれぞれの進出地域の重なり合いが少なく、また方法も多様であり、いまだに話し合いや協定が十分に可能であったこと[7]。第七に、この時期の分割が主として沿岸部に関してであり、内陸への拡大が意識的であったとは言えず、ましてや内陸部の経済開発は現実のものとしては問題にならず、依然として紙上の分割（The Partition on Paper）に留まっていたこと[8]。

　しかしながらこうした1880年代を「過渡期」としてみる様々な主張は、それを援用する場合、以下の二つの論争点を考慮した上で行われなければならない。すなわち第五のように支配の諸形態に注目し、間接支配を強調する議論は、帝国主義支配の本質的な面を過小評価することになるのではないか[9]、あるいは第三のように「将来の市場」という主観的な概念を導入することで、現存の経済的・商業的利害の分析から遠ざかるのではないか[10]、と。にもかかわらず、経済要因を客観的のみならず主観的にも、現地のみならず中央にもと多面的に理解し、また支配の諸形態も十分考慮するという方法で、1880年代における分割の独自の意味を明らかにしていくことは決して不可能ではない。

　本章と次章は以上の「将来の市場論」、「過渡期論」の妥当性を、イギリスの西アフリカ（主として南東ナイジェリア）進出を例にとり検証しようとするものである。対象地域としての南東ナイジェリアは、その「将来の市場」、「現存の市場」両面で重要性をもち、また現実に1880年代分割の主要地域であったことから選ばれた。以下本章では、第一に「将来の市場論」をその現実性と虚構性の両面から検討し、第二に、南東ナイジェリア問題における現地利害と中央利害との一般的連関性を明らかにする。さらに次章では「将来の市場論」が現地でどのように実践されたかをジャジャ王の追放を例に叙述する。

## 2　「将来の市場論」の現実性と虚構性

### （1）　1880年代半ばにおける「将来の市場論」の普遍性

　1883〜1886年は大不況においても最も厳しい景気後退期であった[11]（表Ⅳ—1）。イギリス商工界にもようやく「過剰生産」の認識がひろがり[12]、新市場

表IV—1　国民所得および国内生産物輸出額，1870—1901

| 年 | 国民所得 (£m.) | 一人あたり (£) | 国内生産物輸出額 (£m.) | 一人あたり £ s. d. | | | 年 | 国民所得 (£m.) | 一人あたり (£) | 国内生産物輸出額 (£m.) | 一人あたり £ s. d. | | |
|---|---|---|---|---|---|---|---|---|---|---|---|---|---|
| 1870 | 923 | 29.53 | 199.6 | 6 | 7 | 11 | 1886 | 1,140 | 31.39 | 212.7 | 5 | 17 | 2 |
| 1871 | 982 | 31.12 | 223.1 | 7 | 1 | 7 | 1887 | 1,169 | 31.94 | 2219 | 6 | 1 | 3 |
| 1872 | 1,037 | 32.53 | 256.3 | 8 | 1 | 0 | 1888 | 1,251 | 33.92 | 234.5 | 6 | 7 | 2 |
| 1873 | 1,131 | 35.15 | 225.2 | 7 | 18 | 10 | 1889 | 1,339 | 36.01 | 248.9 | 6 | 13 | 11 |
| 1874 | 1,132 | 34.83 | 239.6 | 7 | 7 | 9 | 1890 | 1,405 | 37.48 | 263.5 | 7 | 0 | 7 |
| 1875 | 1,085 | 33.04 | 223.5 | 6 | 16 | 6 | 1891 | 1,392 | 36.82 | 247.2 | 6 | 10 | 10 |
| 1876 | 1,089 | 32.80 | 200.6 | 6 | 1 | 3 | 1892 | 1,367 | 35.85 | 227.1 | 5 | 19 | 2 |
| 1877 | 1,096 | 32.64 | 198.9 | 5 | 18 | 11 | 1893 | 1,336 | 34.71 | 218.1 | 5 | 13 | 4 |
| 1878 | 1,075 | 31.67 | 192.8 | 5 | 14 | 1 | 1894 | 1,383 | 35.59 | 215.8 | 5 | 11 | 1 |
| 1879 | 1,024 | 29.85 | 191.5 | 5 | 12 | 2 | 1985 | 1,449 | 36.94 | 225.9 | 5 | 15 | 2 |
| 1880 | 1,079 | 31.16 | 223.1 | 6 | 9 | 5 | 1896 | 1,477 | 37.30 | 240.2 | 6 | 1 | 2 |
| 1881 | 1,118 | 32.00 | 234.0 | 6 | 14 | 0 | 1897 | 1,528 | 38.21 | 234.2 | 5 | 17 | 0 |
| 1882 | 1,161 | 32.98 | 241.5 | 6 | 16 | 10 | 1898 | 1,610 | 39.87 | 233.4 | 5 | 15 | 6 |
| 1883 | 1,190 | 33.57 | 239.8 | 6 | 14 | 8 | 1899 | 1,683 | 41.28 | 264.5 | 6 | 9 | 7 |
| 1884 | 1,142 | 31.97 | 233.0 | 6 | 10 | 6 | 1900 | 1,768 | 42.96 | 291.2 | 7 | 1 | 6 |
| 1885 | 1,124 | 31.21 | 213.1 | 5 | 18 | 4 | 1901 | 1,735 | 41.77 | 280.0 | 6 | 14 | 10 |

出所：P. Deane, and W. A, Cole, *British Economic Growth 1688-1959*, Cambridge 1962, pp. 329-330）; *Statistical Abstract for the United Kingdom*, No. 32, 40, 49.

注：一人当り国民所得は1873年の36.15を頂点に'73年の水準に復帰するのはやっと'89年になってからである。国民総生産においてもこの傾向は全く同様である（FeinsteinのTable 2-4)。しかし輸出額の低落と比較するとそのゆるやかさが特徴的である。

'72—'73年の2億5,500万£という高水準の輸出は，'70—'80年代2億前後の低水準での長期停滞ののち1890年の2億6,350万で やっと回復される。一人あたりの輸出額については'72年の8ポンド1シリングを最高に最終四半期一貫して5〜6ポンドに低迷しついに回復しない。

開発への要求も強まっていた。この新市場とは旧来の市場，ヨーロッパ，南北アメリカ，既存白人植民地，等々に対してのアジア，アフリカを意味するものであった。とりわけアフリカに関してはいわゆるサハラ以南の熱帯アフリカで，フランスによる西および中央アフリカへの動きが本格化し，ポルトガル、ベルギー、ドイツ等も各地で活動を開始し、それらへの警戒心の高まりとともにイギリス商人層の「将来の市場」確保の要求は強まっていた。

こうした状況に対するイギリス商工界の意識を理解するにあたって最初の手がかりは，1886年の不況調査委員会（Royal Commission on the Depression in Trade and Industry, 1886)[13]によるアンケートに対する各商工団体の回答であろう。例えばロンドン、マンチェスター、バーミンガム、グラスゴウ等の主要な商業会議所の回答を総括的に検討すると、以下のような共通点を挙げること

ができる。第一は、不況の内実として過剰生産を認識し始めた点、それを深刻化させたドイツ・フランス・ベルギー等諸外国の競争圧力の増大およびそれを可能にしたイギリスに比較しての低賃金を指摘している点である。第二は、それへの解決策として、高賃金抑制のために工場法の緩和を求める点、あるいは保護主義の道を進む旧市場に対して新市場の重要性とその開発への努力を求める点、さらには植民地属領との通商同盟（Trading or Commercial Union）の形成を唱える点、などである。

　もちろん各商業会議所によって現状認識、解決策ともにそれぞれ強調点が異なっている。例えばバーミンガムは過剰生産と外国の競争圧力を最も強く感じており、当然解決の道は植民地との貿易同盟の形成に求められている。マンチェスターはイギリス産業における「比較的高賃金論」を詳細に展開するが、それは「国内要件の緩和（工場法の緩和）による解決」という認識によって自らの生産力優位存在への自信を示すものとなっている。そして解決策は、対外的には通商同盟の道は無視され、アジア・アフリカの新市場開発に求められることになる。ロンドンは両者の中間に位置している。過剰生産の認識は明確であるが、バーミンガムほどの危機意識はない（現状を depressed ではなくて unprofitable などと表現している）。世界の商業・海運の中心地としての自信とともに、植民地とのより緊密な通商的結合[14]への言及があり、新市場開発への必要性も説いている。

　上述のごとく、各地の商業・産業構造の相違によって、過剰生産や競争圧力への認識の度合い、自己の生産力への自信の程度が相違し、解決策も対内的、対外的（新市場、通商同盟）と多様である。ただし対外的な「解決策」において、新市場の開発か既存植民地との緊密な通商同盟か、ということであれば、より普遍的に主張されているのは、前者、新市場の開発である。この新市場への要求についてはマンチェスター、ロンドンをはじめ各地の会議所がアジア・アフリカ等に言及しており[15]、これら地域での各国による保護主義化・関税障壁強化の傾向に対しても強い懸念をもらしている。さらに後述するように、1884年前後のイギリス・ポルトガルコンゴ条約（以後英葡コンゴ条約と略）とベルリン条約へのほぼ全国的とも言える各地商業会議所の関与があったことか

らも、新市場確保への要求は普遍的なものであったと考えられる[16]。

以上のごときイギリス商工界の新市場への要求を、1880年代半ばにおいてアフリカ分割の主要舞台、西・中央アフリカに関してみると、以下三地域での問題が浮かび上がってくる。その第一はコンゴをめぐっての英葡条約に関するものであり、第二は、コンゴ川、ニジェール川地帯での勢力圏の確定をめぐる、ベルリン条約に関するものであり、第三は、ゴールドコースト、ラゴス等における既存植民地の有効な支配と内陸への侵入に関するものである。これら重要問題のすべてに積極的に関わり、自らの利害を守りかつ拡大しようとしたイギリス商工界の中心的団体がマンチェスター商業会議所（以後MCCと略）であった。

その中核としての役割は英葡条約反対運動における主導性をみるとよくわかる。条約交渉の最初から最後までその決定的な諸場面でイニシアティヴを発揮し、他の商業会議所をリードしたのがMCCであった。その主導性はポルトガルとの交渉反対を初めて公然と唱えた1882年11月の請願に象徴されている。それ以降ほぼ全国の商業会議所が反対請願を外務省に送付しているが、それらはすべて、観点はもとより文体までMCCのそれに追随したものであった[17]。

そしてそもそも英葡条約への反対は、コンゴ流域においては自由貿易地帯を確保するために緩衝国としてのベルギー国際アフリカ協会を配置し、同時にニジェール流域（本章では中・下流域を意味し単にニジェールとも表記する）に関してはイギリスの完全な優位を国際的に認知させようと図った商工界の、なかんずくMCCのねらいによって開始され展開されたのである。こうしたMCCによる、アフリカ全域をとらえる「視野の広さ」と、時として発揮される強烈な主体性とが、将来の市場論を検討する場合、主要な対象とならざるをえないのである。以下MCCの言動を中心に彼等の「将来の市場」のとらえ方と、その問題点を検討してみることにしよう。

（2） MCCに見る「将来の市場論」

1883年、1884年度のMCC年次総会報告書をみると、MCCの新市場に対する基本的な考え方をさぐることができる[18]。1883年度総会報告（総会は1884年2

月)にはコンゴ問題、続いてニジェール問題そしてゴールドコースト、ラゴス問題と、西・中央アフリカ(The West Coast of Africa と表現される)におけるすべての主要地域が名前を出している[19]。コンゴ、ニジェールに関しては言うまでもなく自由貿易地帯をいかに確保しうるかが問題であり、他方ゴールドコースト、ラゴスに関してはこれら既存植民地への貿易量の減少を前にして、政府にその有効な支配と管理(ラゴスへの独自な総督府)、および商業の内陸への拡大を求めるものであった。前者のコンゴとニジェールについてはこの時点ではまだ双方とも一括して「国際的協定」[20]によってその自由貿易が保障されるべきと考えられており、ニジェール川のイギリスにとっての独自な価値は強調されていない。ただし、フランスのニジェール中・下流域への浸透の危険性について触れられており、「今までイギリス商人とイギリス政府の努力によってこの地域の通商の発展と平和が保たれてきた」[21]とし、暗にニジェール地帯でのイギリスの既得権が主張されている。

　1884年度総会報告(総会は1885年2月)においてもコンゴとニジェールに関しては大きなスペースがさかれている。1882年末以来の英葡条約交渉は1884年2月に一旦は調印されたものの、MCCを中心とする反対勢力と、ドイツ等各国の留保や反対に合い、6月ついに批准が阻止されていたが、報告はこれに関する「勝利宣言」に始まり、また10月21日スタンリーがマンチェスターの特別集会でアフリカの将来の市場としての可能性について演説し、同時にベルギー国際協会への支持が満場一致で採択されたことにふれている。

　次にベルリン会議に関して報告されているが、そこでは会議の一般原則、(1)コンゴ河口、盆地における通商の自由、(2)ダニューブ型国際河川原則によるコンゴ・ニジェール河の航行の自由、(3)「実効支配」についての一般的基準とその形式の決定、等の紹介とともに、コンゴと比較してのニジェールの重要性が述べられている。そこでは総会の開催に先立ちMCCから外務大臣グランヴィルに、イギリスの商業と政策にとってのニジェール流域の重要性、すなわちすでにそこが事実上イギリスの領域であることの確認、およびニジェール川通行の自由はコンゴ川におけるような国際委員会方式ではなく、ニジェール流域における唯一のではなくとも主要な所有国 (as the chief, if not the sole, proprietary power）であるイギリスにまかされるべきとの断固たる主張が伝えられたこと、またグランヴィルからは「イギリス政府は会議でその達成のために全力を尽す」との確約が得られたこと、等が報告されている[22]。

この1884年度報告によるイギリスの政策に占めるコンゴ川とニジェール川の相違、すなわち間接的にか直接的にかは、それぞれがイギリスの経済的、商業的利害に占める位置の相違を現わしたものでもある。総会討論においても会長発言によってニジェール川の重要性は再度強調されている[23]。しかしニジェール川へのMCCの思い入れをより明確に事実を持って表現しているのは1884年4月4日付外務省への書簡である。そこではニジェール下流域（より特定してベニン川、オイルリバー地帯）でのイギリスの商業利害がアフリカの他地域のそれと比較して表されている。MCCの評価によると、この地域とのイギリスの輸出入は1882年で総額300万ポンドにのぼるとのことである[24]。他方同年3月5日付のコンゴに関する外務省への請願書では、コンゴ河口を含む南西アフリカとのイギリスの貿易額は200万ポンドと概算されている[25]。

さて今まで見てきた1883・1884年度報告書によって明らかにされるMCCの要求と考え方の主要点は、以下のようにまとめられるだろう。第一は、コンゴ・ニジェール川地帯すなわちアフリカ西海岸における、イギリス商業利害による自由貿易地帯を確保しようとする政策の一貫性である。第二は、その根拠となるべき現存の市場と将来の市場の評価における主観性の強さであり、とりわけ将来の市場に関しては誇大妄想とも言える一面的な評価が行われていることである。第三は、将来の市場での主観的評価にもかかわらず、現存の市場の大きさに対する一定の現実的評価が存在していたことである。すなわち現存の市場の大きさが、「将来の市場」への期待度を規定していたことである。それは例えばニジェールのコンゴに対する優先、すなわちそこではイギリスの完全な優位を主張し、一切の国際的妥協には応じないとする点に反映されている[26]。

以上三点のうち、第三の「将来の市場」は「現存の市場」によって規定されるという、一定の現実的側面が、新たに考慮されるべき重要な点をなすのであるが、その前に「将来の市場論」の本質的な面その虚構性について批判を含めて整理しておく必要があるだろう。

## （3）「将来の市場論」の虚構性

　「将来の市場論」の虚構性が最も強く現われたのはコンゴである。先のMCC請願で会長ハットンは「スタンリー以降5年間でコンゴとの通商は4倍となり、南西アフリカへのイギリスの貿易はイギリス商品の輸出で100万ポンドにのぼる」述べていたが、これが事実とすれば、同時期のニジェール地帯への輸出108万ポンドと合わせて、ゆうに200万ポンドを超え、この両地域だけで全西アフリカ海岸への輸出額200万ポンド（公式統計による）[27]を超えることになる。こうした大ざっぱな推計と、スタンリーやその他の人々による「コンゴ住民は5,000万」、「裸の未開人が服を着れば……」[28]等々といった誇張によって、MCC全体としての見解が安易に形成され、要求として提出されていったのである。

　このような主観的な分析や評価に批判の目が向けられなかったわけではない。例えば1884年度総会の討論の中で少数ながら反対論が出されている。会員ウォルムズリーは英葡条約を評価する立場からMCCの条約批判が一方的であると批難し、その根拠となっているスタンリーのコンゴ市場論を数値上の裏付けのない、まったくあてにならないものと断言した[29]。さらに会員リチャーズはスタンリーの言う「5,000万人の黒人」が条約対象地域のコンゴ下流域の人口として宣伝され、一面的で過大な「将来の市場」への期待を生み出していると批判する[30]。批判はMCC内にとどまらない。英葡条約に条件付賛成の立場をとったブラッドフォード商業会議所は、アフリカ西海岸全域（リベリア、シェラレオネ等を含めて）へのイギリス製品の輸出額を1880年代初頭において200万ポンドに過ぎないと推計し、また、1870年代との比較でも輸出額はわずかしか増大せず、そのわずかな増大も、もっぱらポルトガル、フランス領向けによるものであったことを示し、MCCの数字上での誇張も論破している[31]。

　この他、アンステイやラトクリフの研究がまとめているようにスタンリーの展開した過大な予測に対しては当時においても多くの疑問が投げかけられ、それへの懐疑が新聞等の世論でも一つの流れを形成していたことが認められる[32]。実際コンゴの市場としての発展はベルリン会議以降もまったく実現されず[33]、

スタンリーの楽観は事実の上からも否定された。MCC の主観的評価は上述の諸批判に対して分の悪いものであった。但し、MCC 主流派もその主観性を認識していた様子がうかがえる。それはコンゴに対するニジェールの重視、現存の市場性の高さによる直接支配への要求の強さ、という点によって暗黙のうちに表明されている。主観的な「将来の市場論」も現存の市場性からまったく遊離して語られるわけにはいかなかったのであるが、コンゴに関してはその遊離が最も大きく、それだけ強く「将来の市場論」の虚構性が問われることになったのである。

（4）「将来の市場論」における現地と中央

「将来の市場論」は本質的にその虚構性の面が強く現われる。その典型がコンゴに関してであった。しかし他方それは現存の市場性による規定を免れることはできない。「将来の市場論」の持つこうした虚構性と現実性とともに、ここではさらに新たな問題、「将来の市場」をめぐる現地利害と中央利害との乖離と連携について述べておかなければならないだろう。例えばニジェールに関してである。ニジェールを重視するからといって中央の商業的利害（MCC 等の）が常に直接的にそこでの利害に反応するかというと、そうではないのである。先述した MCC の主要関心地について言えば、コンゴ、ゴールドコースト、ラゴスに関しては MCC の要求と発言は継続的かつ明瞭なものであった[34]。ところが最も重視されていたニジェール地帯に関して、要求は間歇的であり、あいまいでもある[35]。

一見矛盾するこの現象はどのように理解されるべきであろうか。考えられる第一の理由は「現存の市場」が一定の大きさをもっている場合、そこでの独自な利害が、それ自身中央における個別利害をなし、あるいは中央における特殊利害と個別的関係を形成する、といったことが発生しやすいためである。この場合、現地と中央との統一された利害は形成されにくい。コンゴ問題では現存の市場が限界的（進出イギリス商社では数社のみ）[36]であったがゆえにかえって中央では「将来の市場論」一般に基づく統一した運動が展開された。またニジェールの重要性の認識、ニジェールの確保という一般論的水準でも統一した

要求は可能であった。しかしニジェール地帯での現存の市場を、だれが、どのように支配していくかという具体的な問題が提起されるや、利害は現地でも、中央でも分裂していく。すでにそこにはリヴァプールやグラスゴウの有力商人層が存在し、ロイヤル・ニジェール会社も活動を始め、互いに激しい競争を展開していた。こうした状況では中央と現地の商業利害が統一した圧力をなし、政策決定に関与していくという図式は成立しにくい。

　考えられる第二の理由は、ニジェール現地における商人王を含む複雑な利害関係、すなわち今まで一定の均衡状態にあった沿岸・内陸の支配関係をいかに再編するとかという点に関する中央での政策的不確定にある。現地商人層にとっても、また中央の「将来の市場論」の立場からも、内陸部への進出は考慮の段階に入っていた。しかしそれを実際にいつ展開していくかについてはいまだ未決定であった。それゆえ現地における商人や官僚による侵入行為は、どうしても部分的な、突出した、偶然的な形で展開されることになる。この点が現地での要求と中央での利害関心とにズレを生じさせることになるのである。

　このように考えていくと、西アフリカでの分割あるいは内陸部への進出は、マイナーな現地利害に政策決定側が巻き込まれることによって実行された、という「アフリカ分割に関する現地危機論的な政治解釈」[37]が真実味を帯びて現われてくる。しかし果して1880年代半ばにおけるニジェール地帯での経済的商業的抗争は、中央の利害と遊離して行われたのであろうか。そこでの政策上の決定はマイナーな経済的利害によって、かつ政策上の必然性をもたず偶然に行われたのであろうか。そうではないだろう。現地での政策決定は明らかに現地・中央双方の経済的利害に基づくものである。しかしその政策決定への関係がやや複雑であり、その解明にいくつかの階梯を必要とするだけなのである。

　以上、本節では「将来の市場論」の一般的存在、その虚構性と現実性、そして現地利害と中央利害との乖離と連携、等々に関してまとめてきた。次節ではまず西アフリカ（主として南東ナイジェリア、ニジェールデルタ・オイルリバー地帯）における現存の市場の大きさを検討し、次にそこでの現地利害の態様を整理し、最後に「将来の市場論」における中心利害と現地利害の錯綜と、その連携の一般的なあり方をとらえてみることにしよう。

## 3 南東ナイジェリアにおける商業利害

### (1) 西アフリカ商業利害の発展

西アフリカ(地図、付録)におけるイギリスの経済利害の発生は、奴隷貿易時代にさかのぼることができる。しかし当面の対象たる1880～1890年代に関連しての経済利害とは19世紀初頭に開始された合法貿易 (legitimate commerce)[38]をめぐるものである。この合法貿易における主要な交易品は、発展しつつあるイギリス工業の重要な原料をなすパームオイル (palm oil)[39]とマンチェスターの綿製品である。西アフリカからイギリスへのパームオイル輸出は1810年代での1,000トンから1830年代1万トン、1840年代2万トン、1850年代3～4万トンと急増し、1860年代から世紀末迄5万トン前後で推移した(表Ⅳ—2)。これに対するイギリスからの輸出は主として綿織物であり、1870・80年代を通じて対西アフリカ輸出額のおよそ50%を占めていた(表Ⅳ—3)。地域ごとの相違(イギリス領各地、非イギリス領各地)はあるものの、イギリス

表Ⅳ—2 イギリスのパームオイル輸入量

| 年 | トン |
|---|---|
| 1810 | 1,000 |
| 1815 | 2,000 |
| 1821 | 5,000 |
| 1830 | 10,000 |
| 1842 | 20,000 |
| 1851 | 30,000 |
| 1855 | 40,000 |

出所:Allan McPhee, *The Economic Revolution in British West Africa* (London, 1926), pp. 30-34 ; Hopkins, *op. cit.*, p. 128 ; A. J. H. Latham, *Old Calabar 1600-1891* (Oxford, 1973) p. 57; "Commercicl History and Review of 1873", *Economist*, 14 March 1874, p. 20.
注:1860年代から世紀末にかけて平均5万トン。

表Ⅳ—3 アフリカ西海岸へのイギリス製品・綿製品の輸出額

| 年 | 1872 | 1877 | 1882 |
|---|---|---|---|
| イギリス製品輸出額 (£) | | | |
| イギリス領 | 758,553 | 810,278 | 793,090 |
| フランス領 | 8,402 | 28,254 | 63,357 |
| ポルトガル領 | 128,273 | 112,590 | 275,597 |
| その他 | 941,132 | 1,026,717 | 879,525 |
| 合計 | 1,836,360 | 1,977,839 | 2,011,569 |
| 綿製品輸出額 (£) | | | |
| イギリス領 | 461,212 | 532,813 | 503,033 |
| ポルトガル領 | 45,430 | 46,630 | 134,197 |
| その他 | 366,278 | 483,372 | 397,342 |
| 合計 | 872,920 | 1,062,815 | 1,034,572 |

出所:IUP of BPP, Colonies Africa LXV, "Further Papers relating Congo" [C. 4023], p. 49 ; Hopkins, *op. cit.*, pp. 129-130 ; MCC, 64 th Annual Report (1884), p. 83.

からの輸出額のおよそ半分が綿製品で、その他の主要3品目（酒類、塩、鉄）を含めて輸出額の4分の3を占める[40]という状態は普遍的なものであった。

パームオイルと綿製品（および事実上の貨幣としての塩・酒類・武器等）[41]との物々交換という形式は、少量の輸入銀貨（メキシコドル・シリング銀貨）や貨幣としての役割を強めつつあった銅・錫棒、こやす貝（cowrie）[42]の存在があったとしても、19世紀を通した基本的な交易形式とみなすことができる。この点をやや詳しく地域別に見ると、西アフリカ各地の輸出に占めるパームオイルの比率は1880～1900年間で、ゴールドコースト70％、ラゴス80％、ダオメー・ニジェールデルタ90％となっている[43]。1887～1892年間に限って見れば、ラゴスで85％、最も低率のゴールドコーストでも50％を記録している。他方これら地域の輸入に占める綿製品の割合は1887～1892年間でラゴス35～43％、ゴールドコースト37～40％[44]となっている。

しかしこうした西アフリカとの交易の成長がイギリスの対外貿易の中でいかなる役割を占めていたかについては、そのマージナルな様相が浮かび上がってこざるをえない。1870年代から1890年代半ばにかけてイギリス工業製品の輸出額は2億ポンドをやや超える程度で推移していたが、対西アフリカ輸出は200万ポンド前後でわずか1％を形成していたにすぎない。また綿製品輸出は総額で7,000万ポンド前後であるが、ここでも西アフリカへの輸出は1～1.5％を占めるにすぎない（表Ⅳ―4）。とりわけ直轄植民地への輸出が停滞的であったことも指摘されなければならない。他方輸入品のパームオイルに関しても1870～1890年代にかけて停滞し、量的にはやや増加してはいるものの長期的な価格低下から価額そのものはまったく伸びていない。イギリスのオイル輸入の中に占めるパームオイルの割合は石油その他の代替品（植物油）の輸入増により低下傾向を見せている（表Ⅳ―5）。

以上の点を考慮するとホブスンとアイアランド（J. A. Hobson, A. Ireland）[45]が語ったような熱帯アフリカの商業的価値に関する規定、すなわちそれを量的にも質的にもマージナルなものと見なす観点は正しいかのように見える。しかしここでは若干の留保がなされなければならない。貿易趨勢をやや長期にすなわち19世紀半ばから20世紀初頭にかけて、また輸出入をトータルに概観すると、

表Ⅳ—4　イギリスの輸出額

(単位：百万ポンド)

| 各5年期 | 製品輸出額 | 綿製品輸出額 | 西アフリカへの輸出額 |
|---|---|---|---|
| 1871—1875 | 239.3 | 75.3 | 1.72 |
| 1876—1880 | 201.8 | 68.5 | 1.78 |
| 1881—1885 | 232.4 | 74.2 | 2.09 |
| 1886—1890 | 236.6 | 71.4 | 1.95 |
| 1891—1895 | 226.8 | 66.3 | 2.28 |
| 1896—1900 | 252.4 | 67.5 | 2.69 |

出所：*Statistical Abstract for the United Kingdom*, No. 33；1871-1885, No. 40；1878-1892, No. 49；1887-1901.

西アフリカの重要性は急激ではないにしても着実に増大していったと見ることができる。例えば貿易総額は1850年代の350万ポンドを出発点として、その後は19世紀末迄に4倍・1,200万ポンドに達し、1901～1905年迄には1,500万ポンドとなっている[46]。またレッドフォードによっても綿製品の全アフリカへの輸出は1850年代の3％（綿製品輸出総額中）から1880年代の6％への増大している[47]。とはいえ、この留保にはまた逆の留保がかかってくる。すなわちこの交易増加では主として1890年代半ば以降の急増に注目しなければならず、当面の対象期、1880年代と1890年代前半においてはその遅々たる前進が特徴的なのである。

ホブスンとアイアランドが述べたようなアフリカ分割期の市場としてのマージナル性はやはり否定しようのないものとなる。しかし他方こうした事実の中にこそ、現存の市場より「将来の市場」に分割の契機を求める考え方の可能性と必然性が存在していると言えるのである[48]。

しかし将来の市場論の「現実的根拠」の観点から西アフリカ内部をやや詳しく分析してみると、南東ナイジェリア（南部ナイジェリアからラゴス地域を除くいわゆるニジェール下流域デルタ地帯、ここにはオイルリバー地帯を含む場合が通例であり、今後ニジェールデルタ・オイルリバー地域 The Niger Delta・The Oil Rivers と表記する）の経済的価値の成長性には見るべきものがある。イギリスのこの地域との交易は量・価額とも西アフリカの直轄植民地・ガンビア、ゴールドコースト、シェラレオネの合計より大きい。すなわち西アフリカ全域において半分以上の輸出入取引は非直轄植民地との間で行われてい

表Ⅳ—5　イギリスのパームオイル輸入額・量・平均価格

| 年 | 価額<br>1,000ポンド | 量<br>1,000cwts. | 価格<br>S. (cwt.) |
| --- | --- | --- | --- |
| 1878 | 1,167 | 670 | 34.80 |
| 1879 | 1,344 | 881 | 30.52 |
| 1880 | 1,519 | 1,032 | 29.43 |
| 1881 | 1,202 | 826 | 29.09 |
| 1882 | 1,240 | 813 | 30.49 |
| 1883 | 1,315 | 749 | 35.11 |
| 1884 | 1,408 | 841 | 33.50 |
| 1885 | 1,217 | 905 | 26.90 |
| 1886 | 1,050 | 1,004 | 20.92 |
| 1887 | 943 | 968 | 19.48 |
| 1888 | 945 | 953 | 19.83 |
| 1889 | 1,091 | 1,031 | 21.17 |
| 1890 | 1,000 | 873 | 22.90 |
| 1891 | 1,186 | 1,018 | 23.30 |
| 1892 | 1,169 | 1,058 | 22.10 |

出所：*Statistical Abstract for the United Kingdom*, No. 40 ; 1878-1892, pp. 58-59, 66-67, 140-141.
注：価格は cwt. (hundredweight・約50kg) あたりの S（シリング）。
　　なお石油との比較でみると、価額的には2989年時では同額、1886年以降では石油がパームの倍となり、その差は拡大する。量的には1880年前後、石油：パームは2：1に対して、1890年前後では10：1（1,000万：100万 cwt.) となる。

表Ⅳ—6　パームオイル価格長期趨勢

（単位：ポンド／トン）

| | |
| --- | --- |
| 1856—1860 | 43.6 |
| 1861—1865 | 37.2 |
| 1866—1870 | 38.4 |
| 1871—1875 | 34.2 |
| 1876—1880 | 33.0 |
| 1881—1885 | 31.0 |
| 1886—1890 | 20.4 |
| 1891—1895 | 23.6 |
| 1896—1900 | 21.4 |

出所：McPhee, *op. cit.*, p. 33.
注：1886—1890年期の急落に注意

たということができる[49]。パームオイルの輸出に関しても1880年代初頭において西アフリカからの輸出4～5万トンのうちオイルリバー地域だけで2～2.5万トンを供給し、現地価格トンあたり20ポンド（表Ⅳ—6）とすれば[50]、およそ40万ポンドのイギリス商品（一部はドイツ商品）への需要を創り出していたのである。1880年代西アフリカの将来の市場確保・保護領化にあたってまず注目されたのはまさにこの地域であった。前述したようにMCCは1884年、ニジェールデルタ・オイルリバー地域との輸出入取引の総額を概算300万ポンドに上る（誇張ではあるが）と主張し、なかでも綿製品に対する将来の市場性の高さを強調している[51]。

　1880年代西アフリカ貿易を概括すると以下のごとくなる。(1)西アフリカ全体のイギリス貿易に占める割合は19世紀末迄1％水準にすぎず同時に停滞的である。(2)とりわけ直轄植民地との貿易は停滞傾向が強い。(3)但し、ニジェールデ

ルタ・オイルリバー地域すなわち分割の対象地域に関してはその商業的価値は上昇しつつあり、「将来の市場論」に基づく拡張を正当化しうる状態にあった。すなわちこの地域は西アフリカにおいて、さらにコンゴとも比して、現存市場についての利害関心と「将来の市場」への期待が結合する可能性の最も高い地域だったということができるのである。

### (2) 現地進出イギリス商人層

「将来の市場」としての可能性は十分であっても「現存の市場」としてはマージナルな位置しか占めることのなかった西アフリカで、実際に交易を担っていた組織は一体いかなるもので、いかなる規模のものであったのだろうか。ここではヨーロッパ側、主としてイギリス商人層の側からまとめてみよう。西アフリカ進出ヨーロッパ商人（主にイギリス商人）に関しては1871年、ビアフラ・ベニン湾岸（南東ナイジェリア）領事C・リビングストンが外務省への覚え書きで次のごとく概観している。

……ビアフラ湾には20ほどのイギリス商会が所有する60あまりの交易基地が点在し、彼等の資産はイギリス製商品をはじめ、ハルク、ハウス、河蒸気、スクーナー、はしけ（Hulks, Houses, River Steamers, Schooners, Lighters）等であり、100万ポンドは下らない。イギリス・ビアフラ間の運送はグラスゴウ、リヴァプールの2汽船会社によって担われ、5隻の蒸気船が毎月リヴァプールを出航し、オイルリバーに向かっている。これら船舶への投資も50万ポンドに達している。この地域からのパームオイル輸出は2.5万トンから3万トン、そのイギリス価格はトンあたり34～44ポンドである。その事業にはヨーロッパ人およびイギリス国籍のアフリカ人2,500人が従事している。……[52]

リヴィングストンの指すビアフラ・ベニン湾岸すなわちニジェールデルタ・オイルリバー地域には多数のアフリカ人都市国家（City States ; Brass, Bonny, Old Calabar, Opobo 等々、地図Ⅳ—1）が成立しており、彼等アフリカ商人（オイル仲買人）とイギリス商人との交易基地を提供していた。こうしたオイル取引に1870年代から活発に参加し、西アフリカ商人の第二世代グループ（世紀初頭の奴隷貿易商人との系譜をもたず、世紀半ば以後の汽船と貨幣の時代に

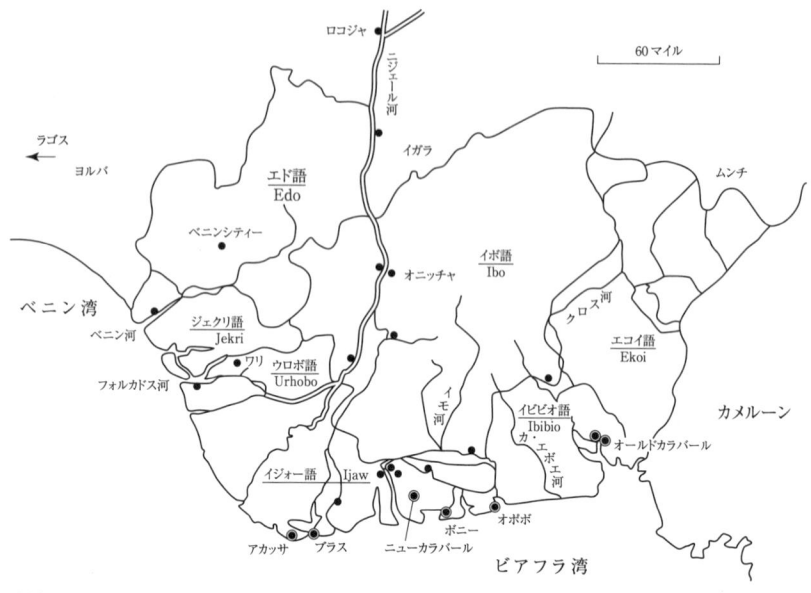

地図Ⅳ—1　南東ナイジェリアにおける都市国家と言語集団（1885—1906）

出所：J. C. Anene, *Southern Nigeria in transition 1885-1906* (Cambridge, 1965), p. 3.
注：ニジェール川東部の諸河川を**オイルリバー**（the Oil Rivers）と称している。

適応した新興の商人層)53)を形成し、1880年代においては相互に協調と対立を繰り返したイギリス商人の主要な部分について述べておかなければならない。

　注目すべきはグラスゴウのA・ミラー兄弟会社（Alexander Miller, Brother & Co., 以下ミラー商会と略）とリヴァプールの合併会社アフリカン・アソシエイション（The African Association、以下AAと略）である。ミラー商会54)もともと西インド商人であったが、1868年以降西アフリカに事業の主体を移してきた。1870年代に事業を拡大し、ニジェール地帯では、1879年G・ゴールディ（Goldie)55)がこの地の商人を糾合し連合アフリカ会社〔The Unied African Co., 1886年特許状を得てロイヤル・ニジェール会社（Royal Niger Co.）となる。以下 UAC,RNCと略記〕を結成した時の主要4社のうちの1社であり、A・ミラーは代表取締役に就任した。オイルリバー地帯では独立企業として継続し、1880年代前半ではこの地で最大の力をもつものとなっていた（資本金6万ポンド）。

ニジェールデルタではUACと、オイルリバーではミラー商会と、激しい競争関係に入っていたのがリヴァプール商人層である。彼等は1880年代半ばには商況の悪化、オイル価格の暴落に対処するため、購入価格・割当カルテルとしてのAA[56]をオポボ、オールドカラバールで形成し、現地の仲買人王やミラー商会との対立を深めていた。このAAの主要なメンバーは、ハリソン商会、ハットン・クックソン商会、ホルト・コッタレル商会（Harrison & Co., Hatton & Cookson, Holt & Cotterell）等10社[57]であり、彼等の資本規模は最大で10万ポンド、最少で1万ポンド、10社合計で40万ポンド前後であった。

　これらの商人層を激しい競争に駆り立て、ある時は対立、ある時は妥協させていったのは、1850年代以降長期的に悪化し1880年代その底に達したパームオイルの交易条件[58]である。1850年代一時的には現地価格トンあたり10ポンド、イギリス価格40ポンド[59]という前期的資本なみの高利潤率を計上しえたとはいえ、長期的には100％の利潤率で推移し[60]、運送・保険料を引くと、格別に利潤のあがる商売ではなかった。パームオイルのイギリス価格の低迷は1884年末以降の急落によって決定的局面を迎える[61]。イギリス価格と現地価格との差は10ポンド前後に、さらに1880年代末には6－7ポンドに落ちこんだ。これは運送・保険料をカバーすると利益の残らない額だったのである[62]。こうしてイギリス商人間の競争は激化し、さらに彼等と現地仲買人・支配層との対立は次第に抜き差しならないものとなる。

　商人間の抗争の中で最も重要なものは、RNC・ミラー商会連合とAAとの対立である。両者の対立は特にオイルリバーでのミラー商会対AAの争いとして顕在化し、後述するこの地へのイギリスの本格的介入の導火線となった。商人層の対立の内容は、双方によって喧伝された自由貿易の維持や文明化の責務などではなく、便宜主義的なあからさまの利潤追求そして独占への渇望であった。

　以下それらの代表的事例を挙げてみよう。

a)　AAは都市国家オポボで仲買人支配体制の打破をめざし、この地の王、仲買人体制の南東ナイジェリアにおけるリーダー、ジャジャ（King JaJa）を追放せんと画策したが、RNCの支配地内のニジェール支流ブラス（Brass）河地帯では逆に、仲買人体制を維持し、首長たちの内陸支配の権利を擁護す

る側にまわった[63]）。

b) オポボで価格カルテル AA を結成する際先頭に立ったハリソン商会は、オールドカラバールでは同種の協定を出し抜き、有力な首長と秘密協定を結びカルテル崩壊の主役となった[64]）。

c) 最も大きな対立、RNC・ミラー連合対 AA にあっても、事の本質はオイルリバー全域を自らのチャーター内に取り込もうと策した前者と、その地を独自なチャーターを得ることで独占しようとした後者の争いにあった[65]）。しかもこの激しい抗争の背後で両者は1887〜88年にかけて同一チャーター内で合併しようとする交渉すら行っていたのである（妥結寸前に決裂）[66]）。

このように彼等の対立は現地での経済利害をめぐる野心と偽善との産物であり、アフリカ内部への商業と文明の恩恵を普遍化させようとの高邁なイデオロギーに帰せられるものではない。彼等の抗争や協調が目指したものはアフリカ現地経済の支配者たる王、首長たちの蓄積された経済力の破壊と取り込みであった。またその目的の便宜主義的性格とともに、その行動様式における現地即応・場当り的性格も特徴的である。彼等の行動はたえず、価格低下・利潤減少という局面、局面に対する防衛的反応によって規定されていた。

ここには「将来の市場」を長期的に見通し、戦略的に対応するという姿勢は希薄である。それゆえ現地での商業利害の実践は、先述した中央での商業利害とは十分な関連を持って現われてはこない。例えば西アフリカ全域での商業利害を「将来の市場論」から見通し、とりわけニジェールデルタ・オイルリバー地域の重要性を強調していた MCC は先述したごとくこの地域の商人間、あるいは現地仲買人と商人との対立に表面的には局外者としての立場を取りつづけていた。これを1880年代商業利害の限界性、局地性、あるいは過渡期性とも、さらには中心地商業利害と現地商業利害との「乖離」とも言えるのかもしれない。以下のこの点について若干の検討を加えてみよう。

（3） 諸利害の分裂と進出の基本的契機

たしかに中央の商業的利害とニジェールデルタ・オイルリバー地域の現地利害とのスムーズな結合は証明しにくいものである。現象的にはこの地域の商業

的利害に関しては中央でも現地でもその分裂・対立の面が協調の面に勝っている。先述のごとく現地での商業独占と「自由」をめぐるRNCとリヴァプールAAの対立は1880年代半ば以降激しさをましていた[67]。西アフリカ問題での一方の主役MCCはこの問題に関しては当事者双方と関係を持っていたため介入を避けていた[68]。リヴァプールもその内部での利害の対立を生じていた。A・ジョーンズ（A. L. Jones）の率いる西アフリカ汽船会社はAAのような大合併商社の強力な運賃交渉や、独自な海運会社創設の動きに絶えず神経をとがらせていた[69]。また西アフリカ商人層の内部ではAAに対する中小商人層の反感が存在していた[70]。ロンドンCC内ではゴールディが議長を務める西アフリカセクション内ですらRNCに対する中小商人層の反感が底流として存在していた[71]。

　以上のような複雑な対立がその時々の問題にあたって便宜的な協調と抗争の諸関係を生み出していたのである。こうして現地での経済的抗争に中央のそれぞれの商業的利害が独自に連携し、統一した勢力・圧力団体を形成しえなかった点に、1880年代南東ナイジェリアにおける「将来の市場論」の過渡期性が現われている。

　それでは一部の論者が言うように「西アフリカにおいては中央の利害と現地の利害は一般的に乖離し、現地のマイナーな商業利害に中央の戦略論的判断が引きずりこまれる形で政策が決定された」[72]のであろうか。たしかに中央と現地の利害の直接的結合を云々することはできない。しかしその一般的な乖離を主張するのも極論である。関係は間接的ではあるが本質的で継続的であった。とりわけ現地アフリカ人の経済的・政治的支配をいかに利用し、破壊し、再編するかという「進出する側」の意図を総体として見る場合、諸利害の分裂、早すぎた進出、その決定の偶然性、等々の留保条件が顕著であったとしても、「将来の市場論」にもとづく内陸への進出は「決定済」のことがらであった。ベルリン条約における列国間の協定、すなわちコンゴ・ニジェール川の自由通商と自由航行、「実効支配」規定、ニジェール流域におけるイギリスの優位の確認等こそが、その前後に開始されたニジェールデルタ・オイルリバー内陸部へのイギリス商人の進出と、政府による保護領政策の質的転換（内陸支配）を

決定づけたものである。事態は過渡的、偶然的でありつつ基本的な枠組の中で展開していったのである。

次章では西アフリカにおける「将来の市場論」の実践をその過渡期性において検討し、現地利害の中央利害との関連の具体的なあり方を探ってみることにしよう。対象地域はニジェールデルタ・オイルリバー地域となるが、それは、そこが西アフリカの中でも最も現存の市場性が高く、それだけ「将来の市場」としても重視され、かつイギリス商人層の現実および将来の敵手・仲買人王、わけてもその最大の王たちが存在していたからである。これら諸王の排除が1880年代半ばに開始されるのであるが、その一例、オポポの王ジャジャの排除はその最初のものであり、イギリス側の対応に過渡的、偶然的な色彩を強く押し付けている。それはその後のイギリスの保護領政策の転換を決定づけた事例でありながら、その現地利害の突出においても、現地官僚の「独自の判断」においても、中央の決定の「偶然性」においても典型的なケースであった。それゆえに、それは1880年代「将来の市場論」の実践の一典型と言えるのである。

1) 「自由貿易の帝国主義」論による「拡大への本質的な志向性」、「拡大方法の公式、非公式の自由裁量」等の主張を援用し、1880・90年代を「自由貿易帝国主義」の本来の段階すなわち後段階と規定することは不可能ではない。しかしこれはロビンスン・ギャラハーの本意ではないだろう。なぜなら彼等は帝国主義を基本的に「政策」ととらえており、この意味では彼等の考え方に最初から時期区分とか段階規定とかが入り込む余地はないからである。もともと彼等の意図は、19世紀を通じた拡大志向の継続性を強調することで「ホブスン・レーニンによる帝国主義の段階論」を否定しようとする点にあったのであり、帝国主義段階を否定するなら「自由貿易帝国主義段階」も「過渡段階」も論証の必要はないことになる。我々の言う「自由貿易帝国主義の本来の段階」説はあくまでも「帝国主義段階」の存在を認めたうえでロビンスン・ギャラハーの語法を援用したにすぎない。O・マクドネーはロビンスン等の理論に対して、自由貿易主義の堅固さを再確認し、それと帝国主義との19世紀を通じた激しい抗争によって歴史を叙述しようとする。1880・90年代過渡期論を主張する側からみると、マクドネーの言うような自由貿易主義と帝国主義との抗争、前者の意外な強靱さと持続性という主張は魅力的なものである。しかし自由貿易主義がもつ便宜主義的側面を見損なう点であまりに伝統主義(自由主義史観)的

であり、政策上の対立からのみ歴史的経緯を見る方法は、最初から時期区分の必要性を拒否するものとなっている。
Robinson / Gallagher, "Imperilism of Free Trade" ; O. Macdonagh, "The Anti-Imperialism of Free Trade", *Eco. Hist. Review.*, 2nd ser., XIV (1961–1962).

2) A. Redford, *Manchester Merchants and Foreign Trade, II* (Manchester, 1956), Chapt. VI, IX.
3) W.G. Hynes, *The Economics of Empire, op.cit.*,
4) II章参照
5) B. M. Ratcliffe, "Commerce and Empire". *op. cit.*
6) 平和的侵入 (pacific invasion) については Salisbury to Temple, 2 Sept. 1878, cited in G. N. Uzoigwe, *Britain and the Conquest of Africa* (Michigan, 1974), p. 16.
7) Salisbury to Dufferin, 30 March 1892, Irish University Press ser. of *British Parilia-mentary Papers*, 1969 (以下 IUP of BPP と略), *Colonies Africa LI*, pp, 487–490.
8) 内陸部経済開発・収奪の遅れについては、VI章の5参照。
9) B. Porter. *The Lion's Share. A Short History of British Imperialism 1870–1970* (London, 1975), pp. 112–115 ; J. E. Flint, "Nigeria : The Colonial Experience From 1880 to 1914", in L. H. Cann and Peter Duignan, *Colonialism in Africa 1870–1960*, 1, Porterは支配の類型上の差異を重視し、Flintは逆にその同質性を強調する。
10) ロビンスンとギャラハーに始まる非経済的解釈論の流れとその精緻化・洗練についてはI、II章参照。この流れに対して、Flint、Hopkins、Hynes等、西アフリカ分割史研究者の多くは批判的であり、経済的要因の重要性を強調する。本章は彼等の考え方に多くを負っている。
11) 国民総生産ベースでは、C. H. Feinstein, *National Income, Expenditure and Output of the United Kingdom 1855– 1965* (Cambridge, 1972), Table 2–4 ; 国民所得ベースでは、P. Deane and W. A. Cole, *British Economic Growth 1688–1959* (Cambridge, 1962), pp. 329–330 ; 輸出入ベースでは、*Statistical Abstract for the United Kingdom*, No.33, を参照。
12) Hynes, *op. cit.*, p. 45 ; "Commercial History", in *The Economist*, 20 Feb. 1886 ; T. Ellison, *Cotton Trade of Great Britain, op. cit.* pp. 304–305.
13) *Royal Commission on the Depression in Trade and Industry, 1886, Minutes and Reports* (IUP of BPP). 各商業会議所アンケートへの回答は、First Report (IUP of BPP) : Appendix A, Second Report : Appendix B. 不況調査委員会については吉岡昭彦[商工業不況調査委員会報告書]分析」川島武宜、松田智雄編「国民経済の諸類

型』岩波書店、1986年、207-234頁；藤田暁男「国民経済と独占の構造』ミネルヴァ書房、第7章、等に詳しい。

14) ロンドン商業会議所は植民地との Commercial Union あるいは Colonial Federation に関して積極的である〔London Chamber of Commerce, *Third Annual Report* (for the year 1884) pp. 1-2, 16〕なお LondonCC は貿易への政府の援助一般を要求し (Fifth Annual Report (1886), pp, 16-18. 73-77〕、そのための議会ロビー活動にも積極的であり (*Ibid.*, pp. 18-19)、会長 J.H.Tritton は "Imperial Federation" への賛意を示し、"The trade follows the flag"・貿易は国旗に従う、の論理を認めている (*Ibid.*,pp.49-51)。

15) アジアに関する、とりわけこの時期の、ビルマから中国南西部への Colquhoun の鉄道建設計画についての各地商業会議所の発言は、Hynes, *op. cit.*, pp. 48-50 ; London CC, *Fifth Annual Report* (1886), pp. 13-14, 28.

16) 新市場開発への熱意に比しての、商人層の "Imperial Federation" への現実的（消極的）対応については、Hynes, *op. cit.*, pp. 47-48.

17) Roger Anstey, *Britain and the Congo in the Nineteeenth Century* (Oxford, 1962), pp. 118-120.

18) 1884年度総会での会長ハットンの発言は、新市場開発の必要性のみならず、マンチェスター派のこの時期における自由貿易政策を包括的に述べたものとして興味深い。彼は第一に、公正貿易運動への批判を行い、第二に、自由貿易すなわち生活必需品への関税の一掃、そして賃金の下方安定・コストの低減について述べ、第三に、アジア・アフリカの新市場の無限の可能性について語り、第四に、マンチェスター綿業の生産力に関する自信を披瀝する。Manchester Chamber of Commerce, $64^{th}$ *Annual Report* (for the year 1884), p. 37.

19) MCC, $63^{rd}$ *Annual Report* (for the year 1883), pp. 11-14.
20) *Ibid.*, p. 12.
21) *Ibid.*, pp. 86-87, MCC to FO, 2 Nov. 1883.
22) MCC, $64^{th}$ *Annual Report*, pp. 6-11.
23) *Ibid.*, p. 32.
24) *Ibid.*, pp. 83-85, MCC to FO, 4 Aprill 1884.
25) *Ibid.*, pp. 85-90, MCC to FO, 5 March 1884.
26) *Ibid.*, pp. 9-10.
27) *Statistical Abstract for the United Kingdom*, No. 33,
28) MCC, $64^{th}$ *Annual Report*, p. 41.

29) *Ibid.*, pp.43-44.
30) *Ibid.*, p.48.
31) Bradford CC to FO, 1 May 1884, FO (Foreign Office Confidential Print) 408/38, No. 78.
32) Ratcliff, *op. cit.*, pp. 305-306. Anstey, *op. cit.*, pp.155-157.
33) C.W. Newbury, *British policy towards West Africa : Select Documents 1875-1914* (Oxford, 1971), pp. 599-611, Table III & IV の西アフリカからの輸出入表参照。
34) ゴールドコースト、ラゴスへの MCC の要求の継続性については、IUP of BPP *Colonies Africa, LX I, LX II* 参照。
35) ニジェール現地における諸問題、諸抗争への MCC の発言はこの間の年報を見ても発見できない。MCC, *Annual Reports* (for the year 1886-1889).
36) コンゴ進出イギリス商社は英葡条約時に The Congo District Defence Association を形成した以下の数社である。Hatton and Cookson, John Holt and Co., Stuart and Douglas, Congo and Central African Co., Edwards Bros. (19tL Liverpool), Taylor, Laughland and Co. (Glasgow), さらに海運2社 Britsh and African Steam Navigation Co., African Steam Ship Co.,共に Liverpool）：F 0403 39, No.51, Congo Distrtict Defence Association to FO, 7 August 1884. これらの商社もコンゴへは代理人、出張所という形の進出であり、事業主体はニジェールデルタ・オイルリバー地帯にあった。
37) D. K. Fieldhouse, *op. cit.*, pp.460-463.
38) 奴隷貿易から合法貿易への転換については、A. G. Hopkins, *An Economic History of West Africa* (London, 1973), Chapt. IV.
39) パームオイルは19世紀、潤滑油、照明油、石けん原料として重要性を増していた。
40) Hopkins, *Ibid.*, p. 129.
41) J. E. Flint, *Sir George Goldie and the Making of Nigeria* (London,1960) p. 80. 酒類の重要性については、Walter Ibekwe Ofonagoro, "The Opening up of Southern Nigeria to British Trade, and Its Consequenses ; Economic and Social History, 1881 - 1916" Columbia University, Ph. D.thesis, 1972, pp.-192.
42) 西アフリカにおける伝統的貨幣であるこやす貝 (cowrie) の役割と、19世紀に顕著になった、金 (mithcal) および輸入銀貨 (メキシコドル・シリング銀貨等) のそれへの代替傾向、およびこやす貝とそれらとの交換比率の変化、等については M. Johnson の詳細な研究がある。Marion Johnson. "The Cowrie Currencies of West Africa" Part I and Part II, *Journal of African History XI*, 1 and 3 (1970), 特に Part II は重要。輸入銀貨については、その他に、Hopkins, op. cit., pp. 149-150 ; J. J. Rankin,

"A History of the UAC", completed in 1983, not published and preserved in The United Africa Company Library (London), p. 61. 銀・錫棒については Latham, op. cit., 75-79. こやす貝についてはさらに、IUP of BPP, *Colonies Africa LXIII*, p. 4. マニラ (manilla、金属製の指輪・腕輪) については IUP of BPP, *Colonies Africa VIII*, pp. 801-802.

43)　Hopkins, *op. cit.*, p. 141.

44)　IUP of BPP, *Colonies General, XXXI*, "Lagos Annual Report for 1982"; "Gold Coast Annual Report for 1892".

45)　J. A. Hobson, *Impearialism, A Study*, (London, 1902); A. Ireland, *Tropical Colonization*, (London, 1899). 両者はともに、新帝国主義・熱帯植民地進出の商業的不毛性を説く。

46)　Hopkins, *op. cit.*, pp. 127-128; IUP of BPP, *Colonies Afrira, LXIII*, p. 4.

47)　Redford, *op. cit.*, pp. 61-62. 7475.

48)　II章参照。

49)　K. O. Dike, *Trade and Politics in Niger Delta* (Oxford, 1956), p. 203

50)　1880年代前半における現地オイル価格トンあたり20ポンドは、イギリス価格30ポンドから10ポンド程度のイギリス商人のマージンを引いたもので、筆者によるまったくの概算である。イギリス商人のマージン10ポンドは、1850-1860年代の20ポンド前後と1890年代での7ポンド前後との中間値を想定したものである。以上については、Latham, *op. cit.,* pp. 70-71; A. G. Hopkins, "Economic Imperialism in West Africa: Lagos 1880-92", *Eco. Hist. Rev.*, 2nd ser., XXI, 1968, p. 592.

51)　MCC, $64^{th}$ *Annual Report* (1884), pp. 83-85.

52)　Consul Livingston's Memorandum, received by FO, 3 Dec. 1871 cited in Dike, *op. cit.*, p. 198.

53)　Hopkins, *An Economic History of West Africa*, pp. 151-152.

54)　ミラー商会の成長については、Rankin, op.cit., pp.151-152.

55)　Goldie による UAC さらにその後の RNC 設立についは、Flint, *Goldie, op. cit.*, pp. 203-218.

56)　African Association については、Rankin, op. cit., pp.73-85. 合併運動全体については、Ofonagoro, *op. cit.*, Chapt. XV.

57)　Rankin, Ibid., pp. 73-76; Ofonagoro, *Ibid.*, pp. 457-458; John Holt & Co. Ltd., *Merchant Adventure* (Northampton, 1949), pp. 27 32. Harrison & Co. はベニンやオールドカラバールで活動、Hatton & Cookson は1850年代すでに24隻の帆船を持つ

西アフリカ全域を対象とした大手商社であり、オイルリバーでの取引はその一部にすぎない。H. H. Cookson は1882-1884年のコンゴ条約問題ではリヴァプールの代表として活躍し、1889年にはリヴァプール市長、1892-1893年には AA の議長を務めている。Holt & Cotterell の Cotterell はオイルリバーのみで活動し、Holt は Cotterell と Watts とを介してオイルリバーに進出した。

58) パームオイルとイギリス製造品との価格低下率は前者の方が大きく、その交易条件は悪化する。Hopkins, *West Africa, op. cit.*, p. 133.
59) IUP of BPP, *Colonies Africa, LXIII*, pp. 11-12. Dr. Baikie によればニジェールデルタでの現地価格トンあたり10ポンド10s. の時、イギリス価格は40ポンドであった。
60) Latham, *op. cit.*, p. 71.
61) 1880年代は前半やや低下をくい止めたとはいえ、1884年末に始まる急落は激しいものとなった。"Commercial History and Review of 1886", *Economist*, 19 Feb. 1887, p. 42.
62) Hopkins, "Lagos", *op. cit.*, p. 592.
63) Roland Oliver, *Sir Harry Johnston and the Scramble for Africa* (London, 1959), pilO ; J. C. Anene, *Southern Nigeria in Transition 1885-1906* (Cambridge, 1966), p. 75.
64) Latham, *op. cit.*, p, 65.
65) Oliver, *op. cit.*, p.110 ; Flint, *Goldie,* p. 99 ; Rankin, op. cit., p. 73.
66) AA と RNC との1887年後半に始まり、1888年前半には妥結間近と思われた合併交渉が、リヴァプール海運業界の反対、AA 内部の不統一、ドイツの反対等によって1889年失敗に終わった経過については、Flint, *Goldie,* pp. 102-111, 123-127, Rankin, Ibid., pp. 86-98 ; Anene, *op. cit.*, pp. 115-118.
67) RNC と AA との抗争については前記注29以外に、C. Muffett, *Empire Builder Extraordinary. Sir George Goldie* (Isle of Man, 1978), pp. 133 138, を参照。そこではリヴァプールの議会や新聞を使った反 RNC 活動についてふれられている。なお両者の1890年代の抗争については、Hynes, *op. cit.*, pp. 124-126.
68) Hutton と Goldie との関係については、Ratcliff, op. cit., p. 310 ; Hynes, *Ibid*, p. 126. Hutton と AA の Holt や Cookson 等との英葡条約以来の関係については、Proceedings of MCC, I Feb. 1884 (Meeting of Directors) ; 18 April 1884 (Meeting of African Committee).
69) Flint, *Goldie,* pp. 99, 107-111 ; Anene, *op, cit.*, p.117.
70) Hynes, *op. cit.*, p.101.

71) *Ibid.*, pp.71, 76.
72) Ratcliff, *op. cit.*, pp. 302-303, 312, に見られる現地利害主要因論を Fieldhouse の論と結合すれば、こうした表現となる。

# V 1880年代後半における「商業帝国主義」の実践
## ―南東ナイジェリア―

## 1 保護条約とベルリン条約

　1884年11月から翌年の2月にかけていわゆるアフリカ分割に関するベルリン会議が開催された。これは主として西アフリカと中央アフリカに関して列強の利害を調整する国際会議であった。これに先立ちベニン・ビアフラ海岸イギリス領事ヒューイット（E. H. Hewett）は、この地域での保護条約を確保すべく訓令を受け、各地の王・首長等との交渉に入っていた[1]。イギリスの提案する「保護条約」の一般的なフォームは以下のようなものである。……(1)イギリスの恩恵と保護に対する外交権のイギリスへの譲渡、(2)在住イギリス人（その他の外国人を含む）の治外法権、(3)イギリス商人、近隣諸王との紛争に関するイギリス領事の調停・裁判権、(4)通商および平和・秩序・良き政府・文明の一般的前進に対しての協力の義務、(5)諸国民の通商の「完全な」自由、(6)キリスト教布教の自由、すべての宗教の自由[2]、……。

　この保護条約締結過程で注目しなければならないのは、有力諸王による条約への保留あるいは部分的拒否の事実である。最も典型的なものは、この地域最大のパームオイル仲買人・王であったオポボのジャジャと、ベニン川地帯・イツェキリ（Itsekiri）のナナ（NaNa）のケースである。ジャジャは保護条約第6条の「すべての地域（内陸部を含む）での通商の自由と商館建設の自由」に強く反対し、その削除に成功した[3]。ナナは同じく第6条と第7条（布教の自由）に反対し、「将来の交渉にまつ」との1条を挿入させ保留に持ちこんだ[4]。彼等は自らの領域（特に内陸部）での主権を主張し、それをイギリス側に確認させたのである。こうして将来の抗争の火種が残された。

　この地域において多くの保護条約を確保するために上述のような譲歩を行な

いつつ、他方イギリスはこれら多数の条約を根拠に「ニジェールにおけるイギリスの優位」を国際的に承認させていった。同時にベルリン一般条約のニジェール航行に関する第5章において、ニジェールおよびその支流域のすべて（内陸部も含めて）における完全な航行の自由・通商の自由が、イギリスの責務として確認されたのである[5]。

　以上の経緯からベルリン一般条約と先の保護条約とが現地において大きな矛盾を引き起こすことは必然である。すなわちここでは列強による国際条約が、いかに現地の諸王との「国際的」個別条約を規制していくのかが問われることになる。より具体的にいえば、国際条約の原則に基づき内陸への侵入を図ろうとするイギリス商人層の権利と、現地王の伝統的かつ「条約で保証された」内陸部における主権とが衝突した場合、イギリス官僚（中央および現地の）がいかに対処しうるかが問われることになるのである。以下ジャジャの事例でこの具体的過程を検討していくことにしよう。

## 2　最大の仲買人・王、ジャジャ

　1880年代前半、イギリス商人層とアフリカ仲買人・王との関係は「友好的な」段階にあった。両者はそれぞれ互いの役割を認めあい、イギリス商人は現地王の支配領域とりわけ内陸への進入は避ける態度を取ってきた。ニジェールデルタ・オイルリバー地域（ベニン・ビアフラ湾岸地帯）は19世紀初頭以来の合法貿易の発展により、沿岸部には先述したごとく内陸部と外部世界とを結ぶ商業地帯としての都市国家が発生していた。都市国家内部の権力関係は商業活動の発展とともに流動的なものとなり、王家の正統外のものが王位に就く、時には奴隷でさえ王の地位を獲得しうるものとなっていた[6]。その典型例がジャジャである。

　彼は元来、都市国家ボニーの一ハウス（ハウス house は都市国家を構成する商業的基礎単位であり、ハウスの長、チーフ、自由民、奴隷によって成立している）、アニーペップル家（Annie Pepple House）の奴隷でありながら、その才覚によってハウスの長となり（1863年）、ボニーの内部抗争を利して近隣

地に新興都市国家オポボを創設し、その王となった[7]。1873年1月の和平条約[8]でこの長き抗争が集結した時には、この地域一帯でのオポボの優位が確定していたのである。

同時に締結されたイギリス／オポボ1873年通商条約では[9]、第一にオポボ王としてのジャジャの承認、第二にイギリス商人が彼にコミー（Comey、手数料）を支払う義務、第三に、イギリス商人の内陸侵入と商館建設の禁止、等が取り決められた。この条約での内陸部におけるジャジャの主権の承認は、内容的に後の1885年保護条約時の第6条削除に繋がるものであった。その後ジャジャは内陸支配領域を着々と拡大し、1880年代初頭にオポボは南部ナイジェリア最大の都市国家に成長した。

その力は政治的という以上に経済的なものであった。オポボは一都市国家としては最大の年間8,000トンに及ぶパームオイルの輸出を行なっていた。イギリスの西アフリカ全域からのオイル輸入量が4万トンであったことから、オポボだけでその5分の1を供給したことになる。オイル現地価格トンあたり20ポ

写真V—1　ホルト商会の通商基地　1899年（ラゴス）

出所：John Holt&Co（Liverpool）Ltd., *Merchant Adventure*, p.35

ンドとして、総額16万ポンドの輸出額中、ジャジャの手数量（コミー）はその20％、およそ3万ポンドに達した[10]。

彼はこの経済力を背景に、イギリス商人層・リヴァプールAAの手数料引下げ要求に抗し、オイルのイギリスへの直接輸出すら実行する。ジャジャこそはイギリス商人の南部ナイジェリア内陸進出に際して最大の障害であり、最初に排除しなければならない対象だったのである。

そして数年間にわたるイギリス商人との抗争の後、1887年9月、ジャジャは「保護条約違反」の名目で領事代理H・ジョンストン（H. Johnston）によって逮捕され追放される。以後その過程は詳述されるが、「ジャジャ問題」を契機にイギリスの保護領政策、すなわちイギリスの西アフリカ政策は大きな転換点を迎えたと言ってよいだろう。

### 3　ジャジャ問題に関する初期の論争

保護領政策転換を具体的に検討する前に、ジャジャ問題がその後行われたの論争においてどのよう扱われてきたか、どこまで内容に迫って論議されてきたかを整理しておくことが必要であろう。

まずジャジャ逮捕・追放直後の議会論争であるが、1888年3月2日レッドモンド（アイルランド選出議員）は最初の質問を以下のような形で行なった[11]。ジャジャの有罪・追放を決定したのはだれか。2）起訴理由および証拠は何か。3）オポボから遠く離れたアクラで審理が行われたのはなぜか。審理は公平だったか。これに対して外務次官ファーガソンは答える。1）判決を下したのは西アフリカ艦隊司令ハント＝グラブ少将（Rear Admiral Sir W.Hunt Grubbe）。2）商業的開発をめざし上流に赴こうとした領事への武力抵抗の策動すなわち保護条約違反。3）審理は弁護人出席の下で公平に行われた、と。さらにレッドモンドは追求する。1）ジャジャは保護条約何条に違反したのか、2）政府はこの件を慎重に審議したのか。ファーガソンは答える。第5条に違反、そして審理過程への政府の介入はさけられるべき、と。3月6日レッドモンドは保護条約の内容を質し、追放・流刑の執行延期とすべての関連資料の提出を要求

する¹²⁾。ファーガソンは第5条を「より良き行政、商業の発展、平和と秩序、文明の普及に関しての王の責任と、領事を援助する責務」と説明し、資料については整理が終わり次第提出すると確約する（これが議会文書〔C.5365〕となる）。同日レッドモンドを継ぎ、ノラン（Colonel Nolan）、オコーナー（A. O'Connor）等が主として審理過程の不公平さを追究する。

その後翌年の6月迄質疑は断続的に続くが、レッドモンドを含めて、ジャジャとイギリス領事側との最大の係争点であった保護領規定、現地王の内陸部領有権・内政での支配権について、すなわち保護条約締結時になぜ第6条（内陸での自由通商）が削除されたかについては追究されず、主として審理手続上の不合理さ、再審議の可能性という、道義論や善後策の水準で終始している¹³⁾。このような表層にとどまった論議が外務省によるジョンストンの行為の追認、既成事実の肯定を容易にしたといえるだろう。

1920年代「西アフリカ」誌でのギアリーの論議は第6条削除問題・ジャジャの内陸主権問題を押えている点で88年議会論争よりはるかに本質に迫っている。彼は1884年の保護条約交渉において領事ヒューイットが保護条約の解釈を明確にし、ジャジャの内陸支配を認めたこと、その結果条約では第6条（内陸への自由通商）が削除されたことについて詳述する。ついで、'85年ベルリン国際条約の26～33条でニジェール流域での自由通商、自由航行が規定されたため、それと先のジャジャの内陸主権とが抵触しうる必然性についてふれ、同じ条件にあるロイヤル・ニジェール会社（Royal Niger Co.）と比較して、ジャジャには「自由通行」規定が厳格に押しつけられたと主張する¹⁴⁾。

さらにギアリーは首相ソールズベリのジャジャ問題に関する覚書、手紙、指令等¹⁵⁾にふれ、ソールズベリがジャジャの内陸主権を認めようとしたこと、少なくとも性急な主権否定には懐疑的であったことを詳しく紹介する。そして以上のソールズベリの見解にもかかわらず、ジョンストンの独走によってジャジャの逮捕が実行され、審理の不適切さも加わり、西アフリカ人にイギリス政府への深い疑念を植えつけ、その後のアフリカ政策に禍根を残すことになったとしめくくる¹⁶⁾。

ギアリーの展開は政策担当者の意図、条約の解釈、ジョンストンの行為の不

V　1880年代後半における「商業帝国主義」の実践　103

当性についてはほぼ論議を尽くしたものとなっている。しかし以下の2点で十分な補足説明を必要としている。第1はジョンストンの行為を誘発させたパームオイル取引をめぐるジャジャとイギリス商人層との抗争、およびリヴァプールの5商社とロイヤル・ニジェール会社に連なるグラスゴウのミラー商会（A. Miller Bro. & Co., ジャジャと独占的取引契約を結んだ）との抗争という「経済的要因」と、上述の政治過程との関りについてである。第2は、ソールズベリの意図や指示にもかかわらず実行されたジャジャの追放が、なぜその後既成事実として容易に承認されたかである。この2点が不十分なためギアリーの「結論」はやはり道義的責任問題に収斂していく。この問題の「経済的根拠」への認識が不十分なだけ、引き起こされた保護領政策転換の重要な意味についての評価はなされていない。すなわちギアリーによればこの事例にもかかわらず、'84年から'91年は一貫して紙上の保護領（paper protectorate）期として総括されることになる[17]。

さて論争への要請を受けたジョンストンは「西アフリカ」誌に短い回答を送る。彼はそこですでに1888年の論議で決着のついた問題を改めて論争するひまはないとし、また問題の本質がオポボでのオイル取引の独占をねらったグラスゴウ・王立ニジェール会社派と、自由貿易を主張したリヴァプール商人層との商人間の争いにあるとし、ジャジャをその前者の「鬼偶（puppet）にすぎないと断じている[18]。問題の本質を商人間の争いと見るのは事実の一端を的確についたものであり、「自由貿易擁護」への彼の自負をうかがわせるものである。しかしジャジャの位置を意図的に過少評価するのはこの問題での自らの「独走」への弁護論的姿勢を暗に示すものとなっている（これに先立って出版された自伝でも彼はジャジャ問題については弁護論に終始する）[19]。

以上2度にわたる「論争」で出された保護領政策に関するすべての論点は、1960年代以降多くの研究者によって多面的に検討されていくことになる。次節以降では彼等の研究に依拠しつつ保護領とは何か、その実質化とは何かについて検討していくことにしよう。

## 4 保護領概念のあいまいさ

「帝国主義論」冒頭でホブソンが語るがごとく[20]、中間地帯（no-man's land）、後背地（hinterland）が勢力圏、保護領、さらには植民地へ移行するさいの多様性と不明瞭さ、さらにはそれぞれの概念的な不確定は、植民地支配の本質、およびその拡大を覆いかくす便宜主義的なものであった。それゆえ本論の対象となる南東ナイジェリアにおいてもその勢力圏から保護領そして植民地への転換はそれが一見感じさせるほどには明瞭な時期区分を表現しうるものではない。例えば'84年から'85年にかけ南東ナイジェリア全域が「保護領」として設定された時期を一つの画期とみることはできる。しかしそれ以前の領事「支配」とそれ以後の領事支配とは、支配と言う面での決定的変化を生み出すほどの相違をもっていなかった。また19世紀末イギリスの南東ナイジェリア政策を概観すると、その支配の「漸次的」強化の傾向とともに、その非直接性、間接性（indirect rule）という意味でも一貫した性格を維持していたと言うことができるのである[21]。

しかしそれでも支配強化の一定の段階性は認められる。それは「保護条約」で現地支配層に認められていた内陸支配が実質的に剥奪された時点に求めることができる。すなわち「保護条約」の実質的な改訂、すなわち便宜的主義的な読みかえによるものである。それは'84年保護条約締結時にではなく、それ以後のある時点にある。我々はそれを次節で詳述する南東ナイジェリア最大の王ジャジャが排除された'87年と見ることができる。この排除の実行によって'84年保護領設定時から胚胎されていた一つの矛盾（現地王への内陸・内政支配の承認に対する自由通商・自由航行の一般的保障）が「解決」されたのである。

ギアリーやバーンズ（A. Burns）が述べるがごとく[22]'84年～'91年は「紙上の保護領期」として一貫していた訳ではなく、その間に重要な転換点をもっていたのである。以下その過程を諸条約、勅令、覚書、指令等々によって概観してみることにしよう。

'84年保護条約獲得に先立ち外務省の条約専門家は、ニジェール地帯でのイ

ギリスの排他的地位と行動の自由を保障しうる最も安上りな方式を検討するとともに、「保護領」についての規定をまとめるよう指示された。この方面での専門家ハーツレット（E. Hertslet）は「保護領」を以下のごとく規定する[23]、1）その土地はイギリス領ではない。2）住民はイギリス国民とはならない。3）イギリス領事は輸出入関税付課の権利をもたない。すなわち、外交権のイギリスへの委譲とともに内政は現地アフリカ人支配層にまかされるということになる。イギリス政府はこれによって外国の介入は阻止し、管理責任は免れるという二重の利益を得ることができる。

さらに'85年、イギリス政府はベルリン会議において、併合と保護領との相違を理解しえないとするフランスとドイツに対して保護条約の「効力」示す必要にせまられ、大法官（Lord Chanceller）をして以下のような規定を明らかにさせた[24]。それは上述ハーツレットの見解にそったもので、1）原住民のその地での権利の承認と、2）至高権（paramount authority）と占有者の義務遂行とに必要なもの以上の領有権を主張しないこと、とされている。しかしこの至高権および占有権者の義務についての具体的説明はされない。当然ここに問題が残される。この「至高権・主権」の解釈がいかようになされるか、とくに現地支配層の権利の保証とどのように関連し合うのか、すなわち否定的にか肯定的にかが問われることになるのである。ともあれ、こうした不明瞭な規定で、ニジェール地帯における自らの優位を確保しようとしたイギリスの試みはかなりの成功をおさめたのである。

さて、先のあいまいで矛盾し合う規定の後者、現地支配層の内政権を強調することで、イギリスはベルリン会議直前の南東ナイジェリアにおける保護条約締結行動を乗り切っていった[25]。その典型は南東ナイジェリアのオイル仲買人王として最大の経済力をもち、自らの政治的経済的利害に最も敏感なジャジャとの保護条約締結であった。領事ヒューイットは'84年6月、ジャジャの「保護とはいかなるものか」という質問に対して以下のように答えている。「ご質問の"protection"なる言葉についてですが、これは我国が貴国あるいはその市場を奪おうとするのではなく、それを他国から守ろうとするものです。我国は貴国をあなたの政府下に残しつつ、恩恵と保護とを与えようとするもので

す。」26)これは後にジャジャが「自分の条約は他の諸王のそれとは根本的に違う」27)と述べたごとく、彼にとっては自国の内政権を「完全に認めさせた」と理解しうるものであった。この保護領定義の下に'84年12月ジャジャとヒューイットとの間で保護条約が締結された。

　この条約は以下の諸条で構成されていた28)。……第1条：イギリスはオポボに恩恵と保護とを与える。第2条：オポボはイギリスの同意なしに他の国と交渉を持たない。第3条：オポボ内でのイギリス臣民および他国の国民の治外法権は認められる。第4条・オポボ内および隣接地域との紛争の調停はイギリス領事に委ねられる。第5条：法の執行、資源の開発、商業の利益、平和と秩序、良き政府、文明の前進に関してイギリス領事の助言に基づき行動する。領事の義務遂行にあたってそれを援助する。第6条：この国の支配下のすべての地域であらゆる国の国民が自由に通商を行ない、商館を作ることができる。第7条：キリスト教の布教は自由であり、あらゆる宗教的活動の自由は保障される。第8条・遭難への援助。……そしてこの第6条はジャジャの要求によって削除されたのである29)。

　第6条削除の観点は先のヒューイットによる保護領概念の規定のみならず、'73年のオポボ国設立時のイギリスとの通商条約に連なるものであった30)。この'73年の通商条約は、1）ジャジャをオポボの王として承認し、2）イギリス商人のジャジャへのコミー（オイル仲買手数料）支払の承認、および商船のオポボ内支流への進入禁止、3）違反者への罰則規定、によって構成されている。さらにこの条約に先立つ領事の調停による「ボニー・オポボ終戦協定」でジャジャのオポボ近隣6市場での独占的権利が承認されている31)。以上のように保護領定義の確認を'73年通商条約、'84年保護条約と関連させてみる限り、ジャジャの内政上の権限、内陸での領有権、通商上の排他的権利は十分に保障されるべきものとなっている32)。

　こうした現地王の支配権の継続性は'85年、保護領の公告とともに布告された西アフリカ枢密院令（The 1885 West Africa Order-in-Council）によっても追認されている33)。それは'72年枢密院令との連続性の下で慎重に領事の裁判権をイギリス臣民に限定している。この時期のイギリスの南東ナイジェリア政

策は、消極的（negative）なもので、かのジョンストンでさえ「他のヨーロッパ諸国を排除しえている限り、急いで内陸に入り込む必要はない」[34]という表現で特徴づけている。次節でも述べることになるが、80年代前半における内陸への消極的姿勢は外務省、植民省さらには財政均衡論をテーゼとする大蔵省によって保持されていた。こうした直接支配の忌否は、ニジェール中下流域でのゴールディ（G. Goldie）の連合アフリカ会社（United Africa Co.）への特許状の付与、そのロイヤル・ニジェール会社（RNC）への転換でも明らかである。これは私的な会社を利用した安上り政策で、領事支配による保護領政策よりもさらに効率的なものであった[35]。

しかし以上の間接支配、安上り政策の基本線にもかかわらず、彼等の内陸への介入の種子はすでにまかれ着実に成長していたのである。それは第1に、保護条約の規定そのものの幅広さ、あいまいさにある。そして第2に、ベルリン国際条約での自由貿易、自由航行規定[36]と保護条約との整合性が問われる必然性にある。これらは状況の変化によりイギリスの内陸部支配を合理化しうるものであった。内陸主権に関する厳密な解釈（narrow concept）は外側からの圧力によってよりルーズな解釈（looser concept）に転換する[37]。それによって支配そのものはルーズで間接的なものから厳しい直接的なものに転化する。

転化を触発させる状況変化とは以下の様なことがらであろう[38]。第1は現地における商業の発展、現地進出商人間の競争激化、イギリス国内の不況深化に伴うオイル価格の低落。第2は、ベルリン条約遵守、国際的責任への要求の強まり。第3は現地支配勢力間での抗争の激化、調停すなわち間接支配の不成功。第4は現地官僚の義務遂行への意欲の高まり。そして第5は他国（フランス、ドイツ）からの脅威の弱まり（ベルリン条約でイギリスのニジェール川での優位が国際的承認を受けたことによる）。'85年から'86年にかけてこれらの状況変化は誰の目にも明らかとなった。それは'86年段階で政策担当者による保護領解釈に微妙な変化をもたらした。

この事情を最もよく現わしているのが'86年4月のローズベリー（自由党内閣外務大臣）からのヒューイットへの指示[39]であり、6月のローズベリーからジャジャ[40]への回答である。前者は交易の発展による福祉は現地住民全体に与

えられるものであり、私益のためにこの政策を阻害することは認められないとし、後者は保護条約の根幹を第5条に求め、第6条削除の意味を認めず、'73年条約からの継続性をも否定する。内陸への姿勢は消極的なものではなくなる。問題は出揃ってきた。後はその新解釈が実行されるだけである。その実行は19世末における活動的な現地官僚（man on the spot）の典型とも言うべきジョンストンに委ねられる。西アフリカ保護領政策の基本的転換点は'87年のジャジャの追放にあった。以下、次節ではその具体的過程についての検討を行なうことにしよう。

## 5　保護領政策の転換：ジャジャの排除

　ジャジャ追放の過程は三つの時期に小区分してとらえることができる。第一期は80年代初頭におけるイギリス商人による最初の内陸進入への試み・前哨戦の時期、第二期は'84年末からのパームオイル価格暴落を契機としたイギリス商人による仲買人体制打破への本格的動き、それに対するジャジャの激しい抵抗と攻勢の時期、第三期は領事代理ジョンストンによる現地情勢の強引な転換と、ジャジャの逮捕・追放という政治的結着の時期、である。

### （1）　第一期・最初の対立

　この時期は準備段階といえるだろう。'81年半ばから'83年始めにかけての領事ヒューイットとジャジャとの対立は、オポボ東方カイボエ（Qua Iboe, Qua Eboe）地域をジャジャの事実上の領域とみなしうるか、そしてこの地に進出しようとしたリヴァプール商人ワッツ（Watts）の行動が正当であるかに関わるものだった。カイエボ地域のアンドニー人（Andony）との関係につてジャジャは、ボニーからのオポボ独立（1873年条約）以来アンドニー人は彼の支配下にあったとし、その理由として1）彼がアンドニー部族内の争いの調停者であり、2）ワッツの進入以前からそこで取引をし、3）ワッツ以前にそこでの取引を計ったイギリス商人マキーチャンも彼へのコミー支払いを申し出ていた[41]、等を挙げている。事実ジャジャのカイボエ進出は1870年に遡ることがで

き、この年ジャジャはその地の首長エゴゴ（Egogo）に取引開始を承認させ、1877年にはパームオイルの集荷を開始していた[42]。

ワッツがこの地での商業独占をねらい[43]、リヴァプールのホルト商会（John Holt & Co.）の援助を受け、カイボエに進出したのは1881年2月7日のことである。ジャジャの情報網はその日のうちにワッツ進入の事実をつかんでいた。ワッツはかの地のチーフ達に、彼との取引による利益の保証とジャジャの報復からの安全保障を与え、条約を結んだ。ジャジャは代理を派遣し、首長たちの翻意を要求したが拒否され、遠征の準備を始めた。4月11日彼の武装カヌー隊はカイボエ河に進入し、流域の村々を襲撃・略奪し、100人を捕虜としてオポボに連行した[44]。ワッツ側はこの事件を利用し、「オポボによる虐殺」を宣伝した。イギリスではリヴァプールのホルト商会が外務大臣グランヴィル（Earl Granville）に圧力をかけはじめた[45]。

その後、ジャジャとヒューイットとの公然たる論争が始まった。ヒューイットはアンドニーとボニーとの1846年条約を持ち出し、アンドニー人のボニーへの服属を証明しようとしたが、ジャジャの反論は適確だった。彼はボニーからのオポボの分離・独立によってアンドニーへの支配権がオポボに移ったこと、事実の上でもボニー・オポボ抗争時にアンドニーがオポボ側に立っていたことを主張した[46]。さらに彼はワッツ進出にもかかわらず、彼との同盟を維持した首長たちから、彼をカイボエの王と認めるとの協定を獲得していた[47]。

論争で不利になったヒューイットは遠征での野蛮さを強調する戦法に切り換えた[48]。'82年1月、グランヴィルはジャジャにカイボエへの主権を認めないとの通告を行なったが[49]ジャジャへの具体的な制裁措置は何も取らなかった。'82年から'83年にかけて、ヒューイットのカイボエ調査と、ジャジャの不法行為への告発が相次ぐ報告書という形で行なわれてはいたが、事態の政治的進行は一時停止していた。他方ジャジャとワッツとの経済的抗争も続いてはいたが情勢はジャジャに有利に展開していた。彼はイギリス商人との直接対決を避けつつ現地生産者に圧力をかけイギリス人との接触を禁止し、また商品の安売りでワッツ商会を追いつめていったのである[50]。

以上、ヒューイット・ワッツ対ジャジャの抗争のあらましを見てきたが、こ

の期間'81年から'84年前半において、なぜジャジャが優位に立ち、政治経済的主権を保持しえたかについて簡単にまとめてみよう。

第一は、保護条約の獲得、内陸支配の拡大に関してイギリス当局の政策がまだ固まっていなかった点にある。ヒューイットは現地から、ベニン・ビアフラ沿岸地帯の保護領、植民地、特許会社いずれかによる支配拡大を主張していたが、グラッドストン内閣の非拡大政策は植民省のキンバリー（Earl of Kimberley）にも保持されていた。外務省内の積極派、アフリカ担当事務次官補リスター（T. Villiers Lister）とアフリカ局長アンダスン（H. P. Anderson）は外務大臣グランヴィルを何とか説得しようとしていたが、大蔵省は一貫して均衡財政論の下にあった[51]。海軍の将官たちも商人層の要求には中立を守るべきと考え、喜望峰・アフリカ西海岸艦隊司令官サマン（Admiral Salmon）はジャジャとの友好関係を保つことによってイギリスの利害はより良く保持されると表明し、彼の前任者リチャーズ（Admiral Richards）もワッツの進入を不当とし、ジャジャのカイボエ支配を適法と判断していた[52]。

第二は対仏・対独への外交的配慮にある。'83年にはフランスによるオイルリバー進出の意図が明確になり、'84年にはドイツによるカメルーン進出が本格化していた。イギリスは南部ナイジェリアでの実効支配を主張する根拠として全域で保護条約締結を急いだが、このためには現地支配層の協力を必要とし、彼らを力で圧服する方法は取りえなかった。

第三は'81年から'84年末にかけてのパームオイル価格の安定である。この間オイル価格（イギリス）はトンあたり30～35ポンド水準を維持し、'84年末以降の急落と比し、十分に利益を確保しえる状態であった。この時期にはマージンをめぐるイギリス商人と仲買人の対立は顕在化していなかったのである。

第四はワッツの資金的弱さと孤立にある。ワッツを支援したのはホルト商会のみであり、後にアフリカン・アソシエイションとして結集するリヴァプールの他の商社は中立を維持した。彼等がジャジャとの抗争に踏み切ったのは、'84年11月の価格急落によってであった。

第五はジャジャの対応の巧妙さにある。彼はロンドンで弁護士を雇いイギリス議会内でのロビー活動を展開し、リヴァプールにおいてすら代理人を使い世

論に訴えた。現地では強制ではなく、商品の安売り等で生産者の好意を獲得し、ワッツの商業活動を圧迫していった[53]。

　ワッツとジャジャとの抗争はオポボにおける全面的対決を起こすことにはならなかった。'84年にはヒューイットですらジャジャのオイルリバー全域での影響力を認め、ボニー・ニューカラバールとオクリカ（Okrika）との抗争に関してはその調停をたのまざるをえなかったのであり、ジャジャは実際これに成功した[54]。ジャジャの権威は南部ナイジェリア全域に広がる可能性すら感じさせた。

　'84年はジャジャとヒューイットとの保護条約調印で終わる。条約はジャジャの内陸への主権を事実上認め、第6条は削除され、オポボでの対立は緩和されたかに見えた。たしかにこの対立が決定的な地点に至る諸条件はまだ十分に熟してはいなかった。しかしこれは次の全面的対決への弾込めされた休止（loaded pause）にすぎなかったのである。

### （2）　第二期・保護領政策の実質的転換

　'85年はイギリス商人層とジャジャとの対立が新たな局面に入った時期である。'84年末からのイギリスでのオイル価格の急落（トンあたり35ポンド前後から30ポンドへ、'86年には20ポンドに）はオポボのイギリス商人達に何らかの対応をせまり、彼等5社は'85年10月に購入カルテルを結成し、ジャジャへのコミー（手数料）を20分の4から20分の3に引下げようとした。同時にオイルの量もプール協定により均等に分割し競争の緩和を図った。ジャジャはこれに対し、定期船（西アフリカ汽船会社）を使ってイギリスへの直接輸出を実行しつつ5社のうち最有力な一社・グラスゴウのミラー商会（RNCグループの一員）に接近し、そのカルテルからの引き抜きに成功した。ミラー商会はコミーを従前通り払うことを条件にジャジャのオイルを独占することになった[55]。

　取り残されたリヴァプール系4社はアフリカン・アソシエイション（以下AAと略記）を結成しこれに対抗すべく、ワッツが行なったようにカイボエ市場への進入を図る。ジャジャはそれを実力で阻止し、AAあてに以下のような'84年条約解釈を示す。「ニューカラバール、ボニー、ブラスその他の王に

よって署名された条約は私のものとはまったく違う。私はヨーロッパ商人が私の市場に入り込むことを許容するいかなる条約にも署名していない」[56]と。さらにジャジャは11月、12月とソールズベリに事態の調査と商人層への警告とを要請している[57]。他方AA側はヒューイットや「西海岸」艦隊司令ハント=グラブに援助を要請する[58]。

以上の抗争に関するヒューイットの「結論」は'86年3月の会談で提出された。それは'84年条約によるジャジャの権利には一切ふれず、新たな論点、すなわち'85年2月ベルリン会議での一般決議（General Act）26～33条で規定されたニジェール河航行自由の論理を一方的に適用し押しつけようとしたものである。ヒューイットはさらにジャジャがここ数年間、ヨーロッパ商船の入船ごとに7パンチョン（puncheon・およそ80ガロン入りの大樽）のオイルを許可料・シェイクハンド（shake-hands）として受け取ったことをもって30パンチョンの罰金を科した[59]。

これに対してジャジャはソールズベリへの要請文で、問題のそもそもの発生がオイル価格の低落に触発された商人層の利害関心によるものと問題の本質を明らかにし、またシェイクハンドはボニー時代からの習慣かつ商人による自発的なものであり、その受け取りを理由とした科料は不当であると主張した[60]。

しかし、自由党内閣外務大臣ローズベリー（Rosebery）による '86年6月の裁定はジャジャに不利であった。ローズベリーはヒューイットの論理を認めつつ、保護条約の根幹を「交易の平和的発展の確保」すなわち第5条に求め、これへの妨害は許容できないとの一般論から、ジャジャのシェイクハンド徴収と交易制限を不法行為と断定する。ここではカイボエへのジャジャの事実上の支配権はまったく問題にされていない。彼はさらに'73年条約は保護条約に完全に取ってかわられたとの判断を示す[61]。（但し、罰金については1年の猶予が与えられ、領事の「やり過ぎ」についての配慮がなされてはいる。）

この時点でのイギリス側の論理の特徴はその一般論的傾向にある。ベルリン条約および保護条約第5条での自由貿易・自由航行規定が現地にストレートに適用され、ジャジャの主張する条約の歴史的連続性や6条削除の特殊性、また領域支配の実効性は「忘れられ」、無視される。そしてジャジャの領域へのイ

ギリス商人の自由通行は実践的には彼の生産地を浸食し、奪うことになるのである。この裁定の時点からイギリスの保護領政策がゆるやかな間接的なものから、直接的なものへ移行し始めたと見ることができるだろう[62]。これをプロテクション（Protection）の第一段階から第二段階への移行と表現することができる。プロテクション概念は形式的には内政への不干渉の余地は残しつつも、実質的には進出する側による分割協定と自由貿易圏拡大（将来の市場論）の論理に従属するものとなった。後の過程はこの従属の質が徐々に深まっていた過程に他ならない。例えそれが次節に見る行動的な人物・ジョンストンの登場という「偶然」によって数年、予定より早められたとしても、このプロセスの進行そのものは南東ナイジェリア全域において阻止しがたいものとなっていたのである[63]。

ローズベリーの裁定以降、ヒューイットはジャジャに対するコミーの支払いをすべてのヨーロッパ人に禁じた。それは'84年条約にコミー支払いが明文として規定されていないとする論理からのものであるが、'86年後半からは前述のシェイクハンド禁止に加えてコミーも否定されることになったのである。ジャジャはコミーに関しても、その慣習的性格と、市場開発費弁済としての正当性を主張し、「他の都市国家の王や首長がそれを保証されているのになぜ私のものだけが禁止されるのか」と、抗議や要請をヒューイットとソールズベリに送っている[64]。コミーをジャジャにだけ禁止したヒューイットのやり方は明らかに強引で、商人層の要求をストレートに受け入れたものである。

ジャジャの説明の通り、コミーは南東ナイジェリアでは一般的であり、AAに属する商人たちはオポボ以外ではコミーを依然として払っていたし、ヒューイットもそれを禁じてはいなかった。その意味で、リヴァプール商人たちの行為や主張は「ニジェール会社に対してはブラス川の仲買人を支持しつつ、ニジェール会社の範囲外すなわちオポボでは自由通商を主張し仲買人・ジャジャを打ち破ろうとした。それぞれの場合、彼等はその利害に忠実に行動した」という御都合主義的なものであった[65]。

ジャジャをめぐる問題は本質的論点が出揃い、最終的な政治解決を必要とする地点に達していた。

## (3) 第三期・政治的結着

'87年6月ヒューイットは療養のため副領事ジョンストンに後事を託し帰国した。ジョンストンは'86年初頭以来、ジャジャを通商拡大にとって最大の障害とみなしその排除を意図していた66)。その彼が最初の処置として行なったのが、ジャジャの領域と主張されるオポボ河上流オーンベラ（Ohombela）とカイボエに連なるエッセネ水路（Essene Creek）への遠征である。彼はその結果としてこれら地域の生産者たちが自由通商を欲しつつもジャジャの脅迫下にあると断定し7月28日の会談で二条件を提示し、ジャジャに署名を要求した67)。

ひとつは、イギリス籍のものを傷つけ、オーンベラへの防棚の設置を実行したもの（ジャジャの配下）への懲罰と、ジャジャによる罰金の支払いであり、二つ目は、ジャジャの主要な部下をジョンストンと共にオーンベラに赴かせ、商人との取引を禁止しているジュジュ（juju・神託、呪縛）を解除することである。これと同時期、ジョンストンはソールズベリに、2隻の砲艦が到着すればジャジャは屈服するとの確信を伝えている68)。ジャジャはソールズベリにはロンドンに送った彼の代表団との閲見を求め、ジョンストンには代表団帰国まで回答を保留したいと要請した69)。しかし8月5日砲艦（Goshawk）を投錨させたジョンストンの圧力の下、ジャジャは先の二条件を飲み署名した。

彼はこの署名が強圧下によって行なわれた事を会見の場で明言し、ソールズベリにもその旨を伝えている70)（この手紙は外務省では9月12日の彼の逮捕後の9月21日に受理）。ジャジャの署名はミラー商会の代理人ターンブルの助言によるものであった。

8月19日ジョンストンは追い討ちをかける。ジュジュ解除後にも協定違反・生産者への脅迫が続いているとし、ジャジャとの取引をすべてのイギリス人（すなわちミラー商会）に禁じ、違反者には500ポンドの罰金をと公示した。さらにジョンストンはオーンベラに再度遠征し、そこの首長等との保護条約を締結する。9月に入ると彼はジャジャの三つの罪状なるもの、すなわち1）強力な軍隊を作り上げ、2）平和を攪乱し、3）フランスと接近した（これはボニーとジョンストンによる捏造である）、を外務省に報告し71)、次官補リス

ター、アフリカ局長アンダスンはこれに同調する[72]。こうしてジョンストンのジャジャ排除の既定方針は最終的な実行段階に達した。

この間8月から9月にかけて、外務省内で事態の一方的進行にストップをかけ、現地支配層の役割、彼らの領域の「実質性」についての配慮を示していたのが他でもないソールズベリであったのは興味深い。彼は8月中旬、ジョンストンの報告書への覚書として「我々はオーンベラがジャジャの領域ではないと確信しうるのか」[73]と書いている。さらに彼は8月29日、概略以下のような覚書

ハリー・ジョンストン
出所：A. Nutting, *Scramble for Africa*, London, 1970, p 193

を執筆した。「……目を通し得る資料によると、オーンベラとよばれる地域についてその地を自己の領域内と主張するジャジャと、そこでの交易を開こうとする商人層の対立が深まっている。この件を解決するためとし、砲艦を送りジャジャをそこに招き、とらえ、移送しようとの提案がされている。しかし現時点では報告書を読んでもジャジャへの不満の根拠を見出すことはできない。国際法上、彼はオーンベラの明白な主権者であり、そこでのヨーロッパ人との交易禁止は彼の裁量内のことがらである。これは1873年の条約にも、ローズベリーの指示にも抵触しない。ローズベリーの指示は内陸へ遡行する商船を河口で阻止することを禁じたもので、彼の支配地へのヨーロッパ商人の接近を彼が禁止することに対してのものではない。今は戦争をしかける理由もないしその時でもない。もしあったとしても提案のごとき『だまし打ち』的やり方はまったく非合法で、誘拐のようなものだ。砲艦を送り、交渉を行なうことは必要であるが、現状では事前の指令なしには彼へのいかなる敵対行動も禁止されるべきである。」[74]

ここではソールズベリはローズベリーの裁定に対する彼自らの解釈により、河口での進入禁止は不法だが、ジャジャの内陸支配は認めるべきだとしている。この覚書の後、フランスに休養に向かったソールズベリはその地でも9月9日以下のごとき覚書を書いている。「今迄送られてきた書類を見ても、最も重要な点、ジャジャがオーンベラ地域の支配者であるかについて明確に答えている

ものは何もない。もしそうであるなら彼の行為は正当である。……商人達の証言によると、その地の王はジャジャによって派遣され、ジャジャがその地を所有しているとのことである。事実なら、これは『事実上』の領域を示すものであり、これ以上の論議は無用なことだ。事実上の領域とは我々が考慮すべき唯一のことがらであり、アフリカ現地での合法性はこれを基準に考えるしかないからである。……ジョンストンの判断は不公平であり容認できない。……しかし彼の行動（交易停止……筆者）は電信で了承しておいてもよいだろう。同時に海軍本部への指示（調査し交渉せよ……筆者）は彼にも通知されるべきである。」[75)]ここでもソールズベリは「事実上」の領域論という独自な解釈を行なっている。

　ソールズベリのこの指示はその意図をまったく薄められ、かつ時間的には決定的に遅れ、9月12日3時45分、次のような内容でジョンストンに発信された。「貴下のジャジャに関する行動は承認された。海軍本部との連絡後の新たな指示を待て。」[76)]これは事態を静観し待てとの指令であった。しかしこの時点で一つの偶然事が発生する。すでに現地ではジョンストンの「誘拐」行動が開始されようとしていたが、彼は9月12日のほぼ同時刻以下のような電信を発していた。「ジャジャのゴールドコースト移送を承認されたし、武力により水路と市場を封鎖せんとする陰謀の兆候あり。詳細は文書にて。海軍本部に援助を要請中」[77)]。この電文は先の指示が発信された10分後の3時55分に受信された。「貴下の行動は承認された」はジョンストンによってジャジャの逮捕の承認と受けとられることになった。外務官僚はこの行き違いに気付くべきにも拘らず、その確認をせず、現地の行動を黙認する形となった。電文を受けたアンダスンはこれによって、11日のソールズベリの指示「現地に海軍将官を送れ」[78)]を変更するかを問うたが[79)]、ソールズベリは13日以下のように指示した。「すでに発した指令を守り、遂行せよ。領事の報告や提案は信頼できず、海軍将校の方が商人たちからの影響を受けにくいだろう。」[80)]ここではジョンストンへの不信が露骨に表現されている。しかしながら電信の行き違いによるジョンストンへの「承認」は直接には否定されず生きたままに残されたのである。

　この間現地の情勢は決定的時点に達していた。ジョンストンはジャジャをオ

ポボのハリスン商会での会談に招請した。ジャジャは出席への条件に白人の人質を要求したが、ジョンストンは9月18日次のような手紙で身の安全と自由を保証した。「友好的会談を望む。私の提案を受け入れようが拒否しようが、いかなる拘束も受けることはない。私の提案を開いた後、自由に立ち去ることができる」と[81]。19日朝ジャジャは27隻のカヌー、700人の戦士と共にハリソン商会の波止場に向かった。一方ジョンストンは70名の兵士を乗せた砲艦ゴショークを沖合に待機させ、砲をカヌーに向けさせた。波止場にはジャジャとその側近のみが上陸を認められた[82]。そして11時、会談の席でジョンストンは最後通告を読み上げたのである。すなわち、降服しアクラ（Accra）に赴き裁判を受けるか、イギリス政府の敵として戦うか、イエスかノーかと[83]。ジャジャは軍事的圧力の下、戦争を避け、降服の道を選んだ。

外務省がジョンストンの電文誤解に気付いたのは、彼からの「ジャジャ逮捕」の電信が届いた21日になってからである[84]。しかしこの時外務官僚は彼の行動を否認せず、むしろ歓迎し、彼の行為は12日段階で承認済であるとの見解を取り始めていたのである。これを記した議会文書の期日は1887年11月25日付となっているが、翌88年4月に捏造されたものである[85]。こうした無理な処理を行いつつ、この9月末時点でジャジャ問題の政治的決着はほぼついていたのである。

## 6 政策決定における現地と中央

アクラに連行されたジャジャは11月末裁判にかけられた。この審理のため派遣された艦隊指令部官ハント=グラブは12月1日、公水路（highway）妨害、第5条（自由貿易・商業の発展）違反という一般論でジャジャに有罪を宣告した[86]。すでに9月末、海軍本部への指示にあたってソールズベリは以下の諸点を慎重に審理するよう強調していた[87]。すなわち、ジャジャが保護条約締結時に第6条を拒否し、イギリス側もそれを認めたという事実から、1）ジャジャは彼の領域内では商業的独占権をもっているか？ 2）「事実上の領域」とは何か？ 3）オーンベラは彼の領域か？等々である。しかしこれらは審理の過程

で全く問題とされなかった[88]。ソールズベリの期待した海軍軍人の商人層からの中立性は発揮されず、ジョンストン、リスター、アンダスン等の期待通り、「既成事実」が追認されたのである。

　この間、中央で現地の情勢の一方的進行に歯止めをかけようとしたのは、保守党内閣首相兼外相ソールズベリであった。ジョンストンの行為を予測しつつ、放任し、追認しようとしたアフリカ局首脳リスターやアンダスン等と比較して、現地王の内陸部での「事実上」の領有権に、すなわち例の第6条削除に、注意を向けていたのが、ソールズベリであったことは興味深い事実である。彼はジャジャ問題に関して、その慎重な取扱い、特に内陸領有権の尊重について、何回かの覚え書きで外務省首脳に注意を与えている[89]。現地をできるだけ安上りに間接的に支配するという「自由貿易帝国主義」の「原則」はソールズベリのみならず、直前の自由党内閣での外務省や植民省においても、また一貫して均衡財政論の下にあった大蔵省においても、根強く保持されていたのである[90]。また現地派遣海軍将官層にもこの考え方は支持されていた[91]。

　こうしてこの時期の西アフリカ進出に関しては政策担当者間での不一致を見ることができる。あえて類型化すれば、「中央」での消極派と、アフリカ局を含めた「現地」での積極派とに。そしてこれらの均衡状態の中から、現地の人物（man on the spot）の典型、ジョンストンの「独走」と電信での「偶然事」によって、保護領政策の転換の決定的第一歩が踏み出されたのである。こうしてみるとこの時期における西アフリカ進出の「過渡期性」や「現地的性格」や「偶然性」が強調されることになる。ジャジャの事例ではとりわけ、中央と現地との分離が、経済面でも政治面でも顕著に現れている。しかし言い換えれば、これらこそ「将来の市場論」に基づく「商業帝国主義」実践の特徴を現わすものだったのである。

　もっぱら現地進出商人層の直接的利害の追求によって内陸部進入が実行された。しかしそれは「将来の市場」を拡延しようという中央の商業的利害（中央の利害一般であれ、RNCやAAとの個別的関係をもったロンドンやリヴァプールのそれであれ）の延長線上にある。同じくもっぱら現地官僚の意図から現地王の排除が実行された。しかしそれはニジェール川流域での通商と航行の

V　1880年代後半における「商業帝国主義」の実践　*119*

完全な自由を確認した中央の政策決定側の判断と、国際協定を無条件に適用しようとする意図との延長線上にある。ソールズベリに関してもベルリン条約の通商と航行の自由は保障すべき大原則であり[92]、ただその適用範囲が現状においてどの線（内陸への）まで妥当であるか、時機はどうかについての考えが「進出派」とくい違っていたに過ぎない。ジョンストンの現地情勢に関する次の言はアフリカ局の指導者層の意図を代表するものであった。彼は言う「……イボ族の全領域が我々の商業の前に広がっている。……ベニンからオールドカラバールまでのすべての首長が、商人層とオポボ王との長き抗争を見守っている。どちらが勝利するにせよ、勝利した側がこの地の支配者となるであろう」[93]。

南東ナイジェリアの将来にとってこの抗争の結末は決定的に重要な意味をもっていた。それゆえジョンストンの「独走」はその後アフリカ局のみならず外務省によっても追認されたのである[94]。これは単にRNC・ミラー商会側からの議会を使った攻勢[95]をかわすためのみならず、ソールズベリやファーガスン（政務次官）等外務省首脳が一旦実行された「進出」を取り消すほどの「消極派」ではなかったからでもある[96]。

ジャジャの追放は既成事実となった。こうしてその事例は十分に「過渡的」でありつつ、1880年代「商業的帝国主義」の実践の典型となり、イギリスの保護領政策に一つの画期を与えるものとなったのである。

## 7　小括

ここでは本章の締めくくりとして、ジャジャ問題をその後の展開、すなわち1880年代末から1890年代にかけての現地情勢の推転の中でとらえておくことにしよう。それによって「将来の市場論」の過渡的性格がより鮮明に理解されることになるだろう（1890年代については次章で詳述）。

現地情勢の展開の中で第一に注目すべきは1890年代におけるイギリスの内陸進出、直接支配の本格化である。1892年のラゴス内陸部ヨルバ諸国の征服・服属化、ベニン地帯におけるナナの排除（1894年）、ブラス反乱鎮圧（1895年）、

オベラミの排除(1897年)[97]、はそうした事例の主要なものにすぎない。こうした内陸部進出の本格的展開と比して、ジャジャの事例は時期的にかなり先んじており、孤立的でもあり、それだけに過渡的でもあったと言える。

　第二に注目すべきは、市場の解放を目指して実行されたジャジャの排除、アフリカ仲買人体制の破壊が1890年代に入ってもその目的を達しえなかった点である。ジョンストンは「ジャジャ排除によって広大な市場が拡大され、内陸経済も開発される」[98]との楽観的予測を述べたが、それはその後まったく実現されなかった。現地仲買人体制の破壊はむしろ、アフリカ人経済の萎縮・オイル生産の低下をもたらし、その回復は皮肉なことにイギリス商人の内陸からの撤退、仲買人体制の復活によるものであった[99]。ジャジャ追放に始まる政治的支配の強化は経済的支配の深化を直接にはもたらさなかったのである[100]。これは1890年代のラゴス、ナナの例(次章にて詳述)でも同様であった[101]。こうした点からも「将来の市場論」の非現実性、虚構性が理解されるのである。


1) Dike, *op. cit.* pp.217-218.
　本章におけるジャジャ問題を中心としたイギリスの西アフリカ植民政策の展開は、ロンドン大学に学んだ Dike, Anene などアフリカ人研究者の先行研究に多くを負っている。
2) "Treaty with King and Chiefs of Opobo, December 19, 1884", quoted from No.12 in "Papers relative to King JaJa of Opobo and to the Opening of West African Markets to British Trade (C.-5365)", IUP of BPP, *Colonies Africa LXIV*. 以下 **C.-5365** からの引用はその整理番号、No.- とのみ記す。その他 **C.-5365** 以外の FO (Foreign Office Correspondence, Public Record Office, London)84/- からの引用は、**F 084/-** と記す。
3) King JaJa to Mr. Mitchell, 30 Nov. 1885, Inclosure 5 in No.18.
4) Obaro Ikime, *Merchant Prince of the Niger Delta* (London, 1968), pp.51-54, 197-199.
5) General Act of the Conference of Berlin (signed, February 26, 1885), in IUP of BPP, *Colonies Africa VIII*, pp. 618-637.
6) Anene, op. cit., pp.9-10. 都市国家については、さらに G.I. Jones, *The Trading States of the Oil Rivers* (Oxford Univ. Press, 1963) が詳しい。
7) Dike, *op. cit.*, pp.195, 197.

8) "Treaty signed by the Kings and Chiefs of Bonny and Opobo, January 3, 1873", Inclosure in No. 1
9) "Commercial Treaty with King JaJa, January 4, 1873", Inclosure in No.2.
10) Anene, *op. cit*., pp.84.
11) Hansard's Parliamentary Debates, 2 March 1888, [323] 24–25.
12) Ibid,6 March 1888, [324] 372–375.
13) Ibid,[324] 713, 1432–1433, [325] 177, 1828 [326] 1827, [327] 1287–1288, [335] 994, 1558–1559, [337] 890–891.
14) W. Geary, *Nigeria Under British Rule* (London, 1927, 1966)pp. 278–278. ギアリーはこの書の Appendix において *West Africa* 誌の自らの論考 JaJa, An African Merchant Prince" を再録している。pp.275–287.
15) *Ibid.,* pp.279–281, 283–284.
16) *Ibid.,* p.285.
17) *Ibid.,* p.286
18) *Ibid.,* pp.287–288.
19) H. Johnston, *The Story of My Life* (1923), pp.176–182、ジョンストンはヒューイットの後任に自らが選任されなかったのはミラー商会の敵意によるものと理解していた。p.200.
20) J. A. Hobson, *op. cit*., pp.15–16.
21) A. E. Afigbo, *The Warrant Chiefs* (Longman, 1972), p.6.
22) Geary, op. cit., 96–97 ; Alan Burns, *History of Nigeria* (Allen & Unwin, 1929, 1972), pp.150–151.
23) Memo on Protectorates by Edward Hertslet, 24 April 1883, cited in J.C.Anene, *Southern Nigeria in Transition 1885–1906* (Cambridge, 1966), p.64.
24) Anene, *Ibid.,* p.65.
25) J. H. Flint, "Nigeria : The Colonial Experience from 1880 to 1914", in L.H. Gann and Peter Duignan, *Colonialisn in Africa, 1870–1960, Vol. 1* (Cambridge, 1969), p.227. 条約交渉の際に適切な通訳がなされることはまれである。
26) Consul Hewett to King JaJa, 1 July 1884, enclosed in King JaJa to the Marquis of Salisbury, 26 Nov. 1885, in No.13.
27) King JaJa to Mr. Mitchell, 30 Nov. 1885, Inclosure 5 in No.18.
28) Treaty with King and Chiefs of Opobo, signed at Opobo, 19 Dec. 1884, in No.12.
29) 第6条削除を可能にした他の条件はイギリスの対仏配慮にある。フランスとの対

抗上、現地主との妥協が必要であった。Flnit *op. cit.,* p.229.
30) Commercial Treaty with King JaJa, 4 Jan. 1873, Inclosure in No.2.
31) K.O. Dike, *op. cit.*, pp.197-198 : Treaty signed by the Kings and Chiefs of Bonny and Opobo, 3 Jan. 1873, Inclosure in No.1.
32) ジャジャ以外に6条問題でイギリス例から譲歩をえたのはベニンのNaNaである。これについては注4）参照。
33) Anene, *op. cit.*, pp.7
34) Johnston to Anderson(private), 13 Nov. 1886, cited in Anene, *Ibid.,* p. 72.
35) 80年代後半を通じて外務省はRNCとオイルリバー地域のリヴァプール諸社（アフリカン・アソシエイション・AAとして結集する）とを同一のチャーター内に統合しようとする試みに同情的だった。Flint, *op. cit.,* pp.226-227.
36) ベルリン会議一般条約はその第5章：ニジェール河航行協定（26条～33条）で、自由航行、自由通商、イギリスによるその管理について規定している。(General Act of the Conference of Berlin, signed 26 Feb. 1885) IUP of BPP, *Colonies Africa,* Vol.8.
37) Flint, *op. cit.*, p.234.
38) Afigho, *op. cit.*, pp.44. Flint, *Ibid.,* pp.230-231.
39) Rosebery to Hewett, 15 April 1886, cited in Flint, *op. cit.*, pp.223-234.
40) Rosebrey to JaJa, 16 June 1886, in No.25.
41) JaJa to Earl Granville, 28 July 1881, in No. 4.
42) W.I. Ofonagoro, *op. cit.*, pp.426-429.
43) *Ibid.,* pp.436-437, 429.
44) *Ibid.,* p.431. ジャジャはこの軍事行動の理由として1877年に彼の部下がその地で殺されたことを挙げている。*Ibid.,* p.433 ; JaJa to Granville, in No.4.
45) Holt to Granville, 28 Oct.1881, in No. 5.
46) JaJa to Hewett, 18 July 1881, Inclosure 7 in No. 4.
47) Anene, *op. cit.*, p.54.
48) Hewett to Granville, 5 Feb. 1883, in No.10.
49) Granville to JaJa, 13 July 1882, in No.9.
50) Ofonagoro, *op. cit.*, pp. 442-443.
51) Anene, *op. cit.*, pp. 56-57.
52) Salmon to Lister, 5 Dec. 1884. cited in Anene, *op. cit.*, p.55.
53) Ofonagoro, *op. cit.*, pp. 442-445.

54) Anene, *op. cit.*, p.55.
55) Protest of Traders against JaJa's rule in the River Niger, Inclosure 3 in NO.18 ; R.Oliver, *Sir Harry Johnston and the Scramble for Africa* (London, 1959), p.109.
56) JaJa to Mitchell, 30 Nov. 1885, Inclosure 5 in No.18.
57) JaJa to Salisbury, 26 Nov. 1885, in No.10 10 Dec.1885, in No.16.
58) Mr.Hall to Rear Admiral Sir. W. Hunt–Grubbe, 12 Nov. 1885, Inclosure 6 in No.18.
59) Goodrich to Hunt–Grubbe, Inclosure in No.22.
60) JaJa to Salisbury, 2 April 1886, in No.23.
61) Rosebery to JaJa, 16 June 1886, in No.25.
62) Flint, *op. cit.*, p.234.
63) Anene, *op. cit.*, pp.107 108 ; Oliver, *op. cit.*, p.111.
64) JaJa to Salisbury, Jan. and May 1887, in No.27, 29, 33.
65) FO 84 / 1869, Anderson to Pauncefote, 10 Sept. 1887 ; Oliver, *op. cit.*, p.110.
66) Johnston to Salisbury, 15 Jan. 1886, in No.19.
67) FO 84 / 1879, Johnston to Salisbury, 28 duly 1887 in No.39.
68) *Ibid.*
69) JaJa to Johnston, 29 duly 1887, Inclosure 1 in No.46.
70) JaJa to Salisbury, 12 Aug. 1887, in No.46.
71) Anene, *op. cit.*, p.89 ; Inclosure 4 in No.45, No.63 ; FO 84 / 1828, Johnston to Salisbury, 12 Aug. 1887.
72) Oliver, *op. cit.*, p.113.
73) FO 84 / 1828, Minutes of Salisbury on Johnston to Salisbury, 1 Aug. 1887.
74) PO 84 / 1868, Memo. of Salisbury, 29 Aug, 1887.
75) FO 84 / 1869, Memo. of Salisbury, 9 Sept. 1887.
76) FO 84 / 1828, Salisbury to Johnston, 12 Sept. 1887 ( 3 : 45 P.M.)
77) FO 84 / 1828, Johnston to Salisbury, 12 Sept. 1887 ( 3 : 55 P.M. )
78) FO 84 / 1828, Salisbury to Fergusson, 11 Sept. 1887 (11 : 55 A.M.)
79) FO 84 / 1828, FO to Salisbury, 12 Sept.1887.
80) FO 84 / 1828, Salisbury to P 0, 13 Sept. 1887.
81) Johnston to Salisbury, 24 Sept. 1887, in No.67.
82) Oliver, *op. cit.*, p.116.
83) Johnston to Salisbury, 24 Sept. 1887, in No.67.
84) FO 84 / 1869, Memo. on the Telegraph from Johnston to FO, 21 Sept.1887 ; Oliver,

*op. cit.*, p.117.
85)　FO to Johnston, 27 Sept. 1887, in No.50.Oliver, *op.cit.*, p.123.
86)　Rear-Admiral Sir. W.Hunt-Grubbe to JaJa, 1 Dec. 1887, Inclosure in No.79.
87)　FO to Amiralty, 27 Sept. 1887, in No.51.
88)　Geary, *op. cit.,* 285.
89)　FO 84 / 1828, Minutes of Salisbury on Johnston to Salisbury, 1 Aug. 1887 FO 84/1868, Memorandum of Salisbury, 29 Aug. 1887 ; FO 84/1869, Memo, of Salisbury, 9 Sept. 1887.
90)　Anene, *op. cit.*, pp.56-57.
91)　Admiral Salmon to Lister, 5 Dec. 1884, cited in *Ibid.,* p.55.
92)　Memo. of Salisbury, 29 Aug. 1887, op. cit.
93)　Johnston to Salisbury, 20 Aug. 1887, in No.59.
94)　FO to Johnston, 27 Sept. 1887. in No.50 ; Anene, *op. cit.*, p. 91 ; Oliver, *op. cit.*, p.118.
95)　Hansard's Parliamentary Debates, Third Series, Vol. 323 (Session 1888-9, pp.24-25, 372-375, W. Redmond and A. O'Connor vs. Fergusson.その他 Vol.324-326 を参照。
96)　この問題のわずか1年後ソールズベリとジョンストンの会見が異例にかつ「友好的に」行われたのもこのことの一つの現れである。Johnston, *op. cit.*, pp. 201- 202.
97)　Hopkins, "Lagos", op. cit. ; O. Ikime, *Merchant Prince, op. cit.* ; Ikime, *Niger Delta Rivalry* (London, 1969). pp. 69- 126 : Ikime, *The Fall of Nigeria* (London, 1977), pp.145-160.
98)　Johnston to Salishury, 15 Feh. 1888, in No.81.
99)　Cherry Gertzel, "Relations hetween African and European Traders in the Niger Delta 1880-1896", *Journal of African History, III* , 2, 1962), pp. 363- 364.
100)　Rankin, *op. cit.*, pp. 80-81 ; Ikime, *Merchant Prince*, pp. 187-188.
101)　Gertzel, *op. cit.*, p. 362 ; P. C. Lloyd, "The Itsekiri in the Nineteenth Century : An Outline of Social History", *Journal of African History, IV*, 2(1963), p.231.

## Ⅵ 1890年代、西アフリカ植民地政策の本格的展開

### 1 1890年代における転換

　Ⅳ・Ⅴ章において1880年代半ばから末にかけてのイギリスの西アフリカ植民地政策、内陸部浸透の過渡的な性格を把握した。この過渡期性は90年代初頭以降の本格的植民地政策、内陸部侵入政策の展開と対照的に語られるべきものである。90年代における政策の転換が具体的に分析されれば80年代後半の過渡期性はより明らかになる。たしかに90年代初頭以降は、ラゴス内陸部遠征、ニジェールデルタ・ベニン（Benin）川地帯での商人王ナナ（NaNa）の排除、ブラス（Brass）河地域での反乱と抑圧、ベニン王国の解体、等々の遠征、侵略の継続によって特徴づけられる。それは先述したジャジャ廃位の孤立した現象と比べてたしかにイギリス植民地政策の転換、その本格的展開を示すものとなっている。

　本章ではこれらの内陸部侵入の主要な二つの事例、1892年のラゴス内陸部侵入とニジェールデルタのナナ王の追放を検討し、90年代イギリス植民地政策の本格的展開の様相をさぐってみることにしよう。その構成は以下のごとくとなる。第一には、「80年代後半アフリカ分割一時停止論（弾込された休止・lauded pause）論」を手がかりにして、90年代初頭迄のイギリス政策担当者と各地商業圧力団体の思考と行動のパターンが整理される。第二には、1892年のラゴス侵入の要因と過程とが経済的、政治的側面から検討される。第三には、1894年のナナ王の排除が同様に検討される。第四には、以上二つの遠征と征服のケースがジャジャのケースと比較され、イギリス植民地政策の転換の内容が問われる。第五には、相次ぐ遠征・侵略にもかかわらず、期待された商業的発展が容易には実現されなかったこととその理由が問われる。

## 2  1880年代後半、内陸部侵入の過渡期性

　80年代半ばにおけるイギリス商業界のアフリカへの関心と行動とはⅣ章で述べたごとく、コンゴをめぐる英葡条約の廃棄運動の過程で、さらにベルリン会議でのコンゴ自由国の承認と、ニジェール河地帯でのイギリスの優位の確認を求める過程で、最高潮に達した。これにはイギリスのほぼすべての商業会議所の力が結集された。この時期、マンチェスター商業会議所（以下 MCC と略）は西アフリカ商人ハットンを中心にまとまり、グラスゴウ商業会議所はレオポルドと関係をもつマキノンを通じてマンチェスターと繋がりがあった。ロンドン商業会議所ではゴールディ等西アフリカ商人によって西アフリカ貿易セクション（West Africa Trade Section）が設立され、リヴァプールではホルト等を中心にアフリカン・アソシエイション（African Association, 以下 AA と略）やコンゴ地域防衛協会（Congo District Defence Association）が設立された。コンゴ問題はこのようにイギリス国内のほぼすべての商業圧力団体が行動を起こし成功した、商業圧力の政策反映への典型例である。またアフリカへの商業的進出に関する主要登場人物が出揃い、協調したという面で「まれな」例でもあった。これはもちろん彼等の利害が、保護主義的なフランスやポルトガルへの反対、自由貿易の擁護という「建前」で一致していたからである。

　しかしこの「建前」での一致は個別利害の対立によってたえず揺り動かされ、時には公然たる抗争に転化する。また一致した商業的圧力が存在しえたとしても、それはそれぞれの時期の商況の変化によりトーンはあるいはダウンあるいはアップする。分裂の例はベルリン会議中においてさえ見出される。ロンドン商業会議所西アフリカ貿易セクションはこの時、ニジェール河の国際支配を提起しようとしたが、商業会議所内の有力者、ナショナルアフリカ会社（National Africa Co.）会長のゴールディが手を廻し中止されるにいたった。ニジェール河中下流域での貿易独占をめざす同社にとって国際支配、完全な自由貿易は自己否定になるからである。MCC のハットンも同社の理事であったが故にこの例では国際支配に反対する。ベルリン会議の時期ですら商人層の連帯

は内部での分裂を含んでのことだったのである。

次に彼等が一致した行動をとりえたのは、ラゴス、ゴールドコースト間のイギリス支配をフランス、ドイツとの交渉で確認させようとした時であり、またガンビア、シェラレオネを含めた西アフリカ全域での内陸への商業的浸透の必要性を主張し、それへの政府の保護を要求した時である。とりわけゴールドコースト内陸部アシャンテ（Ashanti）王国地域への関心は広範でかつ大きかった[1]。1887年段階でのアシャンテ王国内の政情混乱による交易の停止状態は、まずロンドン、そしてリヴァプール、マンチェスターの商業会議所によって重大視され、政府の介入すなわちアシャンテの首都クマシへの政庁設立をめざす運動となっていった（これは実際には80年代初頭に始まり、90年代半ば迄続く同要求の一過程にすぎなかったが）[2]。

またラゴスでは、その後背地へのフランスの脅威、具体的には1888年のヴィヤール（Viard）隊のアベオクタ（Abeokuta）との通商・友好条約の締結が、リヴァプール商業会議所に伝えられ、さらにマンチェスター、グラスゴウ、ロンドンの諸会議所を動かすという、商業界全体の反対運動となっていった。彼等は植民省、外務省に圧力をかけ、フランスとの交渉を開始させたがそれは、ガンビア・シェラレオネ後背地でのフランスへの譲歩を秘密裏に含みつつも1889年英仏協定となり、ゴールドコースト、ラゴス地域に関しては商人層を満足させるものとなった[3]。

しかしコンゴ問題の時期と違って、80年代後半でのこれらの圧力行動はほとんどの商業会議所を網羅し、表面的には激しいものであったとしても、実際には政策担当者の「伝統的な不介入政策」のガードを突破しえなかった。その原因は「たてまえ」での一致という一般論的な弱さ、すなわち利害の直接性という面での弱さをもっていた点と、80年代後半における部分的な景気のもち直しという状況に求められる。

80年代後半内陸浸透への抑制条件をより現地に即して、またより個別的な利害の面からとらえるならば、それは内陸部での仲買人体制の存続の「必要性」と、現地進出商人間の対立およびそれに連動した各地商業会議所間の、あるいは会議所内部での対立・抗争と見出すことができる。ジャジャ問題に見るよう

に、リヴァプール商業会議所および AA と RNC（およびミラー商会）との抗争と対立はその政治的帰趨を決定する要因ではあったが、経済的解決すなわち内陸部支配を先送りさせる要因ともなった。またリヴァプール商業会議所西アフリカ貿易セクション内での AA とそれ以外の中小商社グループとの対立と、それを利用した A・L・ジョーンズの海運利害の独自な存在とは事態を複雑化させた。

　以上のような80年代後半の植民地分割、内陸侵入の一時停止、調整過程、現状維持という状況は1890年前後にその変化のきざしを見せ始める。1890年に始まる景気後退、輸出減退の過程の中で、フランスのメリーヌ関税導入のニュース（1892年）は商人層に大きな懸念を引き起こすこととなるが[4]、より直接的なきっかけは1889年英仏協定の秘密協定部分が1891年に明らかにされたことにあるだろう。同年リヴァプール商業会議所は、シェラレオネ後背地サモリ帝国のサモリ（Samori）[5]からフランスへの対抗上「イギリスの保護下に」との提案が出されているのを知り、他の多くの商業会議所とともに外務省、植民省に、その受け入れを要求した[6]。それへの回答は否であり、その根拠すなわちフランスへのこの地での大きな譲歩の事実、すなわち秘密協定の存在が明らかにされたのである。イギリス商人層にとってこうした譲歩は他の地域の内陸部ではくり返されてはならないものとして銘記された[7]。こうして90年代初頭において、商人層の内陸部への利害関心にもとづくイギリスの内陸部進出（侵略）はいつ発動されてもおかしくない状態にあったのである[8]。

## 3　1892年、ラゴス内陸部の支配

### （1）「大不況」とラゴスの経済情勢

　19世紀初頭、ラゴスのヨルバ人民にとって最大の出来事は統一オヨ（Oyo）帝国の崩壊と多数の小国家の群立であった。世紀前半の奴隷貿易の増大は小国家間の抗争を激化させ、無秩序状態を悪化させた。抗争と無秩序は継続し、1877年からの内陸部最大の国家イバダン（Ibadan）と沿岸部都市国家の雄エグバ（Egba）との戦争で最終局面を迎える（地図Ⅵ—1）。この戦争は他の近隣

地図Ⅵ—1　ラゴスおよび内陸部—イジェブ、エグバ、
　　　　　イバダン—

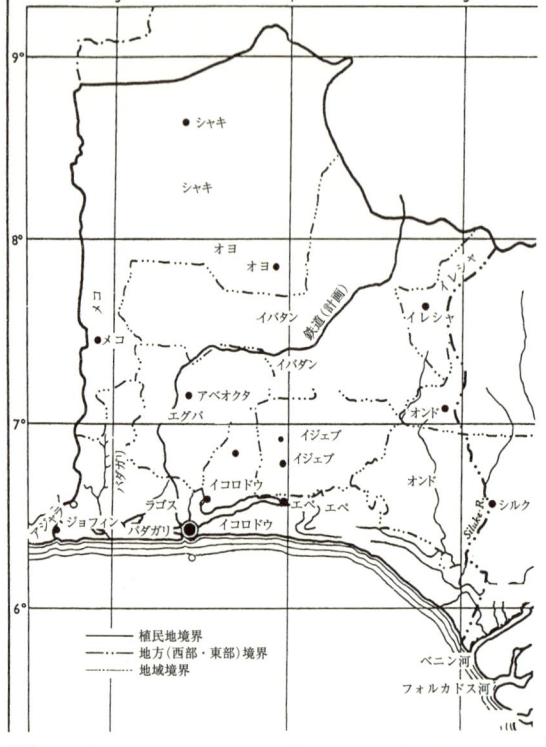

出所：The Colony of Southern Nigeria, 1909, taken from C. O. 520/87. cited in
　　　Anene（注4の1）参照。
注：イジェブ、エグバはイバダンからみれば沿岸であるがラゴスからは内陸
　　部といえる。本章3での内陸部進入・遠征という場合、その内陸部とは
　　イジェブ、エグバ両国を指す。

諸国をまき込み、80年代を通して続き、1892年のイギリスの介入・侵略によっ
て終結する。この混乱の世紀の間、経済的な意味での最大の変化は奴隷貿易か
ら合法貿易への転換にあった（これは西アフリカ全域で言えることであるが）。
合法貿易における主要産物パームオイルの取引に関して沿岸地域国家群は「大
生産者・集荷業者・仲買人、producer・middleman」として存在した。彼等と
ラゴスに進出してきたヨーロッパ商人（merchant）との間にはラゴス在住ヨ

表Ⅵ—1　ラゴスの貿易量

| 年 | 輸　入 | 輸　出 | 計 |
|---|---|---|---|
| 1877 | 614,359 | 734,707 | 1,349,066 |
| 1878 | 483,623 | 577,336 | 1,060,960 |
| 1879 | 527,871 | 654,379 | 1,182,251 |
| 1880 | 407,369 | 576,510 | 983,879 |
| 1881 | 333,659 | 460,607 | 793,666 |
| 1882 | 428,883 | 581,064 | 1,009,947 |
| 1883 | 515,393 | 594,136 | 1,109,530 |
| 1884 | 538,220 | 672,413 | 1,210,634 |
| 1885 | 542,560 | 614,181 | 1,156,745 |
| 1886 | 357,831 | 538,980 | 896,811 |
| 1887 | 415,343 | 491,468 | 906,812 |
| 1888 | 442,062 | 508,237 | 950,300 |
| 1889 | 464,259 | 457,649 | 921,908 |
| 1890 | 500,828 | 595,193 | 1,096,021 |
| 1891 | 607,718 | 716,642 | 1,324,361 |
| 1892 | 522,040 | 577,083 | 1,099,123 |

出所：Lagos Annual Report for 1892, BPP〔C. 6857〕, p. 22.

表Ⅵ—2　パームオイル・カーネルの輸出量・価格

| 年 | パームオイル | | パームカーネル | |
|---|---|---|---|---|
| | トンあたり価格 (L. S. d.) | 量（トン） | トンあたり価格 (L. S. d.) | 量（トン） |
| 1882 | 32　19　5 | 8,791 | 12　5　11 | 28,591 |
| 83 | 39　6　9 | 6,571 | 14　19　11 | 25,820 |
| 84 | 34　14　1 | 7,942 | 14　5　6 | 29,802 |
| 85 | 27　17　3 | 8,859 | 12　7　9 | 30,805 |
| 86 | 21　13　5 | 10,322 | 10　6　3 | 34,812 |
| 87 | 21　11　9 | 8,354 | 10　1　10 | 35,784 |
| 88 | 19　19　7 | 8,225 | 10　1　11 | 43,525 |
| 89 | 22　13　9 | 7,830 | 10　8　6 | 32,715 |
| 90 | 24　15　0 | 10,669 | 12　7　5 | 38,829 |
| 91 | 23　17　5 | 14,016 | 9　14　8 | 42,342 |
| 92 | 21　12　1½ | 8,194 | 10　11　10½ | 32,180 |

出所：表1と同じ、pp. 25, 29.

ルバ人商人（trader）が介在した[9]。この merchant・trader・producer の経済関係を絶えず不安定化させてきたのが国家間の戦争の継続であり、80年代に彼らの間の経済的対立を決定的に深めたのが大不況によるパームオイル価格の長期低落と交易の停滞とであった（表Ⅵ—1、2）。

Ⅵ　1890年代、西アフリカ植民地政策の本格的展開

80年代末からラゴスでのオイル取引は採算われ、マージンなしの状態、すなわちイギリス（リヴァプール）価格とラゴス現地価格との差が手数料、運賃をカバーしえない、また現地価格が生産費をカバーしえない状態になっていた[10]。それはヨーロッパ商人（主としてイギリスのリヴァプール商人）間の競争、彼らとラゴス現地商人、生産者との抗争を激化させた。生産者・仲買たるアフリカ国家群は既成の利害を確保せんとして、あるいは生産者価格をつり上げるために、あるいは輸入品への通行料（toll）を課すために任意な通商路閉鎖の方法にたよるようになった。またそれらは合法貿易からの収入減に対処するため、再び奴隷貿易、他国への侵略、従属民の貢納を強化し内陸部での無政府状態を拡大していった。80年代末から90年代にかけてラゴス内陸地帯の政治的、経済的緊張は極度に高まっていたのである。

　1888年にラゴスのイギリス商人とアフリカ人商人の一部は商業的圧力団体としてのラゴス商業会議所を設立した[11]。彼等の目標は沿岸諸都市の中では最も強力なエグバとイジェブ（Egba & Ijebu）を彼らの経済的支配下に置くことであった。彼等は両国を排外的仲買業者と断じ、両国が内陸への自由な通商の拡大を、あるいは通行税・関税（tolls & customs）によって、あるいは力によって抑制、阻止していると批難し[12]、イギリス政府に実力の行使（遠征、expedition）でその解決をめざすべきだと要求した。彼等はリヴァプールをはじめとするイギリス本国の各商業会議所と連絡を取り、政府の介入を実現させていったのである。

### (2) 内陸部支配の直接的契機

　80年代末から91年にかけて、イギリスの内陸介入へのいくつかの直接的契機が政治外交面から生まれていた。

　(1) その主要で最初のものはラゴス西方ポルト・ノボ（Porto Novo）からのフランスの活動強化、具体的には非公式なものながら1888年ヴィヤール（Viard）隊のエグバの首都アベオクタ（Abeokuta）への到来と「通商・友好条約」の締結であった[13]。保護主義国フランスへの懸念がイギリス商業界の意識の中核を占めつづけていたことは言うまでもない。今回も商業界の反応はすば

やかった。

　ラゴスの商人たちは1888年5月、植民省に、ラゴス政庁による内陸部での協定締結を促進することで、対抗処置をとるよう要請する。これに応え植民省は、「英仏西アフリカ非公式（紳士）協定」を犯すとの理由で、ヴィヤール条約の廃棄をフランスに要求するよう外務省に働きかける。他方で植民省はラゴス総督に、内陸部で新たな領域の獲得につながる保護条約を控えるよう指示する。もちろんラゴス商人はこれらの処置には満足しない。彼らは本国の各商業会議所に援助をもとめる。7月にこれに応じたリヴァプール商業会議所は植民省に「商業保護の行動を」と要請するが、「フランスと連絡中」との返事は彼らの不信をさらに高めていく。リヴァプール商業会議所アフリカ貿易セクションは特別集会を開き、商業会議所全体としても植民大臣へ代表団を送ることを決定し、全国の商業会議所に支援を求める手紙を送る。7月末リヴァプールとマンチェスター商業会議所の代表団は植民大臣ナッツフォード（Lord Knutsford）と会見し、フランスの保護主義への懸念、自由貿易市場の確保、西アフリカ市場の重要性について力説する。

　この商人層の圧力はすぐに実を結んだ。植民省の強い要請の下、7月末外務省はフランスから同国がヴィヤール条約を「純粋に商業的なものとみなし政治的条文については批准しない」との回答を引き出す。さらに植民省は外務省に、フランスと西アフリカ全域での双方の主張を調整する交渉をと要求する。またロンドン商業会議所も同様に包括協定の必要性を強くアピールする。

　1889年8月の英仏協定は、シェラレオネ後背地でのフランスの獲得物の大きさを隠蔽しつつ、全体としては商人層に受け入れられるものとなった[14]。ゴールドコーストとラゴス後背地については勢力圏が確定され、そこからの今後の内陸部侵入可能性が商人層に一定の満足感を与えたからである。この結果、1892年迄彼等の対フランス意識、対内陸諸国意識は一時的ではあるがトーンダウンされることとなったのである[15]。

　(2) 対フランス意識よりは弱いがラゴスの商業利害の高揚に重要なきっかけを与えたものは、東からのものである。すなわちラゴスには、ニジェール中下流域支配を強化し、さらに東にも拡大しようとするRNC（Royal Niger Co.）か

らの圧力が加えられてきたのである[16]。1891年外務省はRNCにニジェールデルタ西部フォルカドス（Forcados）河地域への支配拡張を認めた。これは同社とニジェールデルタ・オイルリバー地帯の大部分を支配するニジェール沿岸保護領（Niger Coast Protectorate）との境界設定において前者を利するものとなった。リヴァプール商人たちはこれに反発したが、多面、これはフォルカドス地域以外でのRNCの活動を制限することともなっており、彼らからは抗議以上の反対は起こらなかった。しかしラゴスの商人達にとって事情は違っていた。彼等自身の内陸部侵入は必然的に東方（Ilorinを経由して）からのRNCの侵入と接触することになるからである。リヴァプール商業会議所はラゴス内陸部へのRNCの危険を重視した。1892年5月彼等は植民省から「RNCの南東方向への不侵入の意向」の説明を受け、それを歓迎したが、フランスのそれとともにラゴス内陸部への対立勢力の侵入の可能性とそれへの不安は残されたままであった。

（3） 内陸部遠征への過程

　上述した経済的・政治的諸事情の中で1892年のイギリスの内陸部遠征、植民地支配の強化が実行されることとなる。ここではそのプロセスと結果を追ってみることにしよう。

　ラゴス商人たちはすでに1889年、エグバ、イジェブ両国間の抗争あるいは両国と北方のイバダンとの抗争による通商路封鎖が植民地貿易減少の原因だとして、総督代理デントン（G. Denton）に代表団を送り、善処を求める[17]。1890年デントンから内陸調査に派遣されたミルソン（A. Millson）はその報告書で典型的な「将来の市場論」を語る。……ランカシャーは年間3120万ヤードに昇る綿製品の市場を手に入れることになるだろう。ヨルバ人の織り手は拡大する農業分野に吸収されていく。この年間50万ポンドに昇る市場への主たる障害はイジェブ等現地諸国家の自由貿易への干渉にある。……[18]年半ばから年末にかけてラゴス商人から内陸部侵入の必要性が強調されていく。総督モロニー（A. Moloney）と代理デントンはこの時期、まだ軍事力の使用に消極的であり、それがむしろ交易を妨げるとする慎重な姿勢をくずさない。事実、説得工作でイ

ジェブの封鎖を部分的に緩和させることに成功もしている。しかし彼等は商人層の圧力によって次第に強硬姿勢をとるようになる。彼等はイジェブの首長に「商人層の圧力があり」このままではイジェブは「独立を失う」と警告する[19]。

1891年初頭からラゴス人の商人たちは本国のリヴァプール・マンチェスター商業会議所に支援を要請するようになる。両会議所はヨルバ諸国家間抗争の平和解決の調停と、諸国の通行税廃止とを求め植民省に圧力をかける。同省はこれに応えデントンに内陸部への公的調査ツアーを認める[20]。同年5月デントンは武装部隊とともに「話し合い」を求めイジェブに向かうが、逆に彼等の警戒心を高め、「通行税にかえて補助金交付を」との提案も拒否される[21]。8月デントンはエグバ西方で対フランスのためとして、いくつかの保護条約を獲得するが、とくにエグバ西部でポルト・ノボへの重要な通商中継地であったイラロ（Ilaro）とのそれはエグバ支配層に経済的にも政治的にも決定的な危機意識をもたせることとなった。彼等は通商路閉鎖のさらなる強化でこれに応じることとなる[22]。

こうしてイギリス現地官僚と現地支配層との関係は悪化していくが、1891年末から1892年初頭にかけてモローニーにかわった新任総督カーター（G. T. Carter）の下でもう一度「妥協工作」が展開される。しかしカーターは就任時に「力の行使」への裁可を、植民省上級スタッフ内での拡大派ヘミング（A. Hemming）から影響されたナッツフォードから得ており、この妥協工作はイジェブへ最後通告を発しつつ行われたのである[23]。この「力の行使」の可能性の前に、1892年1月イジェブの王と指導者層から派遣されたラゴスへの代表団は通商路再開のみならず、通行税・関税の廃止すら受け入れる[24]。カーターの批判者ジョンソン（J. Johnson）によればこの交渉はイエスかノーかの二者択一というイギリス側から代表団に押しつけられたものであった[25]。この交渉による「協定」をイジェブ内の若いリーダーたちはまったくの屈服ととらえる。彼等はイジェブ内での実権を握り「協定」を白紙にもどす。同時期彼等とイギリス人宣教師とのあつれきが発生し、現地での緊張は高まっていく[26]。イジェブとは別にエグバは前年8月末通商路閉鎖を強化してきたが、この両国の動きはカーターには共謀とみえる。

カーターはナッツフォードに両国首都の占領を進言する。1892年2月植民省は通商妨害者の排除を求めるリヴァプール、マンチェスター、バーミンガム、グラスゴウ、各地商業会議所の要請を受ける。この運動の中心地、リヴァプールでは特別集会がもたれマンチェスター、グラスゴウからも商人たちが参加する[27]。海運利害の代表ジョーンズは保守党内閣に、マンチェスターの代表が自由党・グラッドストンに支援を求める可能性について情報をもたらす[28]。こうして政府の行動（イジェブの占領）への決定が行われたのである。5月イジェブへの遠征が実行され、激しい抵抗にも拘らず、首都はイギリスの手におちた[29]。商業戦争は遠征によって解決されたのである。イジェブの軍事的屈服を前にエグバは抵抗か妥協かを迫られる。商人層は植民省やカーターにエグバ遠征を求めている。エグバはラゴス在住エグバ出身商人等の調停もあり、イギリスへの経済的・政治的服属の道を選ぶ[30]。

### (4) 遠征、いくつかの留保と小括

ラゴス内陸部遠征をまとめるにあたって、これに関するいくつかの留保的議論や論争点をまとめておく必要があるだろう。

まずこの遠征の経済的必要性に関する留保として、遠征直前、ジョーンズ、カーター、ヘミング等によって強調された人道主義的見解、すなわち遠征はイジェブ、エグバにおける奴隷制と残虐行為を抑制するために行われたとの見解があげられる[31]。これに対して80年代末からの商業利害の動きを追っていく中で、その基本的要因としての強さを明らかにすることができたと思われる。

第二に政府部内、植民省内での見解の相違、前進派と慎重派の存在をあげることができる。たしかにデントン、カーター等の現地前進派と、中央官僚らの消極的姿勢とは対照的に見える。植民省内ではヘミングは前進派に理解は示したが、ミード（R. Meade，植民次官補）やナッツフォード、さらに首相のソールズベリは遠征には最終局面までためらいを見せていた[32]。しかし結局彼らはこのためらいを棄て前進派の意見を受け入れた。この変化は前進派と慎重派との相違が信条の上でのものではなくなり、方法と時期とに関わるものにすぎなくなっていることによるものである。しかし変化の原因はリヴァプールを中心

とした本国商業利害の圧力である。そしてこのラゴス遠征のケースおいて本国商業利害は、「自由貿易の建前」の上に、まれにみる統一と幅の広さをもっていたのである。第三に遠征に批判、疑問を投げかけた部分が存在したことにふれておかなければならない。原住民保護協会（Aborigines Protection Society）は遠征を控えるよう植民省に要求した。ラゴス在住アフリカ人商人の多数は交渉による解決を強く望んでいた。イギリス人商人層の中にもホルト（J. Holt）のように戦争が商業の拡大を妨げることを指摘し、遠征の準備だけでイジェブ・エグバは妥協するとの期待をもっていた人々もいた。しかし彼等の努力と期待は、遠征に向かう力を止めることはできなかった[33]。

最後にこの遠征の結果、無限に拡大することを期待されていた内陸部商業はいかなる道をたどったかが問われなければならない。しかしこれについては本章5でふれることとしたい。

## 4　1894年、商業王ナナの排除

### (1)　ニジェール沿岸保護領とナナ

ラゴス内陸部遠征についで、1894年に実行されたイギリスの遠征はニジェールデルタ西部、ベニン・ワリ（Benin, Warri、地図Ⅵ—2）河一帯の商業王ナナをめざすものであった。その侵略はニジェール沿岸保護領（Niger Coast Protectorate）の初代総領事、マクドナルド（C. M. MacDonald）の時代に行なわれた。彼の総領事への任命は妥当なものであったといえる。なぜなら彼は1889年この地の調査に派遣され、その将来のイギリスの支配形態をいかにすべきかについて現地の人々の意見をまとめ、その結果RNCの支配に対して保護領支配が適切とのリポートを出した当事者であったからである[34]。マクドナルドが1895年に政府に提出した「1894-95年行政報告書」は1890年代前半におけるこの保護領の経済状態を概観するに便利なものである。以下それを要約してみよう[35]。

ニジェール沿岸保護領全体の貿易額は表Ⅵ—3に見られるように輸入739,864ポンド、輸出　825,098ポンドであり、そのうちイギリスとはそれぞれ

地図Ⅵ—2　ニジェールデルタ西部ベニン河地帯、1891年、—NCPとRNCとの暫定境界線—

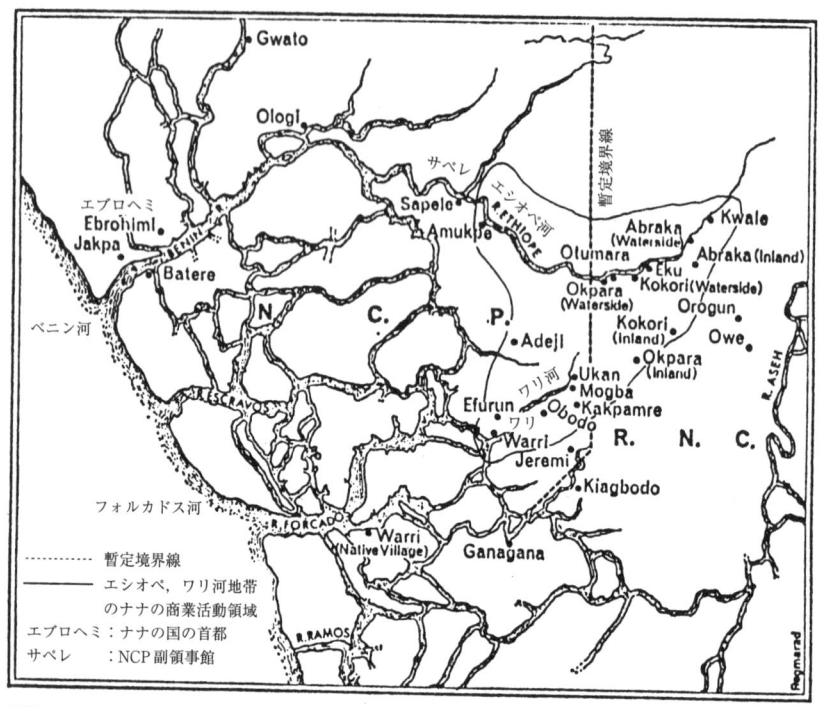

出所：O. Ikime, *Merchant Prince of the Niger Delta*, pp. 30, 80.

58万、46万ポンドと全体の78％、56％を占めている。輸入74万ポンドのうち16万ポンドが綿製品、14万ポンドが酒類となっており、輸出83万ポンドのうち30万ポンドがパームカーネル、50万ポンドがパームオイルとなり両者で95％を占めている。総貿易額はここ3年間、1892−93年の156万ポンドから、1893−94年の194万ポンド、1894−95年の157万ポンドへと推移している。ニジェール沿岸保護領内部での各地域（各商業都市国家）のそれぞれの貿易量は間接的に、すなわち各地域の出入港船舶トン数でつかむことができる。表Ⅵ—4に見るようにナナの支配地域ベニンおよびワリ地域は合計16万トンで全体53万トンの30％強を占めている。これは輸出入総額でおよそ45−50万ポンドを意味している。そしてこの交易の多くの部分を「独占的仲買業者」としてのナナが支配し

表Ⅵ—3　ニジェール沿岸保護領の貿易量、1894—95年

| 国 | 輸　入 | 輸　出 | 計 |
|---|---|---|---|
| イギリス | 581,230 | 463,171 | 1,044,402 |
| フランス | 8 | 125,266 | 125,275 |
| ド イ ツ | 71,433 | 194,764 | 266,198 |
| オランダ | 71,858 | 22,839 | 94,697 |
| スウェーデン | 761 | | 761 |
| 地 域 内 | 9 | 72 | 81 |
| 他　　国 | 14,562 | 18,983 | 33,545 |
| 計 | 739,864 | 825,098 | 1,564,962 |

出所：Report on the Administration of the Niger Coast Protectorate, August 1891 to August 1894, BPP〔c. 7596〕p. 9.

表Ⅵ—4　ニジェール沿岸保護領各地域への船舶数・トン、1894—95

| 地　　域 | 出　港 | | 入　港 | |
|---|---|---|---|---|
| | 船舶数 | トン | 船舶数 | トン |
| オールドカラバール | 68 | 86,475 | 67 | 86,055 |
| オポボ | 65 | 84,500 | 66 | 85,505 |
| ボニー（ニューカラバール） | 103 | 131,842 | 102 | 130,913 |
| ブラス | 48 | 68,731 | 46 | 67,419 |
| ベニン | 59 | 79,390 | 60 | 80,902 |
| ワリ | 62 | 81,755 | 63 | 82,900 |

出所：表Ⅵ—3と同じ　p. 12

ていたことも事実であろう。

　ナナのこの地域での富と力についてはマクドナルドが遠征直前の1884年8月に、「1891－92年行政報告書」の中で次のように記している。「この河（Benin—筆者）の現在の商業はほぼ完全にナナという名の強力なジェクリ（Jekri）の首長の手中にある。彼は永年この地域をテロリズムをもって支配してきた。彼は3,000人から4,000人の兵士と多数のカヌーを所有しており、カヌーのいくつかは40人から50人のこぎ手をのせ、砲を装備している。彼はまた多数のライフル銃を保有し、行動の際には30人から40人のウィンチェスター銃で武装した兵士に守られている」[36]。マクドナルドはつづいて、ナナが私的利害のために通商路を封鎖し、また彼の支配を脱しようとするチーフ達やヨーロッパ商人とたえずあつれきを起こしていると断じ、平和的な商業への破壊を続けるならば、彼は厳しく罰せられなければならないと記している。実際にこのレポートの直

後にナナへの遠征が実行されるのである。以下そこに至る過程を80年代にさかのぼってみることにしよう。

(2) 1880年代後半、微妙なバランス状態

1884年7月、イツェキリ（Itsekiri-Jekri のこと）商人たちの集会でナナはベニン河総督（Governor）に選出された[37]。これにはイギリス領事ヒューイットも立会っていたが、この時からナナとイギリスとの公的な関係が開始されたといってよい。彼の「総督」としての最初の仕事はイツェキリの土地をイギリスの保護下にもたらしたかの1884年保護条約からであった。オポポのジャジャのそれと同様にナナの署名した保護条約はその根幹部分、第6条を削除していた[38]。第6条はその地での完全な通商の自由を定めたもので実際的には内陸部へのイギリス商人の侵入を可能とするものであったからである。

この保護条約は双方の妥協によるものであった。ヒューイットの側にはカメルーン領有後のドイツの西方への動きが懸念され、ニジェールデルタ全域での保護条約を大量獲得する必要性があった。すなわち削除を受け入れざるをえない事情があった。ナナの側には削除への成功はあったものの、ジャジャのように手紙で明確に内陸領有権を認めさせるという自己主張をせず、また第5条の「良き政府」、「文明の全般的促進」等々の抽象的文言の内容を問うことをしていなかった。この妥協の上に成り立った保護条約は根本的にあいまいなものであったのであり、そのあいまいさがナナの条約違反を名目にした追放を可能にしたものであった。

条約締結後から88年にかけて、ナナとイギリス領事ヒューイット、領事代理ジョンストンとの関係は概して良好であったと言える。この間、他の地域と同様にベニン河地帯でも不況の影響は深刻であった。とくに1886年の不況は現地オイル価格を急激に低下させた。現地価格を維持しようとしたナナは白人商人との交易を停止したが、これは現地パームオイルの価格低下に見合った輸入工業品価格の低下が起こらず、彼らの側の交易条件が悪化したからである。交易停止は1886年6月から1887年初頭まで続いた。ナナは1887年1月ヒューイットに、交易停止の理由を白人商人のオイル価格策にもとめる手紙を出している

が、ヒューイットは明確な根拠を示さず、白人商人の価格を十分なものであると回答している[39]。しかし両者の関係はこの時点では対立には至らなかった。

またこの段階でかのジョンストンがナナに「理解」を示していた点は興味深い。1887年末、ジャジャ追放の直後、ジョンストンはナナを訪問し、彼が白人商人たちの表現するごとく「凶悪な人物」とは異なることを発見し、またナナの白人商人に対する苦情の多くが正しいと判定する[40]。またヒューイットはRNCへの反対ではナナと一致していた。フォルカドス河地域へのRNCの進出はその地で活動している白人商人たちの利害とも、アフリカ人仲買の利害とも衝突するものであったからである。ヒューイットはRNCがこの地のチーフたちと個別的な条約を締結していることに対して、ナナのこの地への支配力を認めることで異論を立てている[41]。

この地域でのナナとイギリス人との微妙なバランスが崩れ出す徴候は1889年のマクドナルドリポートに現れている。彼は特別弁務官として書いたそのリポートで、フォルカドス河のイジョ人へのナナの支配権に疑問を投げかけている。また1891年に彼自身が総領事に任命された時点で、ナナが第2のジャジャになる危険性を強調している[42]。着任後マクドナルドは、ナナへの対策として彼の支配地内への副領事館の建設と、チーフたちとの個別保護条約の締結を考慮し、前者はすぐに実行され、サペレ（Sapele）での副領事としてギャルウェイ（Gallwey）が任命された。またマクドナルドは現地の白人商人たちとの会見で彼らが内陸部に進出する場合には十分な保護が与えられると述べている[43]。

しかしその後商人たちの内陸部進入は実行されなかった（次節で詳述）。商人層の内陸部進入への意図が直接的にナナの排除に結びつくものでなかったのである。商人層の意図そのものも、現地においてすら統一されていなかった。リヴァプール商業会議所西アフリカセクションの有力商人ピノック（Pinnock）[44]の現地代理人コクソンのごとき交易の減少をすべてナナに帰するような過激な意見は必ずしも現地商人の大勢を代表するものではなかった。マクドナルドはコクソンの言を「非常に偏った・highly coloured」と受け止めていたし、ナナも商人の多くが自分を支持していると自信を示していた[45]。また現地のイギリス商人にとってRNCの方がアフリカ人仲買人よりはるかに重要な敵

対者であったことはフォルカドス河をめぐる RNC とニジェール保護領との境界確定時の抗争をみても明らかである。

### （3） ナナの排除

　ナナとイギリス総領事側との緊張は1894年に一気に高まっていく。1894年4月マクドナルドはナナの「総督」職を公的に否認する[46]。8月のリポートで彼はナナへの強硬な措置の必要性を述べている。しかし彼はイギリスに休暇帰国中であり、現地での実際の意思決定は領事代理ムーアによって行われた。彼はマクドナルドより前進派であった。さらにベニン河副領事ギャルウェイも休暇中であり、これまたより強硬派のロック（A. F. Locke）が代理をつとめていた[47]。5月ムーアにはロックから、ナナによる自由通商の阻害、すなわち自由通商を望む内陸地ウロボ（Urhobo）のチーフたち（主としてナナに敵対する部族）への抑圧が行われているとの情報がもたらされた[48]。ムーアはベニン河の副領事館に赴き、ナナとの「交渉」を開始しようとする。

　ところでナナ排除の名目としての「通商破壊者」の烙印が押されているなかで、現地での通商が低下どころか上昇を見せていたことに注意が向けられるべきである。1893年8月からジャジャ排除の直前、1894年7月までベニン河地帯の輸出は100,411ポンドに、すなわち前年比22,000ポンド上昇し、輸入も28,800ポンド上昇していた[49]。貿易額の低下はむしろナナの排除によってもたらされたのである。

　さてムーアの交渉とはナナへの逆封鎖という脅迫をともなったものであった。6月から7月にかけてナナは三度、ムーアの主催するこの地の商人の集会に出席するよう求められる。ナナは内心ではジャジャの前例を警戒しつつ、表面的には重病にある兄弟のためにと出席を拒否する[50]。ムーアはこの集会で各地域のチーフたちに独自の保護条約にサインするように強制し、ナナの1884年保護条約を実質的にも形式的にも廃棄していく。同時に彼は軍事作戦への準備を進め、海陸の兵力を増強していく[51]。

　8月初旬作戦は発動される。ナナの軍は防塁をつくり激しく抵抗し、一度はイギリス軍を撃退する。しかし西海岸のイギリス海軍のほぼすべて、保護領守

備軍のすべてを投入した作戦の前に9月25日、ナナの首都エブロエミー（Ebrohemie）は陥落した。ナナはラゴスに落ちのび、そこで総督カーターに降服する。こうして1890年代の西アフリカにおける最大の商業王、最後の「自立した」王はその権力と富とを奪われたのである。

ナナの排除以降、期待された通商の発展、内陸の開発はジャジャやラゴスの側と同様に簡単には実現されなかった。リヴァプール商人の中から彼の帰国・復活を望む声が起きたのはこのことを象徴している。

## 5　1890年代における政策の連続性と断続性

### (1)　ラゴス、ナナ、1890年代における政策転換

ラゴス内陸部侵略、ナナの排除の二つの例をジャジャの例と、その主体、実体、諸条件の面で比較してみるならば表Ⅵ—5のごとくとなる。

ジャジャとナナの例にはいくつかの類似点を見出すことは容易である。双方とも内陸部支配権・保護条約6条に関わるものであった。双方ともその排除が、領事、総領事の下ではなくより強硬な代理の下で実行された。ナナの場合には彼本人も、イギリス側のマクドナルドもムーアも、ジャジャの例を先例として強く意識せざるをえなかった。双方とも商業的利害をその主要な要因としてもちつつ、商業利害そのものに統一性を欠いていた。双方ともリヴァプール商業利害が主役ではあったが、ナナの場合にはリヴァプール内部での一致すら見出すのに困難であった。

ところが政策決定上の問題では大きな相違点を見出すことができる。ジャジャのケースでは外務省中枢の意識の中にかなりのためらいが見られたのに反し、ナナのケースではそれがほとんど見出せない。後者とラゴスのケースとを、さらに1895年のブラス河侵略、1897年のベニン王国の解体とを合わせてみると、明らかに90年代でのイギリス植民地政策の徹底性を見出すことができる。ジャジャの時には政策転換の確実な一歩が踏み出されたとはいえ、それはまだ偶然的かつ過渡的なものであった。80年代末から90年初頭にかけて「弾込された休止」の過程で、商業利害は確実に「たてまえ」での統一性を保持し成長させて

表VI—5　侵略・遠征比較表―ジャジャ、ラゴス、ナナ―

| 対象 | ジャジャ | イジェブ・エグバ | ナナ |
|---|---|---|---|
| 年 | 1887 | 1892 | 1894 |
| 地域 | オイルリバー、オポボ | ラゴス内陸部 | ニジェールデルタ西部、ベニン河 |
| 商業利害 | リヴァプールAA（対RCN） | リヴァプール マンチェスター その他 | リヴァプール |
| 支配の形態 | 保護領 | 植民地 | 保護領 |
| 現地官僚 | 領事　ヒューイット 代理　ジョンストン | 総督　モロニー カーター 代理　デントン | 総領事　マクドナルド 代理　ムーア 副領事　ギャルウェイ |
| 担当大臣 | 外務　ソールズベリ | 植民　ナッツフォード | 外務　キンバリー |
| 首相 | 保守　ソールズベリ | 保守　ソールズベリ | 自由　ローズベリ |
| 景気 | 不況 | 不況 | 不況 |

きた。その統一性を前提にしつつラゴスの内陸部侵略は実行され、またその流れの中でナナの排除が実行されたのである。政策上での転換は明白であったということができるであろう。

### （2）　商業的企図と政策実践のギャップ

　ジャジャとラゴス、ナナのケースとは政策決定上の面では大きな相違をもちつつ、侵略・遠征前後の経済状態の推移に関していえば顕著な一致点を見出すことができる。それらの遠征・侵略は本国・現地双方での不況状態の下で展開された。たしかに長期停滞による経済利害の対立の悪化によって事態は動機づけられた。しかしどのケースでも、侵略直前にその地域での貿易額が急激に低下していたわけではない。そして三つのケースではともに侵略・遠征の直後の交易量のかなりの落ち込みとその後の部分的回復および引きつづく停滞とが特徴的である[52]。通商の自由、将来の市場の急速な拡張を目的としたこれらの侵略・遠征がその目的とする所とはまったく逆の、交易の落ち込みと停滞をもたらしたのである。

　ジャジャ追放後のオポボの交易はジョンストンが期待したようには進まな

表Ⅵ—6　ラゴスの貿易量

|  | 1892年6月30日への4分の1期 | 1893年6月30日への4分の1期 | 増　加 |
|---|---|---|---|
| 輸　入 | 47,233 | 71,859 | 24,626 |
| 輸　出 | 62,044 | 85,929 | 23,844 |
| 関　税 | 7,035 | 15,196 | 8,161 |
| 輸　入 | | | |
| パームオイル（ガロン） | 849,995 | 1,414,005 | 564,010 |
| パームカーネル（トン） | 2,397 | 2,095 | −302 |

出所：Report on Opobo district, 注4）参照, p. 16.

かった。ジャジャの配下の仲買（チーフ）たちは巧妙に生産者の支配をつづけ、ミラー商会との独占的売買関係を維持し、リヴァプール商人の内陸部への浸透を効果のないものとしていた。商人たちも一部を除いてその多くが内陸への進出を真剣に考え、実行しようとはしなかった。彼らには仲買の巧みなシステムに換わりうる商業組織を作り出す自信がなかったのである。全体の交易は落ち込んだ場合、不利益を受けたのは仲買ではなく白人商人だったのである[53]。

1893年ジャジャの追放後6年にしてリヴァプール商人たちは敗北を認めた。彼らは、彼らの内陸部交易所から撤退し、それらを仲買たちに7000ポンドで売却し、そのかわり仲買たちからオイルを公平に提供される、という協定に同意したのである[54]。その後の急激なオポポでの交易の回復は当時のオポポ在副領事アームストロング（W. C. Armstrong）のマクドナルドへの報告書でも明らかにされている。それは表Ⅵ—6のごとくである。アームストロングはこの回復の原因を次のように述べている。「この改善は疑いもなく白人商人がこれらの市場から去ったことによる。これらの市場で利潤を挙げて活動しうるのは長年の経験と安価な奴隷労働をもっている仲買人のみであって、この点で、ランチ、交易所、白人の雇い人を準備しなければならない白人商人たちに勝ち目はない。交易の増大の他の原因は例外的なオイルの豊作にある」[55]。

以上の報告書が書かれた1893年、ベニン河副領事ギャルウェイとナナとの緊張が高まっていたのは解せない所である。ベニン川地帯の白人商人たちが一致して内陸進出を試みていたわけではないことはホルトも述べている[56]。ナナも何人かの商人たちは彼の交易条件を受け入れていると自信をもっている[57]。ナ

ナ追放後の交易の停滞を改善するために彼の帰国、復活を求める要求がリヴァプール商人から起こってきたのは皮肉である[58]。

90年代初頭におけるニジェールデルタ地帯の白人商人たちの一般的傾向はと問うならば、それは内陸部進出への期待とためらいとの同時存在である。時には後者が前者をしのいですらいる。マクドナルド自身1889年の調査の時点で白人商人が内陸に入る努力をまったくしていないことに驚いている[59]。この時期は現地商人層のためらいと、自由貿易のたてまえに基づく現地官僚の内陸部進出への努力とが対象的に見えた時期と言えるかもしれない。

たてまえではラゴスの例のごとく商人層は中央も現地も容易に一致した。しかし実際に内陸部進出をするかいなかは現地商人層にとって重い問題だったのであり、この点ではむしろ、たてまえに基づく官僚の政策実践が先行していったのである。政策が経済的要求と一致するには、すなわち政治に経済が追いつくには世紀転換をまたねばならなかったのである。1905年に至っても領事たちは商人が内陸に進出したがらないことに不満を述べている。ホルト商会が内陸部のウロボ（Urhobo）地域に進出したのは1907年であり、RNCの後身ニジェール会社がこの地域に進出したのも1908年であった[60]。

たしかに一般的な個別的な商業的利害にもとづいて、政治的進出が行なわれた。90年代はその徹底的な実践をなしつつ、その目的とするものを生み出すのに10年以上を必要とした。この点で90年代は植民地政策上の決定的転換期であると同時に、経済的開発ではまだ準備段階にすぎなかったのである。すなわち90年代でも「将来の市場論」の次元で事は語られていたのである。それは95年のチェンバレンの登場（植民大臣就任）でも大きく変化することはなかった。それゆえホプキンズによる20世紀に入ってからの第二分割（内陸部開発）という論理はより注目されてしかるべきである。

1) W. G. Hynes, *The Economics of Empire, Britain, Africa and the New Imperialism 1870-95* (Longman, 1979, 以下本章では Hynes と略記), pp.74-75, 96-97. J. D. Hargreaves, "British and French Imperialism in West Africa, 1885-1898", in P. Gifford and R. Louis eds., *France and Britain in Africa* (1971, 以下本章では Hargreaves-1

と略記), pp. 274-275.
2) アシャンテへの商人層の要求は具体的にはその首都のクマシに駐在館を設置することであった。これについては以下の British Parliamentary Papers (以下本章ではBPPと略記): Further Gold Coast Correspondence, 1884 [C. 4052], 1884-85 [C. 4477], 1886 [C. 4906], 1888 [C. 5357], 1888 [C. 5615] に、マンチェスター、ロンドンの商業会議所を中心とした要請文などがまとめられている。
3) Hynes, pp. 97-101.
4) Hynes, p. 117.
5) サモリとサモリ帝国については岡倉登志「二つの黒人帝国」東大出版、1987年を参照。
6) J. D. Hargreaves, *West Africa Partitioned, Vol. 11, The Elephants and the Grass* (MaCMillan, 1985, 以下本書では Hargreaves-2 と略記), pp. 79-80.
7) Hargreaves-2, pp. 79-81; Hynes, pp. 117-119.
8) Hargreaves-1, pp. 278-280.
9) AG. Hopkins, "Economic Imperialism in West Africa: Lagos, 1880-92", *Eco. Hist. Rev.*, 1968 (以下本章では Hopkins と略記), pp. 586, 591, 595. ヨルバ人のラゴスへの帰国商人層については Hargreaves-2, pp. 108-109.
10) Hopkins, p. 592.
11) Hopkins, p. 597.
12) 1890年前後ラゴスの貿易は輸出・輸入とも変化していない。征服後にいったん下がり、また元に戻り、そこで停滞する。W. I. Ofonagoro, *The Opening up of Southern Nigeria to British Trade and Its Consequences Economic and Social History*, 1881 -1916, Ph. D. thesis in Columbia Univ., 1972, published by Ann Arbor in Michigan (以下本章では Ofonagoro と略記), p. 256.
13) Hopkins pp. 599-600; Hynes, pp. 98-101, Viard 協定の帰趨については Hynes による。
14) Hynes, pp. 100-101.
15) Hopkins, p. 600, この協定もフランスの北方からの脅威を完全に食い止めるものにはなっていない。
16) Ofonagoro, pp. 256-258.
17) Hargreaves-2, p.111.
18) Hopkins, p. 600.
19) Hargreaves-2, pp. 112-113.

20) Hargreaves-2, p. 113 ; Hynes, p. 123 ; Hopkins, p. 600.
21) Hargreaves-2, pp. 113-114 ; Hopkins, pp. 600-601.
22) Hargreaves-2, pp. 114-115 ; Hopkins, p. 600 ; Ofonagoro, p. 260.
23) Hargreaves-2, p. 115.
24) Hargreaves-2, p. 116 ; Ofonagoro, pp. 261-263.
25) Ofonagoro, pp. 262-263.
26) Hargreaves-2, p. 116-117 ; Ofonagoro, pp. 261-262.
27) Hargreaves-2, p. 117 ; Ofonagoro, pp. 263-264 ; Hopkins, p. 601.
28) Hargreaves-2, p. 118.
29) R. Smith, "Nigeria-Ijebu", in M. Crowder ed., *West African Resistance* (London, 1971) イジェブへの攻撃作戦はこの書に詳しい。
30) Ofonagoro, pp. 267-271 ; Hopkins, p. 603.
31) Hargreaves-2, pp. 117-118.
32) Hargreaves-2, p. 114 ; Hopkins, p. 602.
33) Ofonagoro, pp. 264-266.
34) マクドナルドのニジェールデルタ調査については以下の2書が詳しい。J. E. Flint, *Sir Geoge Goldie and the Making of Nigeria*, そのⅦ章 "Major MacDonald Investigates" ; J. C. Anene, *Southern Nigeria in Transition 1885-1906* (Cambridge, 1966, 以下本章ではAneneと略記) そのⅣ章 "Southern Nigeria at the Cross-Roads".
35) *Report on the Administration of the Niger Coast Protectorate, 1894-95*, BPP (C. 7916), pp. 7-12.
36) *Report on the Administration of the Niger Coast Protectorate, August 1891 to August 1894*, BPP (C. 7596), p. 12.
37) イギリスにこの地の現地人総督 (Governor) として承認されたのは彼以前には彼の父Olomu, さらに Idiare, Tsanomiがいた。彼らはみな富と権力を持った商人王だった。Obaro Ikime, *Merchant Prince of the Niger Delta* (London, 1986, 以下本章ではIkimeと略記), p. 50.
38) ナナの6条・7条削除についてはIkime, pp. 51-54.
39) Ikime, pp. 57-58.
40) Ikime, pp. 58-59 ; H. Johnston, *The Story of My Life* (London, 1923), p. 212.
41) Ikime, pp. 61-62, しかし外務省は対独・対仏のためにRNCを使えると判断し、彼らの要求を認める。
42) Ikime, pp. 62-63, 68-69.

43) Ikime, p. 73
44) Flint, *op. cit.*, p. 127. James Pinnock は RNC の前身 United African Co. の1879年創立時からの理事であったが1889年には Goldie と対立し、反 RNC のリヴァプールの大運動に加わった。西アフリカ貿易セクションの理事となる。
45) Ikime, p. 81 ; Anene, pp. 154, 158.
46) Anene, p. 153.
47) Locke と友好部族（NaNa と敵対する）との関係については Ikime, p. 129.
48) Ikime, pp. 98-99.
49) Ikime, pp. 94-95.
50) Ikime, pp.99-100 ; Anene, p. 155.
51) Ikime, pp. 101-106 ; Anene, pp. 155-156.
52) *Report on the Administration of the Niger Coast Protectorate, 1894-95*, *op. cit.*, ; *Lagos Annual Report for 1892*, BPP (C. 6857), pp. 21-22. これら地域の貿易の停滞は西アフリカ、いな、アフリカ貿易全体の停滞傾向との脈絡で語られるべきだろう。
53) C. Gertzel, "Relations between African and European Traders in the Niger Delta 1880 1896", *Journal of African History, IV,* 2 (1962), pp. 363-364.
54) *Ibid.*, p. 364.
55) Report on Opobo district, sent by Vice Consul Armstrong to Sir C. MacDonald, Sept., 2, 1893, in *Affairs of the West Coast of Africa*, BPP (C. 7163), pp.
56) Ofonagoro, p. 280.
57) Anene, pp. 154, 158.
58) Ofonagoro, pp. 285-286.
59) Ikime, pp. 73-74.
60) Ikime, pp. 187-188 ; Ofonagoro, p. 286.

# 第三部　金融・資本輸出と帝国

# Ⅶ　1882年、エジプト占領

## 1　占領の原因：同時代の論争

### （1）　エジプトと南アフリカ

　1882年のエジプト占領はアフリカ分割の開始の鐘を鳴らし。1899年の南アフリカ戦争はその終結の鐘を鳴らした。両者はアフリカ分割を象徴する事件であった。1882年9月カイロ西方のテルエルケビール（タッル・アル・カビール）でイギリス軍はエジプト軍を打ち破った。この勝利により、イギリスは以降エジプトの支配を続け、その南のスーダンの支配にも関わり、ついにはフランス、ドイツとの全面的なアフリカ争奪戦に「巻き込まれる」ことになる。エジプト占領が始動させたアフリカ分割は世紀転換期の南アフリカ戦争で「終結」する。エジプト占領と南アフリカ戦争には共通点がある。両者の原因に投資および金融利害の存在が主張され、また戦略上の重要性も語られたからである。両者ともアフリカ分割の研究史の中で最も激しい議論の対象となった。

　もちろん異なっている点もある。前者は自由党政治の非拡大路線を変化させるものであり、後者は保守党の拡大路線を完成させるものであった。前者はヴィクトリア時代の「小規模戦争」の一つにすぎなかったが、後者は20世紀の近代戦争の先駆けとなるものであった。前者の占領決定において小英国主義者として悩んだグラッドストンは後者を見ることなく死んだ。前者の政策決定にあたり政権内で活躍したリベラルでラディカルのチェンバレンは、後者では植民大臣かつ保守統一党政権の実質的なリーダーとして戦争を指導した。時代は大きく変化し、登場人物も変わり、同じ人物の中でも思想や行動様式は少しあるいは大きく変化した。次の三つの章では、アフリカ分割を象徴するエジプト征服と南アフリカ戦争が、金融と帝国というフレイムワークの中で語り得るのかを探ってみたい。

## (2) 債券所有者論

　1882年のエジプト占領はヨーロッパとの長い関係の中では必然的なものと言えるが、この時期に、こういう形でという点では偶然的なものであった。イギリスの政策担当のエリートも知識人も直前まで占領を予測していなかった。とりわけ債権所有者のために介入するという点では多くが拒否感を持っていた。ソールズベリはディズレイリ内閣の外相であった時いわゆる「二重管理」に関して「イギリスはイギリスの金融業者のための護民官として動くべきではない、ましてやフランスの債権所有者のためには」[1]と述べており、政権復帰前のグラッドストンはインドルートを守るためにエジプトの支配が必要との見解に対して「インドへは喜望峰ルートもある。航路の長さ（3週間の差）がインド帝国を維持する上で生死を分かつほどの相違を持つとは思えない」[2]と述べ明確に占領を無意味と考えていた。世論も「エジプト債権の所有者たちが、現在、世論の同情を惹いていることはない。実際のところ心あるイギリス人の感情は債権保有者の主張とまったく相反するものである。……」[3]という状況にあった。

　しかし占領は行われた。ホブスンによれば「テルエルケビールの成功は富がかつて戦場で得た最も輝かしい勝利であった」[4]。この「富」という言葉でホブスンが表現しているのはイギリス投資家階級のそれである。この勝利に賭けられていたのはこの時までにエジプトに投下されてきた莫大な投資利害だったというのである。この占領の原因についてはその当時から論議されてきた。原因が複数に及ぶことは、政策決定者のグラッドストン自ら議会で述べている。「目的はエジプトのすべての既成の権利、……それがスルタンの、ヘディーヴの、エジプトの人民の、投資家階級のそれであれ……を守る事であるのはよく知られております」[5]。しかし結果的に守られたのはヘディーヴ（副王、エジプト支配者）の、彼を操るイギリスの、そして投資家階級の利害すなわち既成諸利害であってエジプト人民のそれでは決してなかった。

　投資家階級の利害が関わっていることは政策担当者にも一般の人々にも自明なことであった。占領後、それが第一の目的であると唱える人々がかなりの数存在したのは当然である。こうした考え方が原因に関する「債権所有者・投資

家テーゼ（bondholder thesis）」の基礎を成している。しかし他方で当時からイギリスの目的を非経済的なもの、より高い道義性をもつものとして説明する人々がいた。インドへの戦略上の拠点スエズ運河を守るため、あるいは過激な民族主義からエジプトの民主的改革を守るためという見解が政策を決定した当の人々によって声高に唱えられてきた。「債権所有者論」はホブスン、ブラント、ブロードリー、ウルフなどによって、後者の見解は、ダイシー、ディルク、ミルナー、クローマーなどによって述べられた[6]。

双方の見解は次第に学術的な論争に発展し、論争はその後100年以上続けられた。本章はその論争を整理しつつ、経済利害とりわけ投資・金融利害がエジプト占領にどう関わったか、またそれはその他の非経済的な要因と対立しているのか、両者は何らかの接点を持ち得るのか、を検討しようとするものである。

まず19世紀におけるエジプトとヨーロッパとりわけイギリスとの経済・政治関係の発展と変化がまとめられる。次にエジプトにおけるイギリスとフランスの投資利害の大きさとその政策決定への影響力が測定される。そして占領を遂行した自由党政権、グラッドストン内閣の性格と政策決定過程が検討される（当時における謎の一つは、断固たる小英国主義者グラッドストンと彼の内閣がなぜにこの重大な膨脹政策をとったかである）。

## 2　エジプト経済の発展、世界市場への参加

16世紀エジプトはオスマントルコ帝国に征服され、名目的には1914年まで帝国の属領であった。しかし19世紀初頭のナポレオン戦争を機にその従属の度合いは低下しエジプトは実質的には独立国家となっていった。相次ぐエジプトの支配者・ヘディーヴは近代国家の形成を目指し軍隊と官僚制度の改革を行い、また経済発展を目指し道路、鉄道、港湾などのインフラストラクチュアの整備に乗り出した。

1805年に権力を握ったムハンマド・アリは、傭兵に頼っていた軍隊を1830年には10万のエジプト人による軍隊に代えた。この費用は、地方の伝統的な税徴収者の手から政府代理人の直接徴収に移すことで可能となった。これは地方権

力者の分権と彼等の争いによる無秩序を停止させた。さらに彼はすべての農産物に国家独占を適用し農民から生存に必要なもの以外の余剰物を徴収し輸出に回した。しかし彼は経済活動の拡大なしに収入を増やすことができないことを認識しており、長繊維の綿花などの新しい作物を導入し、ヨーロッパの機械を装置した官営の綿工場も設立した。彼はヨーロッパからの影響を低減するため国家主導の政策をとったが、1830年代からイギリスなどの圧力を受け、独占の廃止、自由取引・自由貿易を承認した[7]。

続く支配者・ヘディーヴのサイード(1854-62年)、イスマーイール(1863-79)の時期にかけてエジプトとヨーロッパとの経済関係は強まった。自由取引、信用制度の創出、鉄道の建設などにより、1840年から60年にかけて綿花の輸出は3倍になった。南北戦争中(1861-65)の南部からの綿花輸出の途絶すなわち「綿花飢饉」はエジプトの綿花栽培面積を5倍にし、産出量を4倍にした。イギリスの原綿輸入に占めるエジプト綿の割合は1865年には18％に上り、その後も1880年代まで10-13％で推移した[8]。

イギリスとの経済関係は深まり、エジプトはイギリスの輸出に関しては1848年から1860年にかけて26位から12位に、輸入に関しては10位から6位になった[9]。それ以降も1870年代前半まで両国間を中心にしたエジプトの貿易は拡大

表Ⅶ—1　イギリス原綿輸入におけるエジプト綿の割合、1860～70年

| 年 | 全輸入量<br>(ポンド・量) | エジプトからの輸入<br>(ポンド・量) | パーセンテージ |
|---|---|---|---|
| 1860 | 1,390,838,752 | 43,954,064 | 3.16 |
| 1861 | 1,256,934,736 | 40,892,000 | 3.25 |
| 1862 | 523,973,296 | 59,012,464 | 11.26 |
| 1863 | 670,084,128 | 93,552,368 | 13.96 |
| 1864 | 894,102,384 | 125,493,648 | 14.04 |
| 1865 | 978,502,000 | 176,838,144 | 18.07 |
| 1866 | 1,377,514,096 | 118,260,800 | 8.59 |
| 1867 | 1,262,835,904 | 126,283,264 | 10.00 |
| 1868 | 1,328,761,616 | 129,182,923 | 9.72 |
| 1869 | 1,221,571,232 | 160,450,280 | 13.13 |
| 1870 | 1,339,367,120 | 143,710,448 | 10.73 |

出所：B. R. Johns, *op. cit.*, (注の8) p.28

表Ⅶ—2　17年間の開発

|  | サイードの最終年　1862 | イスマーイールの最終年　1879 |
|---|---|---|
| 耕地（エーカー） | 4,052,000 | 5,425,000 |
| 輸入（ポンド） | 1,991,000 | 5,410,000 |
| 輸出（ポンド） | 4,454,000 | 13,810,000 |
| 歳入（ポンド） | 4,937,000 | 8,562,000 |
| 公債（ポンド） | 3,300,000 | 98,540,000 |
| 公立校 | 185 | 4,817 |
| 鉄道（マイル） | 275 | 1,185 |
| 電信（マイル） | 630 | 5,820 |
| 運河（マイル） | 44,000 | 52,400 |
| 人口 | 4,833,000 | 5,518,000 |

出所：M. G. Mulhall, *op. cit.*, (注の20) p.531

した。エジプトの輸入は1850〜62年期の2960万ポンドから1863〜75年期の6200万ポンドへと2倍になり、輸出は3600万から1億4600万ポンドと4倍になった[10]。イギリスのエジプトからの輸入は1872年には1645万ポンドとなり、エジプトへの輸出は730万ポンドとなっていた（総輸出の3％以上、アフリカの内部ではもちろん群を抜いて高額であった）。輸入の50％は綿花であり、輸出の60％以上は綿製品だった[11]。

1870年代半ば、アレクサンドリアに入港する船舶トン数のうちイギリス船によるものは50％（700隻、65万トン）を超えていた[12]。綿花の輸入地リヴァプールと綿製品生産地マンチェスターがエジプトの経済発展に期待を寄せていたのも当然なことであり、エジプトはアフリカにおける将来の市場のナンバーワンであった。

エジプト経済の前進を大まかに表にするならば上記2のごとくとなる。

## 3　エジプト財政の外債依存と破綻

### (1) エジプトの財政

この間ケイヴ（S. Cave）によればエジプトの財政は以下の表3のごとく赤字を計上し続けていた。

ここからエジプトの財政に関しては二つの特徴が見て取れる。

第一に、収入の9428万ポンドは、行政費、トルコへの貢納、重要な公共事業、その他の問題のある事業への支出9724万ポンドをほぼ賄う額であった。第二に巨大な債務に関しては、スエズ運河への支払いをのぞき、長期借款と短期借り入れの全プロセスは、利子と減債基金の支払いの中に埋没してしまっていることである。(そして初期の借款、1864年と68年のそれはスエズ運河会社への支払いの必要性によって行われたことが読み取れる。)13)

表Ⅶ—3　財政赤字、1864—1875

| 収入 | £ |
|---|---|
| 歳入 | 94,281,401 |
| 長期借り入れ | 31,713,987★ |
| スエズ運河株売却収入 | 3,976,583 |
| 短期借り入れ | 18,243,076 |
| 総計 | 148,215,047 |

★1864年の多くを除外

| 支出 | £ |
|---|---|
| 行政費用 | 48,868,491 |
| オスマントルコへの貢納 | 7,592,872 |
| 公共事業 | 30,240,058 |
| 特別な支出 （問題のある公共事業費、 利害関係者への支出） | 10,539,545 |
| 公債利子および減債基金 | 34,898,962 |
| スエズ運河 | 16,075,119 |
| 総計 | 148,215,047 |

出所：S. Cave, *Report, op. cit.*, (注の10) pp. 436-437

経済全体の前進はもっぱら外国からの借金によって生み出された。貿易の拡大に続いて資本の輸入が必要となったのである。1850年代にアレクサンドリアにヨーロッパ(フランス系)の銀行が支店を開いた。60年代、近代化の投資すなわちデルタ堰堤、鉄道建設、スエズ運河への支出が増大し財政支出が収入を継続的に上回るようになったとき、エジプトが頼ったのはこれらの銀行であり、彼らは国庫証券を担保に短期の融資を引き受けたのである14)。

## (2) 外債への依存

サイードはこのように当初は銀行家や商人から関税収入などを担保に短期の資金を借りその場をしのいできたが、1862年には本格的な外債の発行に踏み切らざるを得なくなった。発行はイスマーイールの時代になってさらに拡大した。1875年にはエジプトは名目で1億ポンド(実質入手したのは6800万ポンド)の債務を負った。(表4参照)　イギリスやフランスの投資家にとってエジプトは利子率の高い(1866—1875年の平均で8.8%；他国への平均5.1%、コンソル債の平均3.3%)有利な投資市場であった15)。この間、外債の年あたりの規模は、

表Ⅶ—4　エジプトの外債発行

| 年 | 額面 | 利子率 | 実質借入額 | 実質借入率 | 実質利子率 |
|---|---|---|---|---|---|
| 1862 | 3,202,800 | 7 | 2,500,000 | 80 | 8.75 |
| 1864 | 5,704,200 | 7 | 4,864,063 | 86 | 8.2 |
| 1866 | 3,000,000 | 7 | 2,640,000 | 88 | 8 |
| 1868 | 11,890,000 | 7 | 7,193,334 | 60 | 11.56 |
| 1873 | 32,000,000 | 7 | 19,973,658 | 63 | 11 |
| 計 | £55,886,200 | | £37,171,055 | 68 | |

出所：Johns, op. cit., p. 97；西谷　進「19世紀後半エジプト国家財政の行詰まりと外債(1)『社会経済史学』1971年、18頁。Cave, Report, p. 7.

1862年の320万ポンドから、1873年の3200万ポンドへと桁外れに増大し、また信用力の低下から、額面に対して実質借入額は80％から63％に低下した。それに応じて実質金利も8－11％となった（表4参照）。借り入れの用途は一時借り入れへの支払いが主であり、担保は土地税、鉄道運賃収入、関税収入などである。

　以上、エジプト政府の公的発行に加えて、1865・1867・1870年の三度、ヘディーヴの私的発行によるいわゆるダイラ債、額面1291万ポンド（実質945万ポンド）が存在するが、これも結局は国庫への負担となるものであった[16]。

　これらの外債を引き受けたのはイギリス・ドイツ系とフランスの金融業者である。1862年・1864年債はフーリンク・ゴッシェンとオッペンハイムのアングロ・ジャーマン系の個人金融グループによるものである。オッペンハイムとビショフスハイム＆ゴルトシュミットにインペリアル・オットマン銀行、クレディ・リヨネなどの株式銀行を含んだこのグループは1866・1867・1868年債を発行した。1873年債はオッペンハイムなど上記のほとんどの金融組織を含んだグループによって発行された[17]。

　エジプトの外債を主として引き受けたゴッシェン、オッペンハイム、ビショフスハイム・ゴールドシュミットなどのシティのマーチャントバンカーは老舗のマーチャントバンカーではなく企業家的冒険的な金融商会であった。（ゴッシェン家はライプチッヒから19世紀イギリスに渡り、南米を中心とするマーチャントバンクとなった。ジョージ・ゴッシェンは会社を継ぎエジプト中心の投資活動を行った。会社の発起事業の4分の3はエジプト関連であり、1864年

債では13万6千ポンドの手数料を手に入れた。彼はシティの有力者になり、ロイズの会長、イングランド銀行の理事であった。1866年に事業から引退し、シティの自由党議員として、ラッセルやグラッドストンの下で閣僚となった。レセフェールの信奉者ではあったが、外交政策においては帝国主義者であり、リベラル・インペリアリストとして後にソールズベリの保守党内閣で大蔵大臣となる。彼の事業からの引退でゴッシェン社のエジプト債に関する支配力は減少する。しかし1876年のゴッシェン・ジュベール協定は彼の力によるものである[18]。彼等の活動によって、エジプト公債のおよそ3分の2がイギリス人の所有となる[19]。

(3) 外債による事業の拡大

イスマーイールは祖父と同様に自国の近代化と自立のために経済の拡大を図ったが、それが逆にエジプトの従属の道を開いたのである。彼の最初の12年間で完成された公共事業は以下のとおりである。……スエズ運河、灌漑用運河8400マイル（125万エーカーの土地が砂漠から農地に転換され）、鉄道900マイル、電信500マイル、430の橋、アレクサンドリアの港湾とスエズのドック、等々……。さらに多くの行政、法改革が行われた。1863年に185校であった初級学校は1875年には4685校となった。5800人の教師に支払われる賃金もかなり

表VII—5　公共事業、1863〜1879年

|  | 額 | 注　記 |
|---|---|---|
| スエズ運河 | £6,770,000 | 売却分を除く |
| ナイル運河 | 12,60,000 | 8400マイル、1マイル・1500ポンド |
| 橋 | 2,150,000 | 430、一橋　5000ポンド |
| 砂糖工場 | 6,100,000 | 64、機械を含む |
| アレクサンドリア港 | 2,542,000 | グリーンフィールド・エリオット社 |
| スエズドック | 1,400,000 | デュソー社 |
| アレクサンドリア水道 | 300,000 | パリ・シンジケート |
| 鉄道 | 13,361,000 | 910マイル |
| 電信 | 853,000 | 5200マイル |
| 灯台 | 188,000 | 15、紅海と地中海 |
|  | £46,264,000 |  |

出所：M. G. Mulhall, *op. cit.*, p.529

額となった[20]。

それぞれの事業の額は表5のごとくとなっている。

これらの事業の多くはイギリス人から提案され、彼等によって契約され建設された。これらは大きな利益をコントラクターに与えた。例えばアレクサンドリアの港湾工事を請け負ったイギリスのコントラクター（G・エリオットとW・グリーンフィールド）は254万ポンド受けとったが、費用は142万ポンドであった。これと実質借入額の低さから推測できる事は、エジプトは巨額の借金をしながら実際に手に入れた産業と運輸のための資金は債券の額面の3分の1にすぎなかったことである[21]。

イギリス系のグループがコントラクトのほとんどに関わり活発な事業を行った。先のアレクサンドリア新港を請け負ったグリーンフィールド社はエンジニアのW・グリーンフィールドと電信建設でエジプトに関係を持ってきたG・エリオットによる会社であった。ファウラー商会は製糖、灌漑、鉄道、農業機械販売などインフラストラクチュア建設の多くに参加した。これらのグループを中心としたイギリス人のコントラクト業者は高利潤を実現し、さらにそれをエジプトの公債やその他の株式に投下し、エジプトの対外債務の増大の一端を担った[22]。

### （4）財政破綻

外債の残高が増大するに従いエジプトの国庫は逼迫の度を強めた。（表6参照）1876年総額8000万ポンドに達した外債に対してエジプトの国庫からの600万ポンドが利子として支払われた。この年国庫収入は1000万ポンドに達していなかった[23]。

資本輸入に依存した経済発展は支配体制内部での腐敗を生み出した。また農地の私有化が1854年の土地法改正以降進み、20年間で私有地は全土の7分の1から4分の1に増大した[24]。それと共に大土地所有化が進み、自営の農民は次第に農業労働者になりつつあった。軍隊はエジプト化したものの上層部にはトルコ出身の者が多かった。国民の間に不満が醸成されていった[25]。

財政破綻に直面したイスマーイールは1875年スエズ運河株をイギリスへ売却

表Ⅶ—6　歳入に対する公債費の割合（ポンド）

| 年 | 公債費 | 歳入 | 公債費／歳入 |
|---|---|---|---|
| 1868 | 1,720,462 | 7,464,394 | 23.0 |
| 1869 | 3,174,860 | 7,365,381 | 43.1 |
| 1870 | 3,640,489 | 7,377,912 | 49.3 |
| 1871 | 3,773,360 | 12,470,884 | 30.3 |
| 1872 | 3,738,434 | 10,968,729 | 34.1 |
| 1873 | 3,702,225 | 10,363,815 | 35.7 |
| 1874 | 6,233,385 | 10,812,787 | 57.6 |
| 1875 | 5,699,013 | 10,715,110 | 53.1 |

出所：Johns, p. 98 ; Hamza, *op. cit.*, pp. 274-5,281.

したが、この400万ポンドは焼け石に水であった[26]。イスマーイールはイギリスに財政調査を依頼し、1875年末から翌年はじめにかけてS・ケイヴがその任に当たる。彼はリポートを作成したが、危機の存在とともに、改善の可能性とエジプトの資源的な能力を指摘した。(1873年までの巨額の外債、そして1864～75にわたる、財政状態。既述そして表4参照)[27]

## (5) 財政再建計画

ケイヴはまた財政の破綻は避けられないとし、償還のための計画を作成した。彼によればエジプトの負債総額は7757万ポンドであり、それに償還手数料200万ポンドを加えて7957万ポンドとなる。そのうち長期債は統合し、7200万ポンド・利率7％・1926年満期とする、という案である。彼はエジプトには、現在のような短期の借り換え25％、長期債12－13％などの非常識な高利に代えて妥当な利率であれば、十分に返済可能な資源的な力があるという。また英仏の債権所有者も破産よりはこの統合債の道を歓迎するだろうと述べた[28]。

フランスは別な案を提案した。全負債を統合して9100万ポンド、利子率7％、期間65年という案である。これをイスマーイールは一旦承認し、5月、勅令を出した。イギリスは自らの案より1000万ポンド以上も多いこの案、特にフランス系の債権者の多い一時借入金へのボーナス、644万ポンドに異議を申し立てた[29]。

## (6) ゴッシェン・ジュベール協定と二重管理体制

その後イギリス側のゴッシェン、フランス側のジュベールの間で妥協案が作られた。いわゆるゴッシェン・ジュベール協定である。負債総額は8900万ポンドとフランス案に近いが、一時借入金へのボーナスは削減されている。中心となる統合債は5900万ポンド・7％・65ヵ年償還であった。1876年11月18日勅令で明らかにされたこの償還計画を実施するためにいくつかの機関が設置された。まず「負債委員会」で、英、仏、イタリア、オーストリア人各1名の委員で構成された。つぎに、二大収入源の鉄道とアレクサンドリア港の経営、管理にあたるイギリス人2名、フランス人1名、エジプト人2名による5名の運営委員会が設置された。さらにエジプト財政の全体を債権者の立場から監視するために2名の監督官（Controller-General）が任命され、この1名は歳入を、他は会計検査と負債を監督し、イギリス人とフランス人各1名とされた。イギリス人が歳入をフランス人が会計検査と負債を監督することとなった。英仏の「二重管理体制」の始まりである[30]。

この償還計画を実行する初年度の1876年予算は、歳入が1050万ポンドとされ、歳出のうち負債の償還に60％もが当てられることとなった[31]。しかしこの予算は実現が困難なものであった。歳入の各項目の未達成が予想されそしてその通りになった。1878年まで事態は悪化していった。1878年の調査委員会はエジプト財政のでたらめさ、イスマーイール一族の土地経営の乱脈振りを強く指摘し、土地の取り上げを提案した。イスマーイールはやむなくこれを認め、さらにエジプト内閣への英仏人の入閣が承認された。イギリス人リヴァーズ・ウィルスンが大蔵大臣、フランス人ド・ブリニエールが公共事業大臣となった[32]。

1880年には清算法が成立し、新たな負債償還計画が発表された。統合債の利子率の4％への低下、償還期限は不定、優先債の追加などである。1880年の予算は1876年のそれと比べて現実的なものにはなっているが、それでも歳入は土地税を中心とした直接税が65％を占め（856万のうち552万）農民への重税を前提としている。1880年までに3年間償還のために努力したにもかかわらず、エジプトの負債は8900万ポンドから9800万ポンドへと増大した[33]。

1876年以降の財政再建に必要な収入の増大は農民の肩にのしかかった。歳出

減により官吏と軍人の数は削減された。1878年には先述のごとくイギリス人リヴァーズ・ウィルソンを蔵相にフランス人ド・ブリニエールを公共事業相とする「ヨーロッパ内閣」が成立した。イスマーイールの言葉では、「私の国はもはやアフリカにはない、我々は今やヨーロッパの一部分だ」[34]農民の困窮を背景に、農民出身の者を含むエジプト人将校団から民族主義の運動が起きつつあった。

　1876年の財政破綻そして英仏の共同財政管理以降エジプトの経済は停滞したものの、1879年から貿易量は回復し、投資も増勢に転じ一見事態は改善しつつあるかに見えたが、それは私的な投資側の視点からであった。私的投資とりわけ土地会社（Land Company）へのそれが増大した。大手の6社だけで1880年からの2年間で700万ポンドの資本を調達しその半分以上がイギリス人の所有であった。それに銀行、建築、水道などの企業24社の資本を加え私的投資は1300万ポンドに達し、その半分以上がイギリス人所有になっている。商務長官チェンバレンは私的投資分野でのイギリス人の投資は2千から3千万ポンドと概算しているが、これに5000万ポンドの公債残高、900万ポンドの貿易関係の投資を含めて1882年段階でのイギリス人の投資残高の推計が得られる[35]。

## （7）「危機」の発生

　1879年二重管理体制に対する最初の抗議が行われた。一群の士官グループが首相とイギリス人蔵相を財務省に監禁した。イスマーイールは彼等を解放できたが、ヨーロッパ人閣僚を排除したエジプト人内閣を作る決断をした。しかしイギリスとフランスは彼に圧力をかけ彼を辞任させることに成功した。後継者タウフィーグは外国人の財務総監督官の任命を認め、列強の合意なしで彼等を解任しないことを約束した[36]。

　1880年から81年にかけて財政状態はやや改善の兆候を見せ一部では将来への楽観論が出ていた。この時期、タイムズなどのジャーナリズムは占領の必要性を感じていなかった。タイムズは多くの役に立たないヨーロッパ人が高級で雇われていること（1300人の高額給与のヨーロッパ人官僚）[37]を批判し、またエジプトが自らを支配する可能性を評価していた。しかし事態は再び進展を始め

た。エジプト人に債務返済は重たくのしかかり始めたのである。1881年、国家機構の中で唯一の民族主義の機関である軍隊は、農民出身であった大佐オラービー（Arabi Pasha）の下で改革に向かった。彼等の要求は給料の未払いと昇進の不公平に対する抗議から、陸軍大臣の解任、そして彼等の国民計画（Nationalist Programme）に移っていった。それは内閣の解散、憲法の制定、軍の強化であった[38]。

　1881年9月副王は妥協に追い込まれる。彼は軍の支持を得た民族主義内閣の組閣に合意する。こうして「革命」は行われた。当時エジプトにいたブラント（W. S. Blunt）はこう語っている。「この有名な事件からの3か月間は政治的にかつてエジプトが経験した最も幸福な時期だった。すべての党派そしてカイロの民衆のすべてがこの期間偉大な国民理念の実現のために団結していた。」[39] この団結は次第に緩み始めた。大土地所有者たちは変革に不安を感じ始めた。英仏の圧力は強まり、副王は再び後退を始める。陰謀が図られ、艦隊派遣の準備が始められる。

## 4　内閣の政策決定とディルク

　グラッドストンは1879年いわゆる「ミドロージャン・キャンペイン」でディズレイリの帝国膨脹政策の危険と東方政策（トルコ政策）の誤りを批判し政権を握った。エジプトに関しても彼は明白にその支配の必要性を否定していた。1877年、彼は先に見たように雑誌『19世紀』において、エジプト支配を唱えたダイシーの議論「インドへのルート」に対して「エジプトへの侵略と東洋における自由」を書いた。そこで彼は「インドへは喜望峰を回るルートもある。航路の長さ（3週間の差）がインド帝国を維持する上で生死を分かつほどの違いを生むとは思えない」と述べ[40]、侵略の無為を説く。彼はこの考えをアレクサンドリア砲撃の2週間前（1882年6月）にも下院で述べている[41]。内閣ではウィッグ系の貴族が過半を占めていたものの、彼自身は明白な小英国主義者であり、リベラル・ラディカルを代表するブライトとチェンバレンが強力な影響力を持つ閣僚として存在していた。それにも拘らず占領は遂行されたのである。

「債券保有者テーゼ」からすると、投資利害そのものは巨大でまた利害を持つ者は政策担当者たちにも存在し、彼等はより高い目的を名目に、自らとその階級の利益を守ったということになる。しかしこの論理は単純に過ぎる。政策決定の検討には政策担当者の判断を可能にした諸状況の分析が必要である。

内閣の占領への決定に大きな役割を果たしたのは、二人のラディカル、商務局長官のチェンバレンと外務次官のディルク、とりわけ後者であった。二人は自由党政権の成立時から盟友関係にあった。内政問題に関して二人は明白なラディカルで他の閣僚と対立した[42]。しかし帝国と外交問題において彼等は最も強硬な路線を取る可能性があった。チェンバレンは製造業都市バーミンガムの代表者であり、製造業の困難の解決に帝国市場がもつ重要性に気付いていた。彼はその後、帝国連盟運動、関税改革運動の指導者となっていく人物であった。

(1) ディルク、外務次官

ディルクは青年期に各地のイギリス帝国を旅し「グレイターブリテン、*Greater Britain*, 1869」[43]を書き、議員となってからは外交の専門家として将来を嘱望されており、自らもそう自負していた。彼は1877年の日記にこう書いている。「アフリカには未来がある。そのために我々はエジプトをはじめとしてその支配に取り組むべきである。我々のため、アフリカ人のため、世界全体のために。イギリスは列強の中でその仕事に最も適した国である。」[44]もちろんディルクの考える帝国は専制的なものではなく自由主義の制度の拡大を含んだそれではある。外務次官就任後、ディルクはエジプトについて「二重管理」に代えてイギリスの支配の可能性を探るようになる。フランスが1881年5月チュニジアに進出するや、外務大臣は緊急閣議を招集した。そこでグランヴィル、ハーティントンそしてディルクはイギリスのエジプト支配を具体的に考えるようになる。軍事行動を伴ってもである[45]。エジプトの「危機」以前にディルクの態度はほぼ固まっていたのである。

1881年9月以降、オラービーに率いられたエジプト民族主義の要求と運動が強まってくる。彼等は英仏の傀儡ヘディーヴ（タウフィーグ、Tawfig）から実権を奪うことに成功する。しかし、彼等が財政と政治にどういう姿勢を示すか

まだ明らかでなかった1882年1月、英仏は「共同覚書 Joint Note」を作成する。これは英仏両国が「現ヘディーヴを支持し、二重財政管理を維持するために必要な手段を取る」といった強硬なものであり、民族主義者たちは当然なごとく、字義通りに彼らへの最後通牒と受け取った。ブラントはこのときマレットに頼まれ覚書は決して「敵対的意味合い」を持つものではないとオラービーに伝えたが、彼は「われわれを言葉の意味がわからない子供だと思っているのか。これは脅しの言葉だ」と怒りをあらわにしたとのことである[46]。エコノミスト誌はこの覚書を政府の政策の明白な転換と認識し「共同覚書は軍事介入を意味する」と述べた[47]。

ディルクはこの冬、フランスとの通商条約改定交渉のためパリにいたが、フランスの首相で友人のガンベッタ（Leon Gambetta）とエジプト問題で話し合ったといわれている。「共同覚書」の署名者は両国の外務大臣であるが、その内容の本当の作成者はディルクとガンベッタだった[48]。ディルクは後にこの関与を否定しているが、この時点での彼の思想、立場、ガンベッタとの関係から真実であると考えられる[49]。彼こそその後のイギリスの単独介入まで政策を形成していった中心的人物であり、ハーティントン等閣内の前進派（Foward Party, War Party）に明白な目的意識と政策を提供しえた有能な人物であった。

イギリスにとってエジプトの問題は第一に財政問題であった。実質的にエジプトを支配し始めた民族主義者たちが外国による財政管理を認め、投資への利払いと償還に保証を与えれば、基本的には現状維持となる。オラービー等は「国際的な取決めを守る」と言明していた[50]。またこの確認のための話し合いの余地はあった。しかしディルクは閣内におけるあるいはフランスからの妥協の動きに反対した。彼は前進派の頭脳となり内閣の見解を誘導した。また、外務次官という地位を十分に活用し現地官僚と連絡を取り、時には外務大臣グランヴィルの許可を得ずに指示を出した[51]。

しかしディルクは、彼の本来の帝国拡大論、リベラルの思考、エジプトの状況を、自らのためにまた政府のために擦り合わせ総合しなければならなかった。彼は介入の「適切な」説明の作成に取り組む。彼はアレクサンドリア暴動の後に介入に関するメモランダムを以下のように書いている。「多くのリベラルは

介入は金融上の利害のためにのみ企てられていると考えている。もし我々が、運河を守るためそしてアレクサンドリア暴動の補償を課すためにだけと介入を説明したら、彼等の感情を宥める事ができるだろう。しかしカイロを介入の対象とするとなるともっと明確な説明が必要となる。……エジプト人による改革を前提としたカイロでの安定した政権の設立こそがスエズ運河・インドルートの保全の保証になるという点と、暴動に過激な民族主義の政党が関与していた点の双方をもっと強調する必要がある。……」[52]すなわちイギリスのアクションは利己的なものからではなく、エジプトの民主化を援助する視点から行われると主張すべきだというのである。

(2) 現地の責任者

　ディルクたちの前進派には現地エジプトに有力な支持者がいた。イギリスの財務監督官コルヴィン（A. Colvin）とイギリス総領事マレット（L. Malet）である。前者は危機の当初からイギリスによる完全な支配の必要性を確信し介入に動いた。1882年1月の「共同覚書」に対する回答でエジプトの「名士会議、Chamber of Notables」は公債費に割り当てない予算部分への権限を要求していたが（予算審議権）、これをエジプトの財政的信用を損なう事すなわち公債への確実な支払いを危うくする事であるとコルヴィンは認識した。彼はこの財政的危機の可能性を強調し本国に伝えた。タイムズの特派員ベルによれば「コルビンは1882年の初頭にエジプトに宣戦布告し丁度6ヶ月かけ実戦に持ち込んだ」のであり、誰よりも早く占領を確信し、そのために策動したのである[53]。コルビンはグラッドストンが読んでいたペルメルガゼット紙のエジプト通信員でもあり、彼の見解はイギリス国内のジャーナリズムを介入に向けていくのに大いに役立った。ガゼット紙の編集長はリベラルのリーダー、モーリーであり、彼が介入の必要性を認めていったことがグラッドストンだけではなく国内のリベラル全体を説得する上で決定的であった[54]。

　マレットも基本的にその線で動いた。彼も「財政問題がその時点において主要問題になっていた」と認識している。しかし彼は1882年の1月段階では外務省への連絡文で以下のように述べ、投資家利害のために動かざるを得ないこと

に不快感を現している。「私はこの困難から抜け出す道があると信じています。なぜなら私は債権所有者のために行われる戦争に嫌悪感を持っているからです。」[55]しかしコルビンはその後財政問題でマレットを完全に説得した。マレットは五月にはグランヴィルに当て、「政治の混乱が続けば、さらに解決は困難になる。急いだほうがよい」と書いている。

コルヴィンの前任者で占領後マレットの後任者となったベアリング（E. Baring 後のクローマー卿）も「関わっている財政問題は非常に大きい、財政的な無秩序が無政府状態を引き起こす危険性は高い」と述べている[56]。本国に大きな影響力を与えていた彼等は、共通して、財政・金融への民族主義運動の危険性を主張し、財政の現状維持すなわち投資利害の保全のために、（個人的感情は別にして）介入を求め活動した[57]。しかしフランスの総領事も、ドイツの総領事もコルビンらの言うような危機がこの時点（５月）で存在することを否定していた。彼らによればエジプトの政府はうまく動いており、公債の利子も支払われていたのである[58]。

### （3） 行動の説明

これらの財政問題に関する懸念こそ行動への原因をなすものであるが、行動の説明には不適当である。投資家の利益を守るために軍を動かす事はフランスでもイギリスでも不人気であった。それゆえ外相グランヴィルはイギリスの行動を各国に説明する文書から「財政を支配しようとするエジプト人の企てがイギリスの彼等に対する敵意の主要な理由である」との１行を削除したのである。この削除はディルクとチェンバレンの要求によるものであった。かれらは公的な文書や説明から財政・金融に関するあらゆる表現を排除しようとしていたのである[59]。それは彼等が、行動の説明にはそれとは別な多くの人を納得させる理由が必要である事をよく知っていたからである。それらは、国家の名誉、イギリス人の生命の危険、戦略上の必要性等々である。そしてこれらは入手可能となりつつあった。騒乱が都合よく発生したのである。

五月、イギリスはエジプトに圧力をかけオラービーの国外追放と内閣の解散を求めるが失敗する。またフランスとの協調を探り、トルコにも介入への参加

を求める。しかしこれらはフランスの反対とトルコの消極的な姿勢からうまくいかない。脅威を与えるためのアレクサンドリアへの艦隊派遣は、6月10日現地での暴動を誘発する。何十人かのヨーロッパ人（主としてギリシャ人の商人層）が殺される。イギリスの領事も襲われ負傷する。

　この事件は占領への道を開くものであった。イギリスの新聞は最初は冷静に対応したものの、すぐにこの事件は仕組まれたものであることが宣伝されていく。もちろんオラービーたちによってと。こうした無政府状態や陰謀をこれ以上放置できないとの世論が形成されていく。セイモア提督の「深刻な非政治的騒動（nonpolitical disturbance）がアレクサンドリアで発生した」との外務省への報告はその後『内閣秘密文書』にも『ブルーブック』にも載ることはなかった。もちろん、グランヴィルもディルクもそれを読んでいたのだが[60]。

　この事件により世論（諸新聞の論調）は前進派にさらに有利なものとなる。議会では保守党がイギリスの投資を守るためにと介入に賛成し[61]、自由党の多数も主戦論者（Jingoism）となる[62]。閣内での前進派はさらに強硬になり、閣議に呼ばれたディルクは「オラービーか私か」と辞任の脅しをかける。グラッドストーンとブライトは閣内で孤立していく[63]。

　7月11日、砲台の修復工事を敵対行動と見なして、イギリス艦隊は単独でアレクサンドリア港のみならず市の中心部も砲撃する。これ以降、イスタンブールでの国際会議における妥協の動きも無視し、イギリスは占領に突き進む。9月13日イギリス軍はエジプト軍を破り、エジプト支配の序幕は降りた。自由党内閣は彼等が1年前には想像もしなかったエジプトの軍事占領を行ったのである。当日、陸軍省に詰めていたのは、大臣のチルダーズ、そしてハーティントンとディルクであった。

　先立つ7月、ブライトは彼の自由貿易・平和主義に従い、唯一人閣僚を辞任した。彼が去った後にディルクをその地位にと望む意見があったがそうはならなかった。彼はブライトの辞任後のある出来事についてこう語っている。「7月17日、ブラント（W. Blunt）がピカデリーのセントジェイムズクラブの窓際にいた。彼は私が通り過ぎたとき、彼と一緒にいたブランドフォード卿とほかの人々に大声で語った。『すべてをやったディルクがいるよ』と。これはブラ

写真Ⅶ—1　アレクサンドリアにおけるイギリス艦隊の攻撃、1882年

出所：G. S. Graham, *A Concise History of the British Empire*, London, 1970, p 179

イトの後釜に私を望んだ人々への彼の回答だった。続けてかれは言った。「偉大な平和の男は去り、後任として彼等はグラッドストンに戦争屋と見られている人物を据えよと要求しているんだ。しかし当人は自分は正しい事をやっていると思っている』と」[64]

　ブラントは1月時点、カイロにおいてオラービーたちナショナリストとイギリスとの調停を試みていた。エジプトの財政をどう管理していくかについて双方に歩み寄りがあった。しかしそこにあの強硬な共同覚書が明らかにされ、両者の信頼関係は完全に崩壊した。それを画策したディルクの責任は大きい[65]。

　確かにディルクは自らを主戦論者ではなく、正しい事をやっていると思っていた。占領後、速やかにエジプトの改革を成し遂げイギリスは撤退すべきだと考えていた。マレットもベアリングもグラッドストンもそう考え期待した[66]。しかし事態はそうならなかったのである。

## 5 原因に関する論争

　エジプト占領に関して、そのアフリカ分割への影響の大きさを強調するとともに、原因に関して経済要因・投資利害論を否定したのがロビンスン・ギャラハーの『アフリカとヴィクトリアン：Africa and the Victorians, (1961)』であった。彼らは占領に否定的であった自由党内閣をその決定に向かわせたのは、戦略的視点すなわちインドへのルートを保全しようとの政策担当者の思考（official mind）であり、そしてその思考を政策化した契機はスエズ運河の危機であり、そしてその危機はエジプト民族主義の勃興という現地の偶然事によって起こされたと言うのである。また彼等によればイギリスはフランスの「独断行動」に次第に引きずり込まれたのであり、最終的な責任を押し付けられたと言うのである[67]。

　まず問題とされるべきは、戦略論とそれに直接に関わる運河危機論である。インドへのルートに関してイギリスの政策担当者の中に、スエズを喜望峰に優先させる認識はなかった。喜望峰ルートが1890年代においても主要なルートと理解されていた。さて戦略的に重要なものであったとしても果たしてそれが1882年本当に危機に陥っていたのであろうか。暴動とそれにつづく砲撃があったのはアレクサンドリアであって、そこから150マイルも離れた運河地帯のポートサイドではなかった。海軍当局にも海運業界にも運河が危機にあるという認識はなかった[68]。スエズ運河会社の会長であったレセップスはアレクサンドリア暴動直後ロンドンを訪れ、「運河が危機に陥っていることはない、むしろ我々の行動がそれを危うくしているのだ」[69]と主張した。その警告を無視したのがディルクたちである。たしかにレセップスがいうように、イギリスの行動こそが現地で危機を生み出していたのである。

　次の問題は、民族主義者の危険性についてである。最近の研究によれば事実は以下のようなものであった[70]。1879年以降発生した民族主義の運動はいわれてきたような過激なものではなく、最初は軍人の地位と職を守ろうとした限定的なものであった。1881年初頭においても、トルコ人上官層とエジプト人士官

層の改革をめぐる対立の域を出るものではなく、国内の緩やかな改革と財政内容の変更を求めるものであり、国際的な責務すなわち債務返済は守るとの立場を取っていた。1882年オラービーが指導者として現れても上述の基本線は崩すことはなかった。法と秩序は6月まで保たれていた。オラービーの計画とされる6月暴動は彼等の計画によるものではなく[71]、謀略があったとすれば、イギリスの傀儡、ヘディーヴのタウフィークによるものであり[72]、オラービーは暴動の報告を受けるや自ら鎮圧に向かっていたのである。しかしこれらの事実は正しく伝えられないばかりか、時には曲解され、時には捏造された。こうした情報の操作は主として現地に派遣され滞在している政府官僚、新聞の通信員、事業家たちによって行われた。彼等は、1881年以降のエジプト政府が財政を掌握し、高級ヨーロッパ官僚を削減し、債券への義務を履行しないかもしれないという不安に陥っていたからである。イギリスをエジプトの支配に引き込んだのは無政府状態ではない。ヨーロッパ人とりわけイギリス人の存在そのものが、秩序を維持させようとする政策を困難にし、民族主義勢力を無政府主義として現象させることになったのである。

　第三にイギリスが現地の危機のみならずフランスの行動によってエジプトに引きずり込まれたと言う説の妥当性についてである。フランスはイギリスに継ぐ資本投資国であり、投資家の政府への要求も強かった。しかし1876年のゴッシェン・ジュベール協定以降チュニジアへの投資の拡大と共に、投資家たちも政府も関心をそちらに移していた。確かにガンベッタ政権は1882年の1月、共同宣言の提案に同意したものの、続くフレシネ政権は費用のかかる第二のチュニスを望まなかった。フランス政府はその後エジプトの新政権との妥協を望み、アレクサンドリアから艦隊を撤退させた。フランスの行動に不快感を示し、砲撃そして戦闘への道を着々と準備していったのがイギリスである。主体は一貫してイギリスであった[73]。

　第四に、主体がイギリスであったとすると政策決定はどう行われたかである。今までの研究の多くは戦略を重視するものであれ、経済を重視するものであれ、首相グラッドストンの消極的姿勢を認めていた。ところがハリスンは最近の研究で、1840年のロンドン会議（トルコと列強の参加、イギリス主導、トルコの

エジプトを含む領域の一体性とそこでの自由貿易の承認、エジプトにおけるムハンマド・アリ家の継承権の認定）を、公式支配に近い（very formal）イギリスの非公式支配を可能にするものと理解し、グラッドストンと外相グランヴィルは占領の一年以上前からイギリスの支配権確保の意思を保持し、最終的決定を下したとするものである。この解釈の妥当性には今後の議論が必要である[74]。同時にグラッドストンが自らエジプト債権を保有していた点が問われなければならない。彼は1882年、所有債権の37％をエジプト株で持っていた。このことは彼の判断に影響したのであろうか[75]。

## 6 エジプト改革の夢と現実

　ディルクたちが自らの思想と行動をどう主観的に判断しようが、金融・投資の利害のためにエジプトを占領した。彼等はそれに気付いていたが、別の様々な理由、政治改革、民主主義の育成、過激な民族主義の危険、自国民の保護を見いだし、国民にそれらを提示した。彼等は自分たちが適切と考えるエジプトの改革に参画できると思っていた。早期の撤退を当然と考えていた[76]。ディルクについて言うならば、彼は1883年12月、39才で地方行政長官に任命された。彼は今や将来の外務大臣そして首相になるべき人物であった。しかし彼のエジプト改革の夢と首相への希望は、二つの事件で砕かれた。1884年の夏以降、マーディー教徒の脅威を受けたスーダンのハルツームで政府から派遣されたゴードン（通称ゴードン将軍あるいはゴードン・パシャ）がエジプト軍と共に包囲されていたが、1885年1月26日、ハルツームは陥落しゴードンは殺された。以降イギリスの早期撤退は語られなくなる。それから半年後ディルクは知人の離婚訴訟に共同被告として巻き込まれる。19世紀末、道徳上の責めを負った政治家には権力の頂点への道は閉ざされることになっていた[77]。

　イギリスによるエジプト占領はフランスとの均衡状態を崩し、そのためにフランスは西アフリカにおいて植民地拡大の政策に出たといわれている。この説の当否はともあれ、1883年からアフリカの各地でフランス、ベルギー、ポルトガル、ドイツの動きが見られるようになり、1890年代末期までにアフリカの分

割は完成に向かう。1898年におけるマーディー教徒勢力の撃滅、ファッショダでの英仏の対立、そして1899年からの南アフリカの危機と戦争の開始はその象徴であった。前二者はエジプト占領の直接的な結果であり、後者はその経済要因・金融という面でエジプトとの類似性を持っていた。

1) R. Robinson & J. Gallagher, *Africa and the Victorians*, p. 84.
2) W. Gladstone, "Agression on Egypt and Freedom in the East", *The Nineteenth Century*, vol, II, 1877, pp.149-166.
3) "Principles of British Policy in Egypt", *Contemporary Review, XLII*, Oct. 1882, p. 505.
4) J. A. Hobson, *Imperialism : AStudy*, 1902, p.55.
5) 14 June 1882 in *Hansard Parliamentary Debate,3/CCLXX*.
6) いわゆる「債権所有者論」と「現地危機論」との代表的文献は以下である。前者は、W. S. Blunt, *A Secret History of the British Occupation of Egypt*, 1907. A. M. Broadly, *How We Defended Arabi and His Friends*, 1884. 後者は、Edward Dicey, *England and Egypt*, 1881. Alfred Milner, *England in Egypt*, 1894.（以上出版地はロンドン）ブラントはアラブ人、エジプト人の友人の多い知識人であり、危機の早い段階ではグラッドストンとも話ができた。しかし次第に「アラブ人贔屓」として遠ざけられる。貴族で保守党員ながら様々な民族主義・人道主義運動に関わった。ブロードリーは裁判に掛けられたオラービー達の弁護人である。「債権所有者論」と「現地危機論」については以下も参照。A. G. Hopkins, "The Victorians and Africa : A Reconsideration of the Occupation of Egypt, 1882", *Jounal of African History*, 27 (1986), pp. 366-370.
7) R. Owen, "Egypt and Europe", in Owen & Sutcliff, *Thories of Imperialism*, p. 200.
8) B. R. Johns, "Business, Investment and Imperialism", Ph. D. thesis, Exeter University, 1982, p. 28.
9) Owen, *op. cit*., p. 201.
10) S. Cave, *Report on the financial situation of Egypt*, 1876, (C.-1425), BPP, pp. 6-10.
11) Johns, *op. cit*., p. 27.
12) *Ibid.*, p. 33.
13) Cave, *op., cit*., p. 7.
14) Johns, *op. cit*., p. 83-92.

15) *Ibid.*, p. 111 ; A. E. Hamza, *The Public Debt of Egypt 1854-76*, Cairo, 1944, p. 291.
16) Cave, p. 7. ; Johns, p. 97 ; Hamza, pp. 236-7.
17) Johns, pp. 95-96, Hamza, 182, 214-7, 220, 273.
18) Johns, pp. 77-79.
19) Johns, p. 107.
20) Johns, p. 20 ; A. E. Crouchley, T*he Economic Development of Modern Egypt*, London, 1938, p. 117 ; P. Mansfield, *The British in Egypt*, New York, 1971, p. 7. ; M. G. Mulhall, "Egyptian Finance", *Contemporary Review, XLII*, Oct. 1882, p. 531.
21) E. Burns, *British Imperialism in Egypt*, London, 1928, pp. 4-5 ; Mulhall, pp. 530-531.
22) Johns, pp. 46-48, 55.
23) Burns, *op.cit.*, p. 5.
24) Johns, p. 264.
25) Owen, *op. cit.*, pp. 203-204.
26) Correspondence respecting the Punchase by Her Majesty's Grovernment of the Suez Canal Shares belonging to the Egyptian Grovernment (C. 1391)
27) Cave, Report, p. 7.
28) 西谷進「19世紀後半エジプト国家財政の行詰まりと外債(2)」『社会経済史学』(Vol.37, 3 ) 67－70頁：P. Mansfield, *The British in Egypt*, New York, 1971, pp. 8-9.
29) 西谷、同上、71－72頁
30) 西谷、同上、72－75頁
31) 西谷、同上、75頁
32) 西谷、同上、81－83頁
33) Johns, p. 248 ; 西谷、同上、86－87頁
34) P. Mansfield, p. 11.
35) Johns, pp. 281-284.
36) Burns, *op. cit.*, pp. 6-9.
37) A. Scholch, "The Men on the Spot and the English Occupation of Egypt in 1882", *Historical Jounal, XIX*, 3, 1976, p. 779.
38) Burns, *op. cit.*, p. 9.
39) Blunt, *Secret History, op. cit.*, p. 152. オラービー運動については加藤博、「エジプト・オラービー運動に関する覚書―軍隊・農民・立憲運動―」『歴史評論』452号49－59頁。

40) W.Gladstone, "Agression on Egypt and Freedom in the East", *The Nineteenth Century, II*, 1877, PP.149-166.
41) June 1882, in *Hansard Parliamentary Debate, 3/CCLXXI*.
42) D. Nicholls, *The Lost Prime Minister : A Life of Sir Charles Dilke, London*, 1995 Chapt. 4. Roy Jenkins, Dilke : *A Victorian Tragedy*, London, 1958, revised edition 1965, Chapt. 3-5.
43) C. W. Dilke, *Greater Britain : A Record of Travel in English Speaking Countries during 1866 and 1867*, London, 1868.
44) Nicholls, *op. cit.*, p.99 ; E. De Laveleye, "Egypt for the Egyptians", *Fortnightly Review, XXXII*, 1882, p. 749.
45) M. E. Chamberlain, "Sir Charls Dilke and the British Intervention in Egypt, 1882 : decision making in a nineteenth-century cabinet", *British Jounal of International Studies, II*, 1976, pp. 231-45 ; B. R. Johns, *op. cit.*, pp. 301-302.
46) Blunt, pp.188-189.
47) *Economist*, 14 Jan. 1882.
48) Chamberlain, Ibid., p. 233. Johns, Ibid., 308.S.Gwynn and G. Tuckwell, *The Life of the Rt. Hon. Sir Charles W. Dilke, I*, London, pp. 453-454 ; Blunt, pp. 182-187.
49) Nicholls, *op. cit.*, p. 100 ; Gwynn, pp. 450-451.
50) A. Scholch, "The Men on the Spot," *op.cit.*, pp. 775-82 ; F. R. Hunter, *Egypt under the Khedives, 1805-1879*, Pittsburgh, 1984.
51) Gwynn, *op. cit.*, pp. 462, 463-464.
52) *Ibid.*, p. 465.
53) Scholch, p. 779.
54) Blunt, pp. 158-159.
55) E. Malet, *Modern Egypt*, p. 245 ; Scholch, p. 781.
56) Lord Cromer, *Modern Egypt*, London, 1908, vol. Ip. 233 ; Scholch, p. 777.
57) A. Scholch, *op. cit.* pp. 776-782.
57) *Ibid.*, p. 782.
59) Chamberlain, *op. cit.*, pp. 238-9. Gwynn, *op. cit.*, p. 469.
60) M. E. Chamberain, "The Alexandria Massacre of 11 June 1882 and the British Occupation of Egypt", *Middle Eastern Studies, XIII*, 1977, pp. 15, 18-19.
61) Johns, *op. cit.*, pp. 343-4.
62) Gwynn, *op. cit.*, p. 460.

63) *Ibid.,* pp. 460, 466.
64) *Ibid.* p. 470.
65) Blunt, pp. 187–195.
66) R. C. Mowat, "From Liberalism to Imperialism : The case of Egypt 1875–1887," pp. 114–116.
67) R. Robinson and J. Gallagher, *Africa and the Victorians : The Official Mind of Imperialism*, 1961, Chapt. 4 & 5.
68) D. A. Farnie, *East and West of Suez : The Suez Canal in History 1854–1956*, Oxford, 1969, pp. 293–4, 334, 455.
69) Gwynn, *op. cit.*, pp. 464, 466.
70) Scholch, *op. cit.* p.782.
71) Gwynn, *op. cit.*, pp.460. F. L. Garvin, *The Life of Joseph Chamberlain*, 2 vol., London, 1932, vol.1, p. 171. ディルクとチェンバレンは後になってオラービーの陰謀説を撤回している。クローマーもオラービーとヘディーヴ双方とも陰謀を行っていなかったと、マレットを引用して述べている。Cromer, pp. 287–288.
72) M. E. Chamberlain, "The Alexandria Massacre", pp. 31–34.
73) J. W. Parsons, "France and the Egyptian Question, 1875–1894", Ph. D. thesis, Cambridge University, 1976 ; R. A. Atkins, "The Origins of the Anglo-French Condominium in Egypt, 1875–1876," *The Historian, XXXVI*, 1974, pp. 264–82.
74) R. T. Harrison, *Gladstone's Imperialism in Egypt : Techniques of Domination*, Greenwood Press, 1995, pp. 9, 35–37, 68, 74–78.
75) Cain/Hopkins, *British Imperialism, I*（竹内・秋田訳『ジェントルマン資本主義の帝国 I』248頁。
76) Mowat, *op. cit.* エジプトの「秩序の回復」そして議会制導入などの改革の後、セイロンに流刑処分を受けているオラービーを帰国させる計画がブラントらによって企てられたが実ることはなかった。W・S・ブラント『ハルツームのゴードン』栗田禎子訳、リブロポート、1983年。
77) 1885年7月18日、帰宅したディルクは友人から「深刻な件で会いたい」との手紙を受けとる。翌朝彼は、クロフォード婦人がその夫に彼女がディルクと不貞を犯したことを告白し、夫は彼を共同被告として離婚訴訟を起こそうとしていると知らされる。権力の頂点へという彼の夢は永久に閉ざされた。Roy Jenkins, *Dilke : A Victorian Tragedy,* London, 1958, revised edition 1965.

## Ⅷ　南アフリカ戦争1：その原因

### 1　アングロ・ブーア戦争

　ブーア戦争（南アフリカ戦争、アングロ・ブーア戦争）はイギリス近代史の中でとりわけ帝国史において時代を画する大事件であった。それはアフリカ分割の完成を象徴する事件であったと同時に来る大戦争を予期させるものでもあった。南アフリカにおける局地的で短期に終わると思われた戦争は、イギリスと列強の間にさらなる軋轢をもたらし、イギリスにヨーロッパ内における「孤立政策」の変更を余儀なくさせ、第一次大戦の道を開く重要な契機のひとつになった。

　この戦争は19世紀末期にアフリカ各地で展開された列強のアフリカ原住の人々、組織、国家に対するいわゆる「小規模戦争」とは異なり、南アフリカに以前から定住していたオランダ系白人社会とのイギリス国家の闘争であり、相手は少数であるが、よく組織され、近代的武器を装備した白人であった。しかし大英帝国を指導してきたイギリスがこの小規模な武装勢力（4－8万）と長期の戦闘状態に陥り、最終的には45万人の兵力を動員し、2億ドルの戦費を投入し、3年近くを要するとは誰も想像することはできなかった。イギリス軍は伝統の赤の制服を捨てカーキ色の軍服を着用する「近代化」を進め、海上だけではなく陸上で戦いうる力を見せなければならなかった。また軍の戦術・戦略の見直し、さらには兵站の改革を迫られた。ブーア人は初期の正面対決から、遊撃戦、そして最後は「ゲリラ戦」に入り戦闘を長期化させた。イギリス軍はそれに対して焦土作戦と婦女子の「強制収用」を展開し、戦争は20世紀の全面戦争を予感させるものとなっていった。

　戦争にかかった2億ポンドは、均衡財政を守ってきたイギリス財務省の伝統を打ち破るものであり、世界の金融業者としてのイギリスの地位を脅かすもの

となった。強制収容所（2万人のブーアの女性と子供が栄養不良と病気で死んだ）や焦土作戦はイギリスの「道義上での優位」を打ち砕いた。これほどの『犠牲』を強いた戦争を遂行したイギリスの目的は何であったかはその後長い論争の的となってきた。（死者は、イギリス兵二万二千、ボーア人二万五千：五千の兵士、四千の女性、一万六千の子供、そして二万二千のアフリカ人）[1]

　戦争の開始を決定した保守統一党政府の指導者たちは戦争の目的を議会や世論に向けて以下のように説明した。第一は南アフリカにおける民主主義のためである。ブーア人の支配する二つの共和国、トランスヴァール共和国とオレンジ自由国、とりわけ前者においては、ブーア人による選挙権の独占があり、後から移住したイギリス人を中心としたオイトランダー（よそ者・Uitlander）には選挙権が認められていない。これは民主主義に反する。第二はこの地域の主権がどこに存するかである。イギリスとブーア人は戦闘を交えたそれ以前の抗争の中で、「イギリスのこの地域での主権とブーア人の共和国」という形の妥協を図ってきた。しかしこのあいまいな主権と自治とはその内容をめぐって、次第にはっきりとした規定を余儀なくされる状況になった。イギリスはこの地域での主権を明確にする必要があり、ブーア人による南アフリカ合衆国（United South Africa）の設立を阻止しなければならなかった。

　この説明・解釈の原型はタイムズの特派員であったエイマリーによって打ち出されたものであったが[2]同じくガーディアンの特派員であったホブスンはこの戦争をイギリスの金融業者とトランスヴァール内の金鉱業者のために行われたものと糾弾した[3]。ブーア人指導者たちも「資本家の新しい世界的独裁に対する闘争」と受け止めており[4]、戦争に反対したイギリスの政治家たち（自由党の）も概ねそのように認識していた。その後の百年間、イギリスの戦争目的はホブスンらが述べた経済的なものか、イギリス政府・政策担当者・エイマリーの説明による政治理念や主権に関わるものかをめぐって論争が続けられてきた。またこの戦争は帝国主義の規定をめぐる大論争の中で経済的帝国主義の象徴的な事件としてクローズアップされてきた。本章は、南アフリカ戦争への経緯そしてその原因に関する論争を整理するとともに、本国と現地の政策決定プロセスを近年の新しい研究を含め検討するものである。

## 2 ブーア人とイギリスの対立の経緯

　南アフリカのケープ地域は17世紀、オランダ東インド会社によって東洋への海路の補給地として開発された。その後オランダ移民が農業社会を築いていった。ナポレオン戦争中の1806年イギリスがこの地を占領し、1815年のウィーン会議でイギリス植民地との確認がなされた[5]。19世紀におけるイギリスによる世界商業の拡大とともにこの地は海軍基地、給炭地としての重要性を増した。

　19世紀初頭の占領時点におけるオランダの植民者の数は1万6000人、彼らの農業生産に使用された奴隷の数は1万7000人であった。19世紀前半、イギリスの植民地支配の原則は次第に奴隷貿易禁止、奴隷制廃止におかれるようになっていたが、後者の法制化（1834年、奴隷解放令）は、1830・40年代のアフリカーナー、ブーア（Afrikaners, Boers）によるグレートトレックの主たる要因となった。彼らはケープ植民地の北の境であったオレンジ川を越え北と西に向かって移動して行った。彼らは、北方から移動してきたバンツーの諸部族と衝突し、西方においては原住のズールー族と戦った。イギリスはブーア人とアフリカ人との衝突を緩和するためにこの地域に介入した。1840・50年代に、イギリスは植民地を拡大（ナタール）し、ブーア人主導のオレンジ自由国、およびヴァール川以北におけるブーアの共和国（複数、後にトランスヴァールとなる）を認定した。

　イギリスの政策は、第一に、バンツー諸部族の武装解除と定住化、部族の長の支配下での部族間の平和および白人との共存であり、第二に、イギリスのケープ、ナタールの両植民地とボーアの二つの共和国を南アフリカにおけるイギリスの主権の下に、カナダ型の南アフリカ自治連盟として組織化していくことであった。

　第一の、アフリカ人諸部族に対する政策はかなりの流血をもってではあるが、ほぼ成功した。しかし、ブーア人との問題は解決困難であった。1877年、イギリスはトランスヴァールを占領したが、ブーア人は3年後に反乱を起こし、イギリス軍はマジュバ・ヒルの戦いで屈辱的な敗北を喫した。1881年のプレトリ

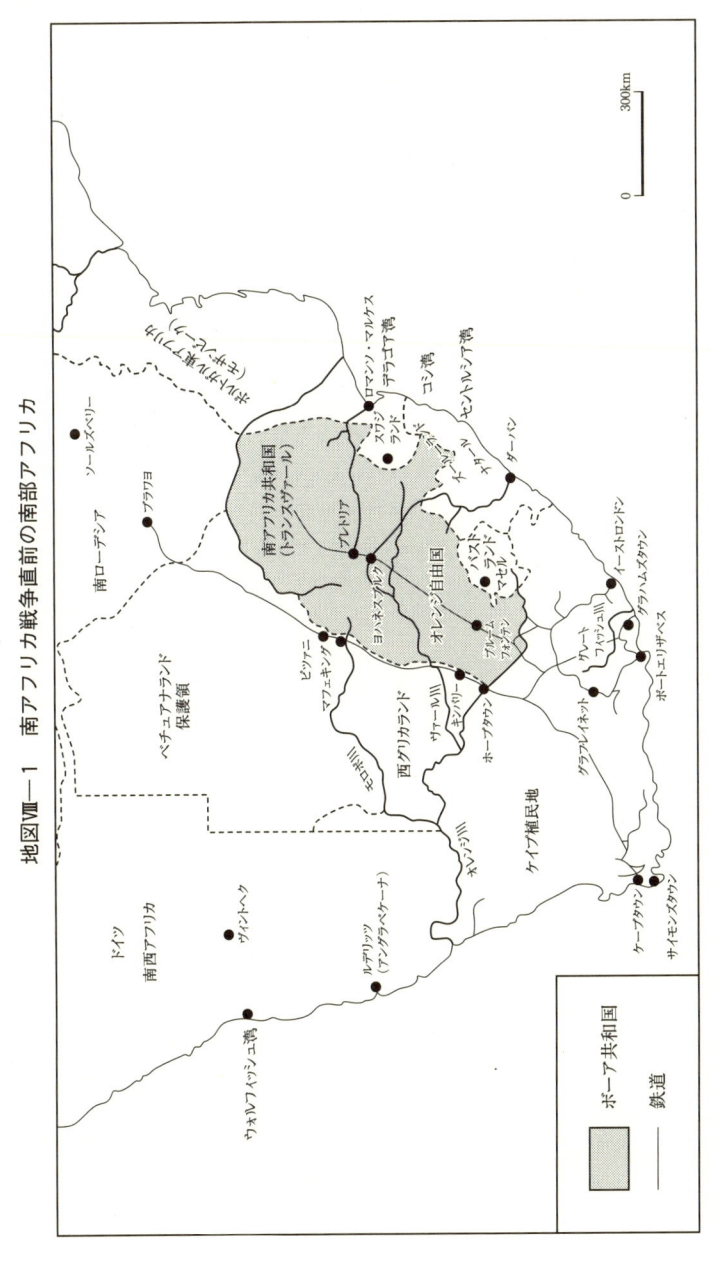

地図Ⅷ—1　南アフリカ戦争直前の南部アフリカ

出所：I. R. Smith, *The Origins of South African War 1899-1902*, London, 1996, xix.

Ⅷ　南アフリカ戦争1：その原因

ア会議、1884年のロンドン会議において、イギリスによる主権と外交権の保持、奴隷制の禁止、原住民政策へのイギリスの拒否権を条件に、トランスヴァールは完全な自治を認められ、南アフリカ共和国と名乗った。(ブーア側は主権を明確には承認しなかったと認識している)[6]

これらの戦いと交渉そして妥協は双方に敵意と不信を残した。しかし当面は大きな問題とはならなかった。ブーアの共和国は小さく貧しい農業国に過ぎなかったからである。局面の展開は、1886年、トランスヴァールのヴィットヴァーテルスラントにおける金の発見によって起こった。この地は短期間に世界最大の金生産地の一つになり、鉱山業は大規模なものとなり、ヨーロッパからの資本が投資され、移民も増大した。鉱山業者はラントローズ、マグネイツ (Randlords, Magnates)[7]などと呼ばれ、巨大な富を蓄積した。この地のヨハネスブルクは中心地として発展し、そこにはイギリス系の白人がブーア人を数で上回るようになっていった。鉱山業者とブーア人の政府、イギリス系住民と政府の間に社会的、経済的、政治的な緊張が生み出されることとなった。

## 3　金鉱山業の発展

### (1) ダイアモンド鉱山の発展

ダイアモンドの鉱脈はオレンジ自由国西部、キンバリーにおいて1869年に発見された。イギリスやドイツから多くの若者が、一攫千金を求めて、現地に向かった。成功したものの中にユダヤ人が多かった。ベイト、ヴェルナー、バーナート、アルブー、ニューマン[8]などである。その後は鉱山の統合が活発に行われ、1885年には7社のみが操業していた[9]。1889年にはドベール・コンソリデイティッドによって独占が形成された。これはローズに対してベイトとロスチャイルドの協力があったからである。ベイトはヨーロッパ金融センターとの関係から75万ポンドの調達し、ロスチャイルドは140万ポンドの買収費用をローズに供給したが、これがバーナートとの競争においてローズに決定的な優位を与えた[10]。会社の取締役には、その後、ラントローズと呼ばれることとなる人物のほとんどが名を連ねた。金の発見そして金鉱業の発展にはこの人材と

資金が重要な役割を果たした。

### （2） 金の発見と鉱山開発、露天から深堀へ

1886年に、トランスヴァールの南部、ヴィットヴァーテルスラント（Witwatersrand, Rand）において金が発見された。当初は露天掘りの鉱山であった。1886年に90社、1887年に270社、1889年には300社以上が、ヨハネスブルク証券取引所に登録されていた。しかしこの時、実際に生産に入っていたのは44の企業のみであった[11]。鉱床の質への懸念から起こった1889年のクラッシュの時には数百の小企業が大規模な鉱山に吸収された。1890年から露天に近接する地域で深層部の試掘が開始されその有望であることが確認された。深掘りと低質な鉱石の精錬に関する技術の発展とともに、1895年には26ほどの深鉱鉱山が設立された[12]。

しかし深掘りの鉱山の開発費は巨額のものとなっており、この時点までにはヨーロッパ各地からの資本の流入が活発に行われていた。フランケルによれば、南ア鉱山業への資本流入は、1887年から1897年にかけてオーストラリアとカナダをあわせたものの三倍にもなっており[13]、クビチェクによれば、資本形成はブームと危機における変化はあれ1887－1898年の期間において年平均390万ポンド（1902－1913年においては、年平均250万ポンド）となっている[14]。資本形成は四つの道筋を取っている。創業者の資金から、鉱山業の内部蓄積から、資本輸入から、金融・鉱山業の金融取引からである[15]。創業者とその資金に関しては、キンバリー・コネクションと言われたようにダイアモンド鉱山業からの人的・資金的な連続性が見られる。ウェルナー・ベイト（コーナーハウス）がその典型である[16]。

### （3） ラントローズ、金融・金鉱業者

1895年において、最大で最も重要な金融・金鉱グループはウェルナー・ベイト・アンド・カンパニー（Wernher, Beit & Co.）であった。そのヨハネスブルクの代理人はH. エクステイン・アンド・カンパニー（H. Eckstein & Co.）であり、この会社・グループはヨハネスブルク市内の所在地からコーナーハウス

(The Corner House) とも呼ばれていた[17]。

　第二のグループは　コンソリデイティッド・ゴールドフィールズ（Consolidated Goldfields of South Africa）である。ローズはラッズとともに1886－87年にラントに有力な鉱脈を確保しゴールドフィールズを創設した。そして合同・合併会社、コンソリデイティッド・ゴールドフィールズを作り上げた[18]。

　これらの巨大な金融・金鉱会社のオーナー・マネジャーらの個人資産は当時の富裕者の水準から見て巨額のものであった。1895年、マイニング・ワールドによれば、各人の個人株式保有額は、ベイト、1000万、ウェルナー、700万、ロビンスン、600万、ローズ、500万、バーナート、400万（これらはかなりの過剰評価である）。彼らの収入源は、露天鉱山からと株式取引によるものであった[19]。コーナーハウスグループは72の鉱山のうち10しか支配していなかったが、金生産額の32％、配当の45％を占めていた。

　ホブスンによれば南ア戦争直前の1899年、ウェルナー・ベイト社は29の鉱山と3の金融商社（額面、1838万ポンド、市場価格、7600万ポンド）を支配していた。ローズらのコンソリデイティッド（ベイト、ラッド、ローズ）は19の鉱山（額面、1812万ポンド）を支配していた。ノイマン・アンド・カンパニーは、880万ポンドの価値の企業を、ドイツ系のゲーツ＆Co.とアルブー＆Co.がそれぞれ数百万ポンドの資本を持っていた[20]。これらの会社を核に、ラントの金鉱業による金生産額は、1897年で303万オンス、1898年で430万オンス、1899年で500万オンス（しかし、戦争で400万オンスに下降）へと伸びていった[21]。ラントの金鉱業を中心に大規模化してきた企業の特異性はいくつかある。第一は、その個人的性格である。ラントローズ、マグネイトと呼ばれる人々が企業の所有者兼経営者であった。第二にそれらの企業の金融的性格である。それらは金鉱業のみならず、ロンドンの本社を中心に金融業にとりわけ証券・債権への投資および、資本市場における投機を多面的に行っていた。これは金鉱業の変動性を相殺する目的で始められたが、投資・投機が巨額になると、全般に安全な投資に向かっていくようになった。これらのトップの企業はたんなる金鉱業者ではなく、金融・金鉱業者としての性格を持った。また深鉱の企業を設立する際の資本の集め方、発起の仕方から見て「投資グループ」といってよいもので

表VIII―1　ラント鉱山会社におけるイギリス人の株所有率（1900年4月）

(単位：百万ポンド)

| 企業（グループ） | 市場価格 | イギリス人持ち分 | ％ |
|---|---|---|---|
| Wernher Beit | 73.75 | 57.53 | 78 |
| Consolidated Gold Fields | 38.30 | 36.86 | 95 |
| J. B. Robinson | 16.43 | 13.64 | 83 |
| Barnart | 8.83 | 8.47 | 96 |
| Farrar | 13.38 | 10.30 | 77 |
| Neumann | 11.14 | 8.80 | 79 |
| G. L. Albu | 5.30 | 1.59 | 30 |
| A. Goerz | 6.15 | 1.85 | 30 |
| Sundries | 14.57 | 13.40 | 92 |
| 計 | 188.35 | 152.44 | 81 |

出所：S. Chapman, *Merchant Enterprise in Britain: From the Industrial Revolution to World War I*, Cambridge, 1992, p. 278.

もあった。

　第三に、資本のイギリス的性格である。創業時に必要な資本の額が大きくなればなるほど、海外からの資本の量は大きくなってくる。資本の国際性は高まるが、同時に国民性も顕著になる。創業者以外の投資家の多くはイギリス人で、シティの金融業者を通じて株を購買した。その結果これらの会社の株の80パーセント以上がイギリス人に所有されていた。そしてそのイギリス人の多くはジェントルマンという階層に属していた。1891年、コンソリデイティッドの株の半分がロンドン中心から10マイル以内に居住する人々に保有されていた。これらの人々は法律家、聖職者、医者、官僚などの擬似ジェントルマンを含む広い意味でのジェントルマン層に属していた[22]。シティ金融業界とラント金鉱業の結び付きは1890年代を通じて強まった。


（4）　シティとラント

　しかし現実にその関係はいかなるものであったのであろうか。研究者の間でとりわけ議論されてきたのは、現地の金鉱業者とシティのマーチャントバンカーの関係である。マーチャントバンカーは歴史が古く名門のものであればあるほど投資に慎重であり、国債、公債、鉄道債などのいわゆる優良債にかかわる傾向があった。比較的新参の金融商会はリスクの高いものを引き受ける傾向

があった[24]。金鉱業は1890年代においてもまだリスクの高いものと見なされていた。しかし金鉱業そのものが大規模化し自ら「投資グループ、Investment Group」[25]の性格を持ち始めると、それはマーチャントバンカーの一部と投資家を引きつけるようになる。

マーチャントバンカーは南アフリカの鉱山業に無関心というわけではなかった。老舗のマーチャントバンカーであったロスチャイルド商会がダイアモンド鉱山そして金鉱山に興味を示し、ダイアモンド独占ドベール（De Beers Consolidated）の結成でローズに手を貸し、さらに鉱山金融仲介業の実質を持つ「エクスプロレイション・カンパニー，Exploration Company」に他のマーチャントバンカーと共に参画したのは、シティと現地鉱山業との関係を証明する一例である[26]。

エクスプロレイション・カンパニーと南アフリカ金鉱業の関係は以下のように発展した。1870年代にニューヨークで鉱山技師コンサルタントとして名の知られていたH・スミスは1885年、ロスチャイルドの勧めでシティに鉱山技術コンサルタント会社を設立した。彼はロスチャイルドに世界各地の鉱山情報を与えていたが、1886年、こうした仕事を組織化するエクスプロレイション・カンパニーを作った。20人の会員、2万ポンドの基金で発足し、スミスと彼の友人が取締役となった。1889年各地での資源発見のうねりとともに、会社は30万ポンドの名目資本を持つ株式会社となり、会社発起業の分野に乗り出すことになる。1895年には株式はすべて払い込まれ、1896年にはその資本は125万ポンドに拡大する。この会社の金融面での強みはロスチャイルド商会が最大の株所有者であったことで、その割合は1890年で30％、1914年でも7.6％であった。株式会社になったときの出資者20人のうち11人が金融業者であり、中にはシティを代表するマーチャントバンカー、ベアリング、ハンブロ、オッペンハイム、ロスチャイルドがいた。その後、カッセル、ギブス、そしてウェルナー・ベイトも参加した[27]。老舗の慎重なマーチャントバンカーも新興の冒険的なそれも共に参加したことになる。

創設後この会社が発起した主な鉱山会社は以下の表2のごとくである。

表Ⅷ—2　エクスプロレイション・カンパニーが設立した南ア鉱山会社[28]

| 年 | 会　社　名 | 資本 |
|---|---|---|
| 1889 | De Beers Consolidated Mines (debentures) | 1,750,000 |
| 1892 | Geldenhuis Deep | 350,000 |
| 1892 | Consolidated Deep Level Co., | 200.000 |
| 1893 | Rand Mines | 400,000 |
| 1894 | Jumpers Deep Levels | 400,000 |
| 1894 | Transvaal and General Association | 250,000 |
| 1895 | Afrikanische Bergwerks und Handelsgesellschaft | 500,000 |

出所：R. Turrel, "The Rothschilds, the Exploration Company and Mining Finance", *Business History*, *XXVIII*, 2, 1982, p. 193.

　ドベールを除いてこれらの会社は、深堀りで高額な設備投資が必要なラントの金鉱山である。例えば、ゲルテンフイス深鉱は、1896年3月までに33万ポンドを800フィートの深堀りのための蒸気機関、シャフト、掘削に投下したが、まだ完成にいたっていなかった。1890年代半ばで一般的に、3000フィートの深堀りに必要な資金は65万ポンドに達すると計算されていた（1895年以前において30万ポンドを越えた投資が行われた鉱山は合衆国にもオーストラリアにもなかった）。1894年に南アフリカの金鉱業は利潤において、合衆国、オーストラリアの金鉱業のそれを凌駕しており、成長の期待も大きかったが、それ以上の発展を目指す深鉱の場合リスクも高かった[29]。1895年半ばにおいて、26の深鉱会社が存在していたが、そのうち12はコンソリデイティッド・ゴールドフィールズによって、10はラント・マインズ（ウェルナー・ベイトグループ）によって支配されていた。ウェルナー・ベイトとコンソリデイティッド、この二つの深鉱会社グループの市場価格は2660万ポンドに達していた。（1895年のクラッシュにより年末には、この投機的な価格はほぼ半減した）[30]

　1899年においてラントの鉱山会社全体の株式の名目価格は5千万ポンドであったが、時価は2億1500万ポンドに昇っていた。金の産出量は1500万ポンドであり、そのうちの50%をコーナーハウスグループが、4分の1をローズ支配下のコンソリデイティットが産出していた。この二つの巨大な鉱山会社はもはや単なる産業企業・鉱山会社ではなく自らが、会社の設立、株式の保有、株の売買まで行う金融商会でもあった。これらは金融・金鉱会社といってもよい性

格を持ち、またインヴェストメント・グループといってよいものであった。しかし鉱山の開発経営を行っている点では、マーチャントバンカーとは性格をことにする。そしてあまりにシティで南アフリカ鉱山株の取引が活発になることで彼らのマーケット支配力が弱体化することに懸念も持っていた[31]。

## （5） ロスチャイルドとローズ

　南アフリカの鉱山業者とシティの金融業者の緊密な関係には疑問符が投げ掛けられてきた。とくに議論されてきたのはローズとロスチャイルドの関係である。彼等の関係はダイアモンド独占ドベールの形成から始まった。1887年、ローズに、対立するキンバリーセントラルの買収資金を用立てたのはロスチャイルドであった。確かにその後ドベールのロンドン役員会すなわちロスチャイルドと現地役員会すなわちローズとの経営方針での相違が明らかになったこともあった。前者は後者の拡大路線に危惧を感じたからである[32]。しかしその事は、ロンドンに対する現地の独立や、シティ金融業者の政治に対する一般的な無関心を証明することにはならない。ローズ・ロスチャイルド関係において長期的にはロンドンの経営方針が採用されていったことが明らかにされている[33]。

　ロスチャイルドの南アフリカ鉱山業の関係はローズとだけではなくエクスプロレション・カンパニーを通じた幅の広いものであり、さらに世界的な広がりを持っていた。彼は内部分裂に陥りやすい鉱山業の利害調停者であり、国際的にはロンドン、パリ、ベルリンの投資利害の調停者でもあった[34]。この点については二つの例を挙げることができる。まず第一に、ロスチャイルドはローズが指導者となる英南アフリカ会社（British South Africa Company）の創立に参加するが、それはローズとの関係からというより、それ以前に関係をもっていたアフリカ・レイク・カンパニーが南アフリカ会社の設立に参加したからである[35]。後者はニヤサ湖周辺の支配と開発を目指し、政界とも太いパイプを持っていたが、もっぱら財政難からローズとの提携に合意したのである。第二に、ロスチャイルドは1894年にトランスヴァール政府の借款の発行に関わったが、これは当時トランスヴァール政府への影響力拡大を狙ったイギリス政府との共同作業であり、逆に1897年には植民省の依頼をうけトランスヴァール政府の借

款のロンドンとパリ市場での引受の阻止に動いた[36]。彼の動きは政治的で国際的であった。そしてローズのように帝国建設の理念に行動を制約されることはなかったのである[37]。

## 4　1895年末、ジェイムスンレイド

### （1）　金融・金鉱業者とトランスヴァール政府との関係

　ラントの鉱山会社は、トランスヴァール政府の政策が彼等の事業を阻害していると考えていた。政府管轄のダイナマイトの販売独占、継続的で安価な労働力の供給に消極的な政策、石炭、設備機械、食料などの輸送費を高くしている鉄道の独占、そして輸入財に対する高関税、等々。これらはすべての鉱山会社に負担を強いるものであったが、1895年段階においては多額の初期投資を必要とした深鉱の鉱山会社に厳しく作用した。これらの会社はより強くクルーガー政権を重荷と感じていた。

　1895年9月におけるいわゆるカフィール・ブーム（Kaffir boom 南ア鉱山ブーム）の崩壊は鉱山会社の株価を半分に急落させた。彼等にはキャピタル・ゲインのチャンスもなくなった。こうした状況下においてジェイムスンレイド（急襲）事件は二つの深鉱独占会社の所有者・経営者によって企てられた[38]。

　ジェイムスンレイドの首謀者ローズは「コンソリデイティッド」の共同経営者であり、彼と同僚のラッドは会社の年の利益の15分2を受けとることになっていた。これは1895年6月末の一年期で彼等に33万ポンドを与えた[39]。もう一人の首謀者、ベイト（A. Beit）は南アフリカ最大の金持ちと見なされていたが、ロンドンのウェルナー・ベイト社の共同経営者の一人であり、その会社はヨハネスブルクのH・エクスタイン社のほとんどすべての株を所有し、後者は深鉱ラント・マインズの株の半数を所有していた。その他の会社の中では、ロビンスンやバーナートらの主として証券取引に集中していたものやゲーツ、アルブーなどドイツ系の鉱山業者はこの計画から外れていた[40]。

　すべてを計画したローズは、当時、経済的にのみならず、政治的にも絶頂期にあった。彼はケープ植民地の首相であり、英南アフリカ会社の支配者

(Managing Director) であり、そしてドベールとコンソリデイティッドの支配者（Managing Director）であった。彼の帝国拡大の事業と夢は本国においてもよく知られるようになり、一流の企業家、政治家として認められるようになっていた。1895年段階においてトランスヴァール政府を転覆する「革命」を計画し実行しうる力と金そして意志を持っていた人物は彼以外にはいなかったのである。（ベイトはこの事件において二番手の役割しか果たしていないと見なされているが、その費用の3分の2以上を払ったのは彼の会社ウェルナー・ベイトであった。）ジェイムスン急襲とヨハネスブルク反乱はこの二人の強い個性をもった人物と彼等を取り巻く人々によって計画され実行された。

　ベイトはこの秋に武装蜂起の可能性についてヨハネスブルクでオイトランダー指導者と会見した[41]。さらにケープのローズの館で指導者4人 ｛ローズの兄でコンソリデイティッドの取締役、フランク・ローズ（Frank Rhodes）；同じく取締役のハモンド（J. H. Hammond）；ウェルナー・ベイトの取締役、ヨハネスブルク鉱山会議所議長のライオネル・フィリップス（Lionel Phillips）；オイトランダーの政治・経済団体ナショナル・ユニオン議長レナード（C. Leonard)｝とローズの話し合いが持たれた。4人はヨハネスブルクに帰り「リフォーム委員会」を結成する（議長、フィリップス）。この組織が反乱の準備に取り掛かる[42]。この陰謀の首謀者たちはすべて深鉱独占会社の所有者、経営者であった。

（2）ジェイムスンレイド

　トランスヴァール政府転覆の計画は、ヨハネスブルクでの反乱と西部国境からの進撃の同時発生が条件であった。進撃（レイド）は南アフリカ会社の国境警備隊を指揮するローズの右腕ジェイムスン[43]によって指揮されることになっていた。ヨハネスブルクにおける反乱は、先の4人にG. ファラー（G.Farrar, East Rand Proprietory Mines 議長）を加えたオイトランダー指導層によって実行されることになっていた[44]。侵攻への理由付けとしてオイトランダーがジェイムスンに要請したとする「女性と子供の手紙」にこの指導者5名の署名があり、日付はブランクのままにされていた。これは謀略の重要な証拠となる[45]。

しかし実行「予定日」の28日以前、12月中旬から末にかけてオイトランダー内部の意見の不一致（アメリカ人やドイツ人のイギリス国旗のための反乱への消極性）[46]などから、ヨハネスブルク反乱の準備は遅れ、植民省内部でも延期（1年以上の）が語られるようになっており、ローズもこの計画の中止に向かおうとしていた。しかし彼はジェイムスンにその方向性を明確に伝えなかった。ローズは23日段階でもまだ、「会社は土曜日に発起される "Company will be floated next Saturday"（発起とは蜂起）」などと知らせてもいる[47]。数週間ローズからの「ゴーサイン」を待っていたジェイムスンは痺れを切らし12月30日独断で進撃を開始した。1月1日、150マイルを進みヨハネスブルクまで30マイルの地点まで進んだが、よく準備されたボーア軍の待ち伏せ攻撃に遭い、彼らは2日降伏した[48]。

(3) レイドの結果

イギリスではこのレイドは31日にはすでに報道された（事情に通じていたタイムズなど特派員のフローラ・ショーなどから）[49]。世論はその成功を待ち望んだ。しかし、チェンバレンは事情に通じてはいたが、むしろそれゆえにヨハネスブルク反乱の失敗を予期し、レイドをいち早く非難してみせた。これが彼のキャリアーを救うこととなる[50]。彼は「もしこれが成功したら身の破滅だ」と家族に述べ、首相や国民にジェイムスンを批判してみせた[51]。ジェイムスンからの侵攻の電報を受け取ったローズは驚愕した。彼は身の破滅を感じ取った。ベイトはショックと落胆のあまり遺言書を作ったほどであった。しかしそれでもローズはジェイムスンに対して明確な停止を命ずることもせず、成功のわずかな可能性にかけていた[52]。

ローズはケープの首相を辞任し、南アフリカ会社の要職から身を引くこととなる。レイドの参加者は捕虜としてヨハネスブルクそしてプレトリアに送られ厳しく罰せられるところであったが、高等弁務官を通じたイギリス政府の要請・圧力とボーア側の政治的思惑から、ロンドンに送られそこで判決を受けた（指導者にわずか15ヶ月の禁固刑）[53]。ヨハネスブルクの反乱計画に関してはリフォーム・コミティーの60人もが逮捕され指導者5人が死刑判決を受けた。

**写真Ⅷ—1　調査委員会メンバーとローズ（1897年）**
左から右へ、ウェブスター、ラブーシェ、ローズ、ハーコート、チェンバレン

出所：E. Longford, *Jameson's Raid*, London, 1960, p. 142.（*Vanity Fair* から）

しかしこれも後に合衆国やイギリスからの除名要請や妥協工作により一人2万5000ポンドの支払いにより、釈放されることとなった[54]。

　イギリスでは、事態はもう少し複雑でローズたちにとって困難であった。下院において調査委員会が設けられることとなり、ローズのみならずチェンバレンの事件へのかかわりも問題となるはずであった。調査委員会にはローズたちに批判的なハーコート、ラブシェーという自由党のリーダーが選ばれていた。しかし当事者で本当は主たる被告になるべきチェンバレンが委員となるという非常識が行われた。さらにいくつかの有利な状況がローズたちには存在していた。イギリス国内ではもともとオイトランダーへの同情論があったところに、レイド失敗直後に発せられたドイツ皇帝からのクルーガーへの「祝電」に対して愛国主義的反発が沸き起こった。委員会の審議は遅れ1897年2月に始まったが、当時、自由党は政治的に分裂し弱体化しておりとりわけ帝国の問題では分裂を深めていた。保守統一党は一致しており、首相のソールズベリはチェンバ

レンを守る決意を固めていた。それゆえ委員会の結論はほぼ見えていたといってよい。7月に出された委員会の報告は、ローズを糾弾したものの、チェンバレンの関与を否定した。彼の関与を証明するべきいくつかの重要な電報は「ミッシング」となり、それ自体が重大な疑惑となったものの、それ以上の追求はなされなかった[55]。自由党は帝国問題で分裂しており、また自由党政権時の首相ローズベリがローズからトランスヴァール政府転覆計画を聞いていたのではないかという疑惑があったために有効な手を打つことができなかった[56]。結局、ロビンスンの忠実な帝国書記官ボウアー（G. Bower）が職務義務違反で職を解かれキャリアーを失うことで、チェンバレンとロビンスンのスケイプゴートとなり、政治決着が図られた[57]。

　この事件とその処理は大きな問題を残すこととなった。ブーア人のイギリスへの不信は決定的なものとなった。1895年にケンブリッジを卒業し、イギリスびいきとして帰国した若きブーア人法律家スマッツ（J. C. Smuts）は、この事件にショックを受け「レイドは英・ブーア対立における宣戦布告であった」[58]と述べている。テイラーによれば、「レイドは南アフリカに計り知れない損害を与えた。ほかのどんな事件よりそれはブーア戦争を引き起こす大きな原因となった。それはまたいまだに除きえないブーア人とイギリス人との敵対意識を生み出した」のである[59]。この意味でレイドと戦争を分けて考えることができるという見解には問題がある[60]。

（4）　レイド以降

　ローズは当面、後始末に追われた。4人の首謀者の釈放の費用一人当たり25,000ポンドを含めてこの事件全体で80万ポンドもの費用がかかった。レイドによる「南アフリカ会社軍」の空白の中で南アフリカ会社に対するアフリカ人の反乱が起こり、その鎮圧に手間取った。チェンバレンとは事態収拾の過程で脅しを含んだ調整を図り、委員会の調査を乗り切った。彼は次第に精神力を回復していった。しかしトランスヴァール問題に関して彼はこれ以降「一度やけどをした子供」のように慎重に振舞うこととなる[61]。彼は当面会社の支配地域「ローデシア」の開発とケープの政治（野党のリーダーとして）にその力を向

けていく。

　ジェイムスン急襲の失敗以降、たしかに金融・金鉱業者の主だったものは政治との距離を取るようになっていた。ローズは政治の一線から引退を余儀なくされた。ベイトは病気になり会社の経営から離れつつあった。ウェルナーはロンドンに住み、クルーガー政権には批判的であったが、慎重な姿勢を保っていた。他の経営者たちは統一した意見を持てずにいた[62]。彼等は、戦争の必要性について確信はなかったが現在の政権の自己変革の可能性についても否定的であった。

　彼等から見るとクルーガー政権は腐敗して非効率で封建的な農民政権だった。ダイナマイト販売と鉄道建設はコンセション制度すなわち独占事業であり、賄賂政治の根源であった。そこには資本主義、工業化、進歩というものは期待できなかった（これに関してはアメリカ人を中心とする鉱山技術者たちも同意見であった）。鉱山会社の従業員すなわちイギリス人の移民は選挙権を否定されていた。それに加えクルーガー政権は明らかに反イギリスと思われる政策をとりだした。彼等は列強のなかでの同盟者・支援者作りにのりだし、ドイツへの接近の姿勢を見せた。イギリス支配の外側のポルトガル領デラゴア湾への鉄道を建設し、あるいは北方への領土拡大の構えを取った[63]。（しかしイギリスとドイツは1898年南アフリカでのイギリスの支配権を含む広域の分割で合意に達しており、トランスヴァールのドイツカードはほぼ効力を失っていた。ドイツの投資家も、この地域に対するイギリスとその金融の影響力から利益を得ていると感じていた）[64]。ここにイギリス政府、鉱山業者、その背後の金融業者と投資家集団、そしてイギリス系移民の要求と感情が一致する場面ができてくる。

　レイド以降、オイトランダー指導層は政治運動を3年から15年の間禁止された。鉱山会議所は分裂し、レイドにかかわらなかった諸会社は、アソシエイション・オブ・マインズを結成しクルーガー政権と妥協の道を探るようになって行った。しかし、1897年のミルナーの高等弁務官着任、またその後の鉱山業とクルーガー政権との間における諸問題の再燃は、リフォーム運動の指導者の一部に政治運動への参加を可能にさせて行くことになる。そして南アフリカ戦争の開戦にいたる重要な時期において公的にイギリスの目的と言明され宣伝さ

れたのは、この地への近代的政府と民主主義の導入なのである。

## 5  1896～1899年、交渉と戦争への道

　ジェイムスンレイド以降しばらくの間、鉱山業者たちはトランスヴァール政府との対決を避け、交渉で事態の打開を図ろうとした。1897年には政府側は産業調査委員会を作り、鉱山業の抱える問題を検討する姿勢を見せた。しかし報告書に盛られたいくつかの改善策は実行されず、鉱山会社側の姿勢は硬化した。そのため、彼らはチェンバーズ・オブ・マインズの再建に乗り出す。1897年12月、チェンバーズ・オブ・マインズは再結成される[65]。

　1897年の春に高等弁務官としてケープに赴任していたミルナーはしばらくの間状況を見ていた。1898年2月にクルーガーは大差で大統領に再選され、話し合いでの改革は不可能になりつつあるように見えた。同じく2月、ミルナーとウェルナー・ベイト社でフィリップスの後を継いで政治・情報担当者となり改革運動の旗手となりつつあったフィッツパトリック（P. FitzPatrick，今後フィッツと略）との会見があった。二人の間では、今後の政府と鉱山業界との話し合いの中では単なる経済問題のみならずオイトランダーの選挙権などの政治問題を含んだ包括的な交渉が行われるべき、との合意がなされた[66]。

　その後、1898年にはトランスヴァール政府の改革派官僚スマッツとフィッツとの話し合いをへて、1899年の3月にはいわゆる「大交渉」、「資本家の交渉」と呼ばれた政府と鉱山業界との交渉がもたれる。しかし政治問題を絡ませてきた資本家側の動きで交渉は失敗する。これはミルナーが「キャピタリストは妥協的」と警戒し、安易な妥協は避けることでフィッツと合意していたからである。フィッツたちは改革派官僚たちの誠意は信じつつも、クルーガー政権そのものの保守性、ラート（ブーア議会）の非妥協性から、ブーア側の提案を「欺瞞」と認識した。フィッツは、結局、タイムズに情報を流すなどの策略で交渉を破綻させる。（これについては次章）

　3月末にはオイトランダーの「第二の訴え」が公表され、選挙権問題が大きく取り上げられるようになる。ミルナーから要請を受けたチェンバレンはこ

動きに同意を与える。さらにミルナーはオイトランダーの状況を奴隷(ヘロット)にたとえる報告書を書きチェンバレンへの圧力を強める。

　アフリカーナー、ブーア人側もイギリス側も強攻策で一致していたわけではない。ケープの首相シュライナー、ナタール首相シュタインの説得と仲介があり、5月31日から1週間、ブルームフォンテンでミルナーとクルーガー大統領との会談がおこなわれた。しかし選挙権付与の条件、5年か7年か、議席の配分をどうするかに関しての両者の強硬な姿勢により決裂する[67]。(オイトランダーも一致団結していたわけではない。むしろ一致しているように見せかけていた。状況を作り上げ、そこに追い込んで行ったのはミルナーとオイトランダーの指導者たちである。)

　戦争にいたるまでにはもう一度妥協の機会があった。8月13日、スマッツが居住5年間での選挙権という「驚くべき」提案をしてきた。19日、これは政府の公式の提案とされる。しかし21日には、それには条件が付けられる。トランスヴァールの内政への不干渉とイギリスの主張の撤回である。26日にはチェンバレンはもう妥協の時期は過ぎつつあると述べ、28日には条件は飲めないとミルナーに伝える。9月2日、トランスヴァール政府はスマッツの提案を撤回し、7年と4議席の主張に戻る。9月8日、内閣は「最終提案は条件なしの5年間、もし受け入れられなければイギリス政府はこの提案を最終的な回答とみなす」とする[68]。後にはどちらが最後通牒を先に発するかが残された。

## 6　ミルナーの戦争

　首相兼外務大臣のソールズベリはその大局的な外交政策によって「ヴィクトリア時代の巨人(Victorian Titan)」といわれた人物であった。彼は南アフリカの情勢に関して戦争を不可避とは考えていなかった。彼によれば「われわれはこれ以上の金鉱も領土もいらない」のであり、最終判断の直前においても次のように述べている。「ミルナーの手紙にはいろいろと書かれているが、判断はまだできない。彼の見解は熱を帯びすぎている。……我々は彼と彼の戦争好きの支持者たちが我々に準備した道義的場面で行動せざるを得ない状況になって

いる。それゆえ我々は軍事上の準備も行っている。それも我々が嫌悪する人々（of whom we dispise）、イギリスに何の利益も力も与えない領域のためになのである。」[69]「この人々」とは金融業者と金鉱業者である。

この戦争は研究者の多くから、「ミルナーの戦争」と呼ばれてきた。これは1897年に南アフリカの高等弁務官に指名されたミルナーの特異なイデオロギー（性格）と巧妙な策略によってイギリスが戦争に入り込んだと解釈するものであり、40年前に公開されたミルナーの文書を詳細に検討する中で確認されてきた解釈である。「ソールズベリはチェンバレンによって、チェンバレンはミルナーによって戦争に引きずり込まれた」[70]というのがこの解釈のエッセンスである。

その最初の研究はストークス、マレー、ルメイによって行われた。エリック・ストークスによる「ミルネリズム」はその代表である。ストークスはミルナーのドイツ生まれ、ドイツ育ちから彼の原則主義の面と社会主義的傾向そして社会帝国主義的傾向を明らかにする。「彼の政策におけるイデオロギー的要素、長期的で包括的な目的に沿って行動を組み立てようとする傾向、明快な解決と結果を求める熱意、武力を使用することへのためらいのなさ、これらすべては科学的知識によって考案され構成された計画的社会に対する彼の初期の信念から生まれている」こうしたメンタリティーが南アフリカの問題に対する彼の政策を説明することになるというのである。そしてストークスはガーヴィンのチェンバレン研究や、ヘッドラム編集のミルナー・ペイパーから、南アフリカ戦争におけるチェンバレンの責任論を相対化させ、チェンバレンはミルナーによって押し付けられた戦争を「プッシュフル」におしすすめたにすぎない、と解釈する[71]。ストークスが引用するステッドによれば、ミルナーは「ソールズベリや女王すら反対していた、一握りの金融業者とミュージックホールのジンゴ以外には望まない戦争」を国民に押し付けたというのである[72]。ミルナーはジャーナリストで友人のクックらから、世論が戦争には厳しいことを知らされていた。手紙でクックは「ミルネリズムと今呼ばれているものに対する保守派の反対がある」と書いており、ミルネリズムという表現が当時存在していたことを明らかにする。また彼は「人と金を『汚い証券取引のユダヤ人』のため

写真Ⅷ—2　ミルナー（1900）

出所：J. Marlowe, *Milner -Apostle of Empire*, London, 1976, p. 212.

に危険に曝すことへの嫌悪感がある」との陸軍省次官補の言葉を引用している73)。こうした状況にもかかわらず、ストークスによれば、ミルナーは自己の信念に忠実に行動し事態を戦争に持ち込んでいったのである。

　チェンバレンはレイド以降南アフリカの事態に関しては慎重であり、最後まで交渉と圧力でクルーガーを屈服させられると考えていた。いかにチェンバレンを乗せ、世論を誘導するかが、ミルナーと彼を取り巻くグリーンやフィデスたち現地官僚の腐心したところであった。ミルナーはフィッツパトリックに「チェンバレンが彼に操作されることを嫌っており、自らが世論工作などで動くとチェンバレンを後ろ向きにさせる」との警戒心を述べている74)。ミルナーの絶え間のない要請を受け、チェンバレンがクルーガーに明白な警告を送ったのが8月の末であり、世論に変化が見えスマッツの提案にイギリス側には受け入れがたい条件がつけられたことが判明してからであった。ミルナーは政策担当者の消極性と世論の遅い反応のなかで、ほぼ一人で、交渉と妥協の流れに掉さし、戦争にまで事態を持ち込んだのである75)。

　ルメイは「サー・アルフレッド・ミルナーの戦争」なるタイトルで彼の本の第一章を叙述する。ここで彼はチェンバレンや植民省官僚とは段違いのミルナーのトランスヴァール政府に対する強硬姿勢を明らかにしていく76)。パケナムはミルナーの主導性と彼の金鉱業者とりわけフィッツパトリックとの関係を強調する77)。

　「ミルナーの戦争」の解釈に対して、同じ政治解釈論の立場から、チェンバレンとソールズベリとりわけ後者の政策決定の重要性を再評価するのがA・ポーターである。確かにソールズベリはランズダウンへの「われわれの嫌悪す

る人々のために」の発言のように、ミルナーやチェンバレンの問題の取り扱いに不信感を持っていた。しかし彼らとの相違は、戦術上の、事態取り扱いのスピードに関してなのであり、南アフリカにおける主権の問題はソールズベリにとっても譲れないところであった。彼はその目的のためにまずは交渉、次に圧力、そして最後に軍事力、と着実に準備を進めて言ったのである。主権問題に関してはチェンバレンより一貫した姿勢を維持しており、交渉の最終局面での圧力行使に関してはより強硬であった。結果的には彼の率いる内閣は一致して戦争に乗り出したのである。こうしたポーターの解釈はソールズベリの伝記執筆者ロバーツによっても支持されている。後者の場合にはソールズベリの独自性と指導性がさらに強く打ち出されているが[78]。

　政治家たちの意識、意図、計算、期待を彼らの残した公的な、私的な文書によって構成していく限り、戦争の決定は戦略、外交、政治、帝国意識、人種主義、プライド、野心などによって行われたということになっていく。また政策決定の主体は、本国側か現地側かということが重要視され、本国より現地側の指導者に、この場合はミルナーに置かれる傾向がある。ロビンスン・ギャラハーに始まり、ストークス、マレ、ルメイ、ポーターによって代表される研究はそうである[79]。

　しかし戦争の決定は経済とは無関係に行われたのであろうか。戦争の開始の直後にソールズベリはロンドン市長主催の晩餐会で「金鉱山業に関するイギリスの唯一の関心はそれがよい統治のもとで経営されるかどうかということである。われわれは金鉱を欲してはいないし、領土も望んではいない」と述べている。これはその言葉通りに受け止められるべきではなかろう。彼はこの戦争が「鉱山業のために行われたとの印象を与えないようにすべきだ」とも述べている[80]。彼は世論を考慮しそれを誘導するために慎重な発言を繰り返していたのである。

　マレも「戦争にいたる時期、鉱山業者は政治の道具に過ぎなかった。危機を作り出した動力は官僚たちであった。彼らの関心は経済ではなく世界的な規模の帝国政策であった」[81]という表現で、ミルナーの主導性と非経済性を主張する。しかしミルナーの「非経済性」には疑念が浮かぶ。1897年、ミルナーが高

等弁務官を引き受けた直後ロスチャイルドと週末を過ごし、また1899年初頭の休暇時に訪問しているのは偶然に過ぎないのであろうか[82]。そして、1886年ゴッシェンが大蔵大臣であった時に個人秘書となって以来の密接で長い彼との関係、エジプトにおける財務次官（1889－1892年）としての経験、1892年からの内国税局長官としての役割[83]、などが南アフリカ問題への彼の思考に何の関わりを持たなかったとは言いがたい。また、戦後における鉱山業との彼の良好な関係はどう解釈すべきであろうか。以上の疑問には政治解釈論やミルネリズム論からでは解答しにくい。次章は、ミルナーおよび政策担当者による戦争への最終決定に至るプロセスをより詳細に検討してみようとするものである。

1) T. Pakenham, *The Boer War*, London, 1979, xv.
2) I. R. Smith, "A Century of Controversy over Origins", in D. Lowry ed., *The South African War Reappraised*, Manchester, 2000, p. 26.
3) J. A. Hobson, *The War in South Africa : It's Causes and Effects*. London, 1900, pp. 197, 229, 240,
4) *A Century of Wrong*, issued in the name of F. W. Reitz, the State Secretary, but written by Smuts, 1900, pp. 95-98.
5) Bill Nasson, *The South African War 1899-1902*, London, 1999. pp. 1-3.
6) *A Century of Wrong, op., cit.*, pp. 33-36.
7) G. Wheatcroft, T*he Randlords : The Men Who Made South Africa*, London, 1985.
8) *Ibid.*, pp. 51-52.
9) *Ibid.*, p. 104.
10) *Ibid.*, pp. 106-108 ; Rob Turrell, "Rhodes, De Beers,and Monopoly", *JICH*, pp. 330-331.
11) R. V. Kubicek, *Economic Imperialism in Theory and Practice*, Duke Uni. Press, 1979, pp. 39-42.
12) *Ibid.* 44-45.
13) S. H. Frankel, *Capital Investment in Africa, Its Cource and Effects*, London, 1938, p. 95.
14) Kubiceck, pp. 22-24.
15) *Ibid.*, p. 19.

16) *Ibid.*, pp. 55-56.
17) Wheatcroft, p. 8.
18) Kubicek, pp. 87-97.
19) Wheatcroft, p. 162.
20) Hobson, *The War in South Africa : Its Causes and Effects*, London, 1900, p. 191.
21) Wheatcroft, p. 201.
22) S. Chapman, Merchant *Enterprise in Britain : From the Industrial Revolution to World War I*, Cambridge, 1992, pp. 277-279 ; J. J. van Helten, "Mining, share manias and speculation : British investment in overseas mining, 1880-1913", in J. J. van Helten and Y. Cassis, eds., *Capitalism in a Mature Economy : Financial Institutions, Capital Export and British Industry*, 1870-1939, Edward Elgar, 1990, p. 166.
23) Chapman, *Ibid.*, p. 278.
24) S. Chapman, *The Rise of Merchant Banking*, London, 1984, Chapt., 2, 3, 5.
25) S. Chapman, *Merchant Enterprise in Britain*, *op. cit.*, Chapt. 8.
26) R. Turrel, "The Rothschilds, the Exploration Company and Mining Finance", *Business History, XXVIII*, 2, 1982, pp. 181-205.
27) *Ibid.*, pp. 183-185.
28) *Ibid.*, p. 193.
29) G. Blainey, "Lost Causes of the Jameson Raid", *Econ. Hist. Rev.*, vol. 18, 1965, pp. 354-355.
30) *Ibid*, p. 361.
31) van Helten, *op. cit.*, pp.173-174.
32) S. Chapman, "Rhodes and the City of London : Another View of Imperialism", *Historical Journal, XXVIII*, 3, 1985, pp. 647-648, 653, 654-657.
33) C. Newbury, "Out of Pit : The Accumulation of Cecil Rhodes", *JICH*, X, 1, 1981, pp. 26, 35-39, 40.
34) R. Turrel, "'Finance,The Governor of the Imperial Engine' : Hobson and the Case of Rothschilds and Rhodes", *Journal of Southern African Studies*, 13, 1986, pp. 29-30.
35) J. S. Galbraith, "Cecil Rhodes and his 'Cosmic Dreams' A Reassessment," *JICH*, pp. 175-176.
36) ケイン・ホプキンズ著、竹内・秋田訳『ジェントルマン資本主義の帝国　Ⅰ』253－254頁。
37) ロスチャイルドは戦争後も南ア金鉱業に関心を持った。David Yudelman, Roth-

schild, Afrikaner scabs and the 1907 strikes, *African Affairs*, 1982, no. 323, pp. 257-269.

38) Blainey, op. cit., pp. 356-361. ジェイムスンレイドを中心とする「政治」に深く関わったのは、深層鉱山会社か露天掘鉱山会社かの論争は、ブレイニーの前者を抽出する分析に対してクビセクやモービーによる両者の資本の連続性を見る批判、メンデルソーンの折衷論などの論争がある。P. Richardson & J. J. Van Helten, The Development of the South African Gold-Minig Industry, 1895-1918, *Econ. Hist. Rev.*, No. 3, 1984 pp. 322-324.

39) Blainey, op. cit., pp. 362-364 ; R. Mendelsohn, "Blainey and the Jameson Raid : the Debate Renewed", *Jounal of Southern African Studies, VI*, 1980, pp. 166-167.

40) Wheatcroft, p. 172.

41) *Ibid.*, p. 124

42) A. Dumity and Bill Guest, *Interfering in Politics : A Biography of Sir Percy Fitzpatrick*, Johannesgurg, 1987, p. 27.

43) Jameson についてはElizabeth Longford, *Jameson's Raid*, 1960, 1982, pp. 43-47.

44) *Ibid.*, p. 31.

45) Wheatcroft, p. 174.

46) Longford, pp. 186-187, Wheatcroft, pp. 172-173.

47) Wheatcroft, pp. 172-177, 188.

48) Longford, pp. pp. 48-55, 63-76.

49) Wheatcroft, pp. 174-175.

50) Longford, pp. 30-33.

51) Wheatcroft, p.182.

52) Longford, pp. 190-194.

53) *Ibid.*, p. 97.

54) Wheatcroft, pp. 183-184 ; J. P. Fitzpatrick, *The Transvaal from Within*, London, 1899, p. 278.

55) Wheatcroft, pp. 186-187.

56) Longford, pp. 273-275 ; J. Butler, *The Liberal Party and the Jameson Raid*, Oxford, 1968, pp. 14, 43-45.

57) Wheatcroft, p. 188 ; Longford, pp. 268-270. なおチェンバレンとローズとの間の、脅迫を含んだ妥協工作については。Longford, pp. 143-161, 211-218.

58) Wheatcroft, p. 181.

59) ジェイムスンレイドの作者は二人の帝国建設者、ローズとチェンバレンであるとテイラーは述べる。A. J. P. Taylor, "The Jameson Raid", in his *Essays in English History*, Penguin, 1950, p. 177.
60) I. R. Smith, *The Origins of the South African War 1899-1902*, London, 1996, p. 396.
61) J. Leasor, *Rhodes and Barnarto*, London, 1997, pp. 187-195.
62) I. R. Smith, *op. cit.*, pp. 400-401.
63) S. Marks, Chapter 8 in R. Oliver and G. N. Sanderson eds, *The Cambridge History of Africa*, vol. 6, pp. 470-479.
64) Smith, *op. cit.*, pp. 208-209. 406 ; Robinson & Gallagher, *Africa and the Victorians*, London, 1961. pp. 447-448. スミスによれば、1896年のジェイムスンレイド事件後の「クルーガー電報事件」の時がドイツによるクルーガー政権支持の最高潮時であり、その後1898年の英独協定でイギリスの至高権に対するドイツの異議はあり得ない状況になったのである。イギリスとドイツの世界政策・外交を優先したトランスヴァール問題での妥協については以下を参照。前川一郎「トランスヴァール共和国をめぐる英独の角逐」、『西洋史学』第196号、2000年3月、22-42頁。
65) A. Dumity & Bill Guest, *Interfering in Politics : A Biography of Sir Percy Fitzpatrick*, Johannesgurg, 1987, p. 45-47.
66) *Ibid.*, pp. 48-49.
67) J. S. Marais, *The Fall of Kruger's Republic*, Oxford, 1961, pp. 282-284 ; *The Memoir of Paul Kruger told by himself*, London, 19, pp. 308-309.
68) G. H. L. Le May, *British Supremacy in South Africa 1899-1907*, Oxford, 1965, pp. 24-25. チェンバレンはメモで「パン・アフリカーナーの策略」と。A. Roberts, *Salisbury : Victorian Titan*, London, 1999, pp. 728-731.
69) Salisbury to Landsdowne, 30 Aug. 1899 ; Newton, *Lord Landsdowne*, 1929, p. 157.
70) Taylor, *op., cit.*, p. 183.
71) Eric Stokes, "Milnerism", *Historical Journal*, V, 1966, pp. 52-53. ストークスはミルネリズムとの表現のなかで、彼の「社会主義」的、理想主義的傾向をもつ特異な思想、彼の帝国論すなわち現在保持している地域の保全とその改革の優先、それゆえのナイル地域と南アフリカの、コンゴと東アフリカに対する優先などを明らかにしている。ミルナーの思想の特殊性と戦争に至る過程でのミルナーの決定的ともいえる役割について、とりわけチェンバレンすら「穏健」に見せてしまうほどの強硬さについては以下を。J. Marlowe, *Milner-Apostle of Empire-*, London, 1976, chapt.

4. Working up to a Crisis.
72) Stokes, *Ibid.*, p. 53.
73) *Ibid.*, p. 55.
74) Fitzpatrick to Wernher, 6<sup>th</sup> April, 1899, in A. H. Dumity and W. R. Guest eds., *Fitz Patrick: South African Politician Selected Papers, 1888-1906*, Johannesburg, 1976, pp. 204-205.
75) A. Dumity & Bill Guest, *Interfering in Politics: A Biography of Sir Percy Fitzpatrick*, Johannesburg, 1987, pp. 54, 56, 58.
76) G. H. Le May, *British Supremacy in South Africa, 1899-1907*, Oxford, 1965. Chapt., I.
77) Pakenham, *op. cit.*, pp. 88-89.
78) A. Porter, *The Origins of South African War*, Manchester, 1980, pp. 17-22 ; Roberts, *Salisbury, op. cit.*, pp.724-739. その他ソールズベリの政策決定力と内閣が基本的には一致していた点については、A. Porter, *Ibid.*, pp. 265-266 ; Robinson & Gallagher, *Africa and Victorians*, London, 1961. pp. 454-456. ソールズベリのチェンバレンとミルナーに対する感情（不満）については、J. Marlowe, *Milner-Apostle of Empire-*, London, 1976 p. 83.
79) 遺された文書は確かに彼らが当時深刻に考慮し検討してきたことが綴られている。しかし彼らが当時暗黙の前提としていたことは語られていない。文書には隠滅されたものもある（たとえば、ジェイムスンレイドにおけるミッシング・テレグラフなど）。セシル・ローズの文書にもジェイムスンレイドの直前、南アフリカ戦争の直前におけるものはほとんど「存在」しない。
80) Smith, *Origins, op. cit.*, pp. 408-409.
81) Marais, *The Fall of Kruger's Republic*, pp. 324-325.
82) J. Marlowe, *op. cit.*,, p. 61 ; T. H. O'Brien, *Milner*, London, 1979, p. 128.
83) Marlowe, *Ibid.*, pp. 12-17.

## IX 南アフリカ戦争 2：政策決定の過程

　戦争は迫ってきた。ミルナーとクルーガー大統領に妥協の意図は見られなかった。しかし多くの関係者は戦争を必至のものとは見ずに交渉と妥協の道を探っていた。彼らの努力と期待が消され、戦争への決定がなされてゆくそのプロセスは「ミルナーの戦争」の論理ではすまない複雑なものであった。決定の構造を金融・鉱山会社のキャピタリスト、それも経営トップではなくジュニア・パートナーの役割に注目し、より細かく分析しようとするのが本章の目的である。(この目的に示唆を与えた研究については注の5を参照)

### 1　鉱山業者、オイトランダー、経済と政治の媒介者

　戦争に至るプロセスの中で経済利害や政治的関心を持ちそれらを主張した組織や個人についてまとめておく必要がある。

(1)　鉱山業者
　鉱山業者は一致した行動を取りえたのか。業界は分裂していたのではなかろうか。鉱山業者の関心は利潤であり、それが制度上ある程度保障されている限りで彼らは政治への関与を避けようとする。政治にかかわりを持ってきたウェルナー、ベイト、エクステインもそうした傾向は持っており、ゲーツ等のいわゆる穏健派は「いかなる政府の下でも営業活動を優先」としてトランスヴァール政府との妥協を望んでいた[1]。しかし業界と政府との大きな交渉の中では彼らもウェルナー・ベイトやコンソリデイティッドの経済力、政治力の前で「同意」や「同調」の姿勢をとる場合が多かった。
　戦争に至る過程でウェルナー・ベイトもコンソリデイティッドも政治については慎重であった。とりわけローズはトランスヴァールの問題には無関心を装っていた。しかし、ウェルナーとベイトは表舞台には出なかったものの、

フィッツパトリック（Percy FitzPatrick, 今後フィッツと略す場合あり）など
から事前の相談、絶えざる連絡を受け、重要な点では「了承」を与えていた。

(2) 鉱山業調査委員会と鉱山会議所

　トランスヴァール政府は1897年、鉱山業界の直面している問題を検討すると
して、業界代表を加えて鉱山業調査委員会を作ると発表した。当初は政府に都
合の良い報告をまとめるものと予想されたこの委員会は、公平な仕事をした。
フィッツは業界の代表としてロビンスンなど穏健派を表面に立て、エヴァンス
とともにコスト計算に関する基礎資料を提出するなど裏方で動いた。問題は多
岐にわたり、ダイナマイト独占の撤廃、食料への輸入関税の廃止、鉄道運賃の
引き下げ、酒類取引・パス法・金盗掘規制に関する委員会の設立などが報告書
にまとめられた。しかし結局クルーガーはダイナマイトの価格低下と鉄道運賃
の10％引き下げのみを取り上げ、さらに企業利潤への新税すら提案してきた。
こうした改革への悲観的状況の中でレイド以来分裂していた鉱山業界に鉱山会
議所の再結成の機運が高まり、1897年12月にチェンバーとアソシエイション
（ゲーツ社らの）は合同した[2]。

(3) オイトランダーの組織

　オイトランダーの意見を代表するとして影響力を持った組織はサウス・アフ
リカン・リーグである。リーグはジェイムスンレイドの後にケープで結成され
たが、ラントを始め各地に支部を持った。もっとも活発な活動を展開したのは
ヨハネスブルクにおいてである。指導者は、1899年までコンソリデイティッド
に雇われていた鉱山技師のワイバーグをはじめとして、弁護士、事務弁護士な
どの専門職の人物であった。彼らは、オイトランダー全体の意見を代表すると
して、主として社会的・政治的な公平さや権利の平等などを旗印として掲げ、
集会や示威行動などを展開した。全体の利益という建前から時には労働条件の
悪化に抗議する白人労働者のストライキに同情的な姿勢すら取った。彼らは白
人種内部の対立を醸成し、戦争への道をならしてゆく宣伝機関であった[3]。

　もうひとつの組織は1899年6月に結成されたオイトランダー・カウンシルで

ある。こちらはラントの資本家の意見を代表するものとされ、フィッツパトリックの提案で生まれた。この創立に先立って、5月ヨハネスブルクの副領事エヴァンス（J. E, Evans）はミルナーに、「やるべきことを熟知している人たち」によって組織が結成されると報告している。中心人物には会長のカーをはじめとして、レイドの謀略参加者がいる。主要メンバーはサウス・アフリカン・リーグにも加盟している。彼らもまた、ミルナーの交渉決裂政策に重要な役割を果たす[4]。

## （4） 政治と経済の媒介者

　鉱山業界に属し、戦争にいたるまでのトランスヴァール政府との交渉でもっとも大きな役割を果たした人物は、パーシー・フィッツパトリック（今後フィッツと略す場合あり）である。彼はレイドの時点では、リフォーム委員会の書記を勤めており、指導者5人の下で働く人物として2年の刑を受けたが釈放（2000ポンドの罰金）され、3年間の「政治活動停止」にあった[5]。イギリスに避難せざるを得なかったライオネル・フィリップス（レイドで死刑判決、25000ポンドで釈放、1897年から1906年までロンドンに在住)[6]を継いでウェルナー・ベイト（コーナーハウス）社の情報・政治担当役員として政治活動に参加する形になった。彼は1897年、二人の人物と会うことになる。ひとりはオスマン銀行で働いていたことのある証券業者でコーナーハウスに雇われることになったS・エヴァンス（Samuel Evans）で彼は世論・新聞対策を担当する。もう一人は1896年11月にプレトリアにおけるイギリスの領事（Agent）に赴任していたグリーン（Conyngham Greene）である。フィッツはこの二人、さらにはヨハネスブルクの副領事のE・エヴァンス、総督府秘書官のフィデス（G. Fiddes）らと連絡・相談を密にし、戦争への道慣らしを行うことになるのである。

　1897年グリーンはコーナーハウスのフィッツに鉱山業のコスト改善のため、トランスヴァール政府に対して共同の姿勢をとるよう要請してきた。グリーンの要求に対して政府は産業調査委員会の設立で応じてきた。フィッツとエヴァンスはこの調査委員会にコストに関わる基礎資料を提供し、委員会の「まとも

写真Ⅸ—1　P・フィッツパトリック（1892）　　写真Ⅸ—2　J・スマッツ（1898）

出所：A. Dumity and B. Guest, *Interfering in Politics : A Biography of Sir Percy Fitzpatrick*, Johannesburg, 1987, p. 50

な報告書」の作成に裏方として関わった[7]。彼はその後、レイド以降分裂していた鉱山業者の組織を統一するために、穏健派のロビンスンを説得し、先述したチェンバーとアソシエイションの統一、すなわちチェンバーの再結成に成功する[8]。

　1899年の「資本家の交渉」で、フィッツとともに重要な役割を果たしたのが、ジョルジュ・ルリオ（Georges Rouliot）である。彼はエクステインのシニアパートナーであり、エクステインとともに、政府との対立をできるだけ避けようと考えていた。しかし交渉のプロセスではフィッツとともに、選挙権問題での非妥協的な回答を作成し交渉を決裂に持っていった。

　フィッツやルリオらは、ウェルナーやエクステインらの経営・所有者たちに対して経営の面では明らかに従属的であった。しかし、業界を代表して交渉に出て行くと彼らは独特な政治性と独立性を発揮する。彼らは経営者の意図を時には無視して政治的に振舞い、状況を変えることで、経営者の同意を引き出して行く[9]。さらに政治家との個人的関係を作り、政治と経済の媒介者となる。彼らは政治家・官僚たちから「問題が何であって、何が望まれているかを熟知した人々」、「最善の人々」といわれた人々である。彼らは経済的交渉と同時に、オイトランダーの「第一の訴え」、「第二の訴え」（3月末、2万人の署名）の作成に関わり、選挙権問題や人権問題を世論化していく[10]。

## 2 1899年3月における「キャピタリストの交渉」

　1898年から、1899年の春にかけて「キャピタリスト」とトランスヴァール政府との交渉が、断続的に行われてゆく。この資本家側のリーダーはフィッツである。
　1898年2月、彼はエヴァンスとハルに相談し、ミルナーと初めて会っている。この会談で彼はミルナーと南アフリカ問題の根本的な解決で合意する[11]。今後の政府との交渉においては、経済問題だけでなく政治的・社会的な問題を持ち出すこと、すなわち裁判所の独立、原住民政策、選挙権、議席再配分、英語教育、関税、鉄道、など懸案の問題のすべて、AからZまでを包括的に解決することである[12]。

### (1) スマッツとの交渉

　1898年6月、ケンブリッジ大学卒で若干28歳のスマッツがトランスヴァール政府の法務大臣に抜擢された。10月からフィッツとスマッツの非公式な交渉が始まった。最初は現地人労働に悪影響を与えている酒の密造取締りの問題であったが、次第に新税導入（鉱山利益への5％）への反対、そして深鉱地帯の隣接地域（ベワールプラチェン）のコンセション・独占問題などに会談の内容は拡大していった。その過程でフィッツから連絡を受けていたエクステインはダイナマイト、鉄道、酒類の独占の廃止を条件にトランスヴァール政府への250万ポンドの借款の好条件での引き受けすら同意した[13]。（エクステインはフィッツの政治性に懸念を持ちつつも交渉に合意していた)[14]しかしクルーガーとダイアモンド独占を説得することは状況から見てスマッツにとっても困難なことであった。スマッツはフィッツを鉱山業およびオイトランダー勢力の背後の中心人物と見ていた。フィッツはスマッツを進歩勢力の若手の代表と評価し、個人的にではあるがかなりの期待をかけていた[15]。ウェルナーへの手紙でフィッツは「われわれの希望はスマッツである」とも述べている[16]。スマッツは率直な言い回しで状況を語った。たとえば「ヨーロッパにおいて外務大臣

(Leyds) はどこでも『鉱山業界はどうなのか』、『オイトランダーはどうなのか』と聞かれる」、「クルーガーは年をとり秘密を守れない」など、と。スマッツの誠意を感じながらも、彼のクルーガーらへの影響力の限界を知り、フィッツは次第にこの話し合いの行方に悲観的となる[17]。

(2) 資本家の交渉

　その頃、別な線でより公式な交渉の道ができつつあった。ダイナマイト独占のリパート (E. Lippert) はケープの政治家メリマンと事態の改善について相談した。メリマンはオイトランダーとの話し合いがもたれるべきで、またクルーガー大統領が何らかの打開策に乗り出すべきだと述べた。リパートは帰国後、すぐに大統領に会い、またスマッツと外務大臣のリーズに妥協の道を相談した[18]。彼らの中で提案が検討された。それには、まず、政府とすべてのオイトランダーとの平和を確保する条件を探るためとの目標が述べられ、次に双方の条件がまとめられた。オイトランダー側には、アジア人移民と借款に関しての政府への支持、新聞によるアジテイションの停止、サウス・アフリカン・リーグの解散が求められた。それに対して政府は、ダイナマイト問題での妥協、新しい税の中止、今後5年間居住での選挙権の付与を行う用意があるというのである[19]。リパートがまず、コンソリデイティットの取締役ではあるがリフォーム運動に関係を拒んできたバーケンルースに提案を伝え、後者は、ゲーツのブラカン、そしてエクステインのルリオにそれを伝えた。

　フィッツはルリオからこれを聞き、スマッツに事情を糺し政府の真意を確認した（これについて彼は3月4日にウェルナーに、3日にはグリーンを通じてミルナーに伝えている）[20]。彼はスマッツの善意は認めつつも、交渉の行方に悲観的であった。彼はこの提案についてもクルーガー大統領と彼の周りの保守派による事態引き伸ばし策を疑った。スマッツとの会見後、彼はグリーンをたずね相談した。グリーンは、ミルナーにこれを知らせ、三者の間では「早急な解決は避ける、選挙権での妥協はしない」、また経済問題だけではなくあくまでも「包括的な解決を目指す」という1898年2月の合意の線で動くことが確認された[21]。フィッツはグリーンにこれはオイトランダーへの分裂工作ではない

かと意見を述べている。ミルナーはチェンバレンに「この提案は、こちら側にしっかり立っていないキャピタリストをあちらに捉える方策」と、伝えている[22]。

3月9日に鉱山業界とトランスヴァール政府との交渉が始まった。政府側の代表は、スマッツ、リーズ、レイツそしてダイナマイト独占代表のリパートであった。いわゆるキャピタリスツ側「ラント・コミッティー」の議長はルリオ（鉱山会議所会長かつエクステインのパートナー）がなり、ゲーツ代表のブラハンなど何人かの会社代表が加わった。フィッツはオイトランダーの代表の拡大をルリオらに提案し、それは政府との最初の会議で了承された。フィッツもその一人として提案された。反対意見が出されたものの彼の代表入りは認められた。彼は3年間の政治活動禁止の停止を求め了承されたのである。（同じく、レイドの時の同僚ハルも代表に入る）[23]

第一回の会合の翌日、リパートが、フィッツを含めた各社の代表に、政府側の重要提案を伝えた。これは、「金融アドヴァイザーの任命、新税導入の中止、ベワールプラチェンの採掘権の地上権者への販売、ダイナマイト価格の引き下げと更新時における独占権の廃止、7年間居住での選挙権の承認」というものである。これに対しての、鉱山業およびオイトランダーの義務は、「この改革で相互理解と協調の友好的平和的発展に対してのすべての障害が取り除かれたことを宣言する、新聞での扇動をやめる、有色人種の無制限移民への反対を明らかにする、政府のほかの方法での労働供給促進策を評価する、ダイナマイト問題での政府の譲歩に賛意を表明する、ヨーロッパにおける政府の借款を援助する」などである[24]。

フィッツと代表団側は、これにはオイトランダー社会全体の承認が、また各社のロンドン本社の承認が必要であるとの姿勢をとる。フィッツにとってこれは問題解決の枠組みを拡大することで交渉の決裂を想定したものである。フィッツはスマッツにオイトランダー指導層による集会の必要性を述べ承認を求める。スマッツはこの種の集会の危険性を認識しつつも承認を与える。この間の経過は逐一グリーンを通じてミルナーに伝えられている[25]。

15日の集会の状況はエヴァンスとフィッツを通じてグリーンにそしてミル

ナーに伝えられた。この集会においてフィッツは交渉の内容を何時間かけて説明した。しかし選挙権での提案がブーア人の国会で承認される可能性のないこと、選挙権についてはこちらからの妥協はありえないこと、この解決には高等弁務官が乗り出す必要があることなど、交渉を決裂に持ち込もうとする彼の意図が見えるものであった。このため集会は政府側の提案は欺瞞的なものであるとの雰囲気となった。集会は代表に政府が手の内を明らかにするまで交渉を続けるよう要請し、また大衆的な集会が開かれるべきだと合意した[26]。

　16日にはロンドンで政府提案を検討する大会社の会合が開かれた。コンソリデイティッド、ウェルナー・ベイト、ロビンスン、ニューマン、ソリー・ジョエル、ファラー、ゲーツの各社代表が集まった。ウェルナー・ベイトの代表はベイトであった。ここでは、ダイナマイト問題などでは解決が見込まれるが、「選挙権問題の妥協がなければ受け入れられない」との声明が出される。これはミルナーが、植民次官セルボーンを通じて、ウェルナー・ベイトに圧力をかけていたからである。ロンドンにおける諸会社とトランスヴァール政府の交渉については、ラントの代表もミルナーも反対していた。ラントの企業家およびオイトランダーにとっては問題がラントの外で、それもロンドンのいくつかの会社によって決定されるなどは論外であり、またミルナーにとっては、キャピタリストは信用できないからである[27]。

### （4）　交渉の破壊

　政府への回答に関して代表の意見をまとめるのはフィッツにとっても厳しい仕事であった。ブラハンらの従来からの穏健派は政府提案を満足できるものと考えていた。彼らとの妥協を行い、なお選挙権で政府とは安易な妥協しないという姿勢をとるために、フィッツはルリオと回答文書の作成に携わったが、付属声明文を加える方法でこの問題を解決しようとした。回答文書には、経済問題での政府提案を歓迎しつつ、「持続的で平和的な解決がそれに懸かっている重要な点は選挙権問題での合意である」[28]との文言が入れられた。またフィッツによって書かれ8名が署名した「付属声明文、メモランダム」には、政府提案が選挙権の条件で「既住年数」をまったく考慮しない点、議席の再配分を拒

否している点への批判に加え、その制定が実質的にも不可能なこと、たとえば、三分の二の国民の賛成を必要とする点などへの批判が述べられ、対案として1890年以前の状態に戻すこと、すなわちすでに5年居住しているものへの選挙権の付与を提案している[29]。

この回答は3月27日付であり、フィッツが首相レイツ（F. W. Reitz）に28日に手渡した。彼はその後、グリーンを尋ね、そこで帝国書記官フィデスにもあった。彼はミルナーから必要であればオイトランダー指導者を督励するよう指示されケープから出向いていた．彼は、回答は「すばらしくクレバーな文書」だと述べた。グリーンは、この文書が公表されるべきだとフィッツに示唆する。彼はためらいながらも、ケープタイムズの記者にこの文書を渡す。そして4月3日にロンドンタイムズが、6日にケープタイムズが交渉の詳細を記事とする。この公表は政府側を怒らせ、交渉は名実ともに終結する[30]。キャピタリストの交渉は終わり、後はミルナーに任される。すなわち戦争への道が開かれたのである。

交渉の最中に、オイトランダーの女王への「第二の請願」が準備されていた。しかしそれは、交渉の成り行きを見て慎重に提出されることになっていた[31]。交渉の終結を待って、2万人以上の署名による請願が、サウス・アフリカン・リーグの会長ワイバーグからグリーンを通じて24日にミルナーに渡された。27日にはスター紙に掲載された[32]。それは政府の圧政に苦しむオイトランダーがイギリス政府の保護を求める、介入を求めるというものであった。（これは「不干渉」政策を採っていたチェンバレンを干渉の側に立たせる道具となるものだった。）この請願に前後してミルナーによるいわゆる「ヘロット（奴隷）声明」が打ち出され、5月にはミルナー自らがクルーガーとの交渉に乗り出していく[33]。キャピタリストの交渉の終結は請願をめぐる政治宣伝と政治交渉の開始を告げた。

キャピタリストの交渉の決裂後、4月半ば、ベイト、エクステインの線でルリオが政府と接触するとの情報が流れた。エクステインは「私は平和的解決を望む、フィッツは政治的に過ぎる、引きとどめなければ」[34]と述べていたし、政府側の招きがあれば、ルリオが出向く可能性はあった。しかし彼はチェン

バーの会長として自己の判断のみで安易な妥協に走るわけには行かない。ミルナーたちは警戒しながらみていたが、結局ルリオとクルーガーの会見は10分で終わったとの報告が、エヴァンスとフィッツからもたらされた[35]。

(5) グリーンを介してのミルナーとフィッツパトリックの関係

キャピタリストの交渉の最初から最後まで、フィッツとミルナーの連絡は密に行われた（ミルナーは時々グリーンに連絡の少なさには不満をもらしているが）。交渉の最初の条件、スマッツの個人見解、選挙権問題の交渉への持ち出し、企業家グループの会談の内容、ロンドンの各社の動き、最終回答の内容、付属声明の内容、などほぼすべてが即座にフィッツからミルナーに伝達されている（ミルナー・ペイパー、3月、4月）。彼はもちろんロンドンのウェルナーにも事態を詳細に報告し、またエクステインとも連絡を取っている[36]。交渉の中心人物でありながら、策もめぐらしている。集会を提案し、オイトランダーの世論を作り、妥協派の動きを牽制しつつ、回答書を作成し、そして最後にはそして交渉の詳細を新聞に載せることで交渉を決定的に破壊した。

キャピタリストを常に不審の目で見ていたミルナーは、交渉の経過の中で一致した行動を取ったラントの企業家、ロンドンで選挙権問題を重視する声明を出したキャピタリストに対して不信感を弱めていく。政府提案への回答をまとめたフィッツとルリオーをとりわけ前者を高く評価する。そしてフィッツを、金儲けだけではなく高い視点から物を見ることのできる指導者になり得る人物として認め始めていた[37]。

その後ミルナーとの相談の上、フィッツは6月にはオイトランダー・カウンシルを結成し、7月にロンドンに渡り主要な新聞への工作を行い、『内側から見たトランスヴァール』の再版を発行する。

フィッツの動きはミルナーの意図に完全に沿ったものであり、ウェルナーやエクステインの考えに必ずしも沿ったものではなかった。これは彼が単にミルナーに利用された走狗に過ぎないことを意味するのだろうか。彼をミルネリズムの忠実な実践者と見るのは単純に過ぎる。南アフリカの政治経済的状況の中で、かれは、自ら企業家として、鉱山・金融業界の代表として、オイトラン

ダーの指導者として、それらすべてを体現した唯一の人物として行動したのである。それは「結果的」にミルナーの意を十分に汲んだものであり、同時に鉱山・金融界の役に立つものであった。業界の指導者は彼の行動を各局面において、積極的ではないにせよ承認していったのである。彼の上司、ウェルナーとエクスタインも彼からの連絡を定期的に受け、彼の政治的な動きを十分に知っていたにもかかわらず、それを止めようとはしなかった[38]。そしてウェルナーは7月には自らを含め金融業者たちは戦争への準備ができていると述べている[39]。

## 3 経済利害と政策決定のコンテクスト

　本国の政府高官たちも現地のミルナーも金融業者と鉱山業者を嫌っていた。もちろんブーアの指導者たちも。ジェイムスンレイドにかかわった鉱山業者、ローズ、ウェルナー・ベイトはそれを十分知り、行動に慎重だった。表向きには会社所属のものには政治活動を禁止さえした。イギリスの世論も金鉱・金融業者には批判的であった。しかし逆にこうしたすべてのキャピタリストへの嫌悪や警戒感そしてキャピタリスト側の慎重な姿勢こそが南アフリカにおける金鉱業の存在の重要性を意味している。1898年以降、ミルナーを軸とした政治の動き、理念の動きに金鉱業は斜めに対応した[40]。しかしレイドで彼らが解決しようとした問題は残されていた。問題は誰がそれを行うかである。ミルナーが着任し、フィッツたちが動き出した。ローズはケープにおける野党の政治家として、また南アフリカ会社とコンソリデイティッドの指導者・役員として、またいくつかの新聞のオーナーとして、事態の伏線を張っていた。彼はいまや事態を観察していればよかったのである[41]。
　ステッド（W. Stead）によれば、彼がローズに戦争は避けるべきだと強く言ったとき、ローズはミルナーの結論しだいと次のように答えた。「君は戦争をやらない限りで彼を支持するのだろうが、私はそういう限定はしない。私はミルナーを無条件に支持する。もし彼が平和と言えば私は平和といい、彼が戦争と言えば私も戦争という」[42]。ローズは最終的にはクルーガーが譲り戦争に

はならないと確信していたが、戦争を否定したわけではないのである。
　経済利害に関する議論は長く激しく行われてきたために非常に細かい点にも焦点が当てられてきた。ローズ・ロスチャイルド関係、彼等の資産、株の保有率、会社の利潤率、などでの研究成果が現れた。それらは大事な点であるが、それだけでは政策決定の十分な証明条件を形成できない。それに加えて先述してきたクルーガー政権の経済政策の内容とそれに対する鉱山業者の反応の分析が必要になる。さらに検討すべきものとしてイギリスの至高権に関わるより大きな経済利害がある。それはイギリスを中心とした国際経済の基礎をなす金本位制とそれを支えるものとしてのイギリスへの金の流入であった[43]。もちろんポンドの国際通貨としての地位は基本的にはイギリスの政治経済制度のクレディビリティーに依存していた。それゆえイギリスの金準備は比較的に低い水準でありえた。しかしイギリスが豊富な金の産出地域を支配しその輸入を調整し得ることはクレディビリティーをさらに高めることになる[44]。これへの政策担当者の意図を資料（財務省、イングランド銀行など）の上では確認できないとする研究がある。しかし政策担当者の意図が直接的に公文書の中で残されることは少ない。考慮すべきことは、政策決定への文書の中に金鉱業についてはほとんど書かれていないこと、また書かれている場合には否定的に表現されていることである[45]。我々にはこれを「隠された事実」、「語る必要のない前提的仮定」[46]の範囲にあるものとして取り扱っていくのか、あくまでも資料に依存すべきとしてそれをないものとして考えるのかが問われている。前者の道をとる場合我々には、周辺の多様な資料と、その書かれた脈絡とを創造的に組み立てていく能力が求められる。
　再度注目すべきは、政策担当者が口を揃えて、目的は金鉱業や金融業の利害ではないとしている点であり、相手側のブーアの政治家たちがイギリスの目的は経済利害にあると認識していることである[47]。そしてイギリス国内ではジャーナリズムの外でも内でも金融の利害については、絶えずそれも否定的に語られていた。これらが脈絡の一部を与えるものである[48]。経済要因は逆説的な意味で大いに存在していたのである。経済要因論の批判を展開するR・ハイヤムは、「1886年にトランスヴァールで金の発見がなかったとしても、1899年

に何らかの戦争は十分に起こり得たであろう」と述べているが、これはまったくの空論である[49]。

　100年間闘われてきた南アフリカ戦争の原因に関する論争は、100年たって当初の論争にすなわち同時代人の認識に戻るべきなのかもしれない。戦争開始とともに出版されたスマッツらの『センチュリー・オブ・ロング』とフィッツパトリックの『トランスヴァール・フロム・ウイズン』を対比させると問題点が浮き彫りにされる。前者は戦争を金融・金鉱業者の利害のためと認識し[50]、後者は経済的交渉についての事実経過を伝えてはいるものの、オイトランダーの人権問題を主として語ろうしている。前者の「直感」の方がより真実に近いように思われる。オリーヴ・シュライナーも避けることのできた戦争を必然化したのは、ローズ、キャピタリスト、金融業者とはっきり認識している[51]。

　経済要因は多様な形で存在している。金本位制維持（国際経済・自由貿易）の暗黙の了解がある。イギリス投資家の巨額な投資が存在する。金鉱業へのシティの参加が金融的にも組織的にもある（逆の資金的流れを含めて）。南アフリカの企業家のトランスヴァール政権の経済・財政政策への不信がある。金鉱業者が策したジェイムスン・レイドがある。これらが総合的に理解され、はじめてミルナーとチェンバレンの強引さの理由の一端が明らかになってくる。そしてこの強引さは、イギリス帝国全体の維持、南アフリカにおける至高権すなわち帝国の維持、近代化と民主主義の実践、などの「理念」に補完されて道義的水準のものとなる。そしてこの提起された道義の前でソールズベリを含めて政策担当者の選択の幅はきわめて狭くなっていたのである。

　本書において語らなかった問題で大きなものがある。ジェンダー、レイス、クラスである。白人とアフリカ人の労働者に関する労働政策はキャピタリストと政府との交渉時において重要なものであった。鉱山業のコストにおいて労働費用は35％程度を占める最大の要素であり、鉱山業界はアフリカ人の低賃金労働の確保を求めすなわち、それに合う移民政策を政府に要求した。それに対して政府側は白人労働者の要求すなわち賃金やカラード移民の制限に応じようとしていた。白人労働者はストライキなどで経営者に対立しつつ、選挙権問題では部分的に「誓願」に参加した（彼らは戦後裏切られることになる）[52]。戦争

中の強制収用に伴う女性たちの困難については当時すでにエミリー・ホブハウスをはじめコナン・ドイルやステッドを巻き込んだ論争が展開されていた。近年「戦争100年」を迎えこの問題についても活発な研究が行われているが、本論では紹介することができなかった。今後に残された課題は多い[53]。

1) A. Jeeves, "The Rand capitalists and the coming of the South African War, 1896-1899", *Canadian Historical Association Papers* 1973, Ottawa, pp. 68-69.
2) A. Dumity and Bill Guest, *Interfering in Politics : A Biography of Sir Percy Fitzpatrick*, Johannesburg, 1987, pp. 46-47 ; A. Jeeves, *Ibid.*, pp. 70-71 ; D. Cammack, *The Rand at War*, 1990, London, pp. 2-3. 鉄道運賃の高さなどについては、*Report on the Trade, Commerce, and the Gold Mining Industry of the South African Republic, for the year 1897*, by E. Evans (C. 9093). この報告書には調査委員会報告の紹介がある。
3) D. Cammack, *op. cit.*, pp. 17-19.
4) *Ibid.*, pp. 17-18.
5) Dumity and Guest, *Interfering in Politics*, p. 33. 本章のテーマ、戦争決定にいたるまでのキャピタリストの役割、とりわけ金融・鉱山会社のジュニア・パートナーの役割の重要性に注目すべきだとしたのが、シューラ・マークスである。マークスはトラピドとともに、Dumity と Guest によるフィッツパトリックの文書編集やその研究などから、彼を代表とする現地のキャピタリストの動きを諸状況の中において評価してみることの重要性を主張した。金融・金鉱会社の経営トップが戦争に消極的に見えていたことから金融・鉱山業利害の戦争との関わりを否定する研究が大きな流れを成していたことに対する彼女の反批判と提案であった。本書において著者はマークスのこの示唆に多くを負っていることをここに明らかにしておきたい。S. Marks and S. Trapido, "Lord Milner and the South African State", *History Workshop*, Autumn 1979, pp. 50-80 ; "Lord Milner and South African State Reconsidered", in M. Twaddle, *Imperialism, the State and the Third World*, 1992, pp. 79-94.
6) L. Phillips と彼の文書については M. Fraser and A. Jeeves, *All that Glittered*, 1977, Oxford.
7) Dumity and Guest, *Interfering in Politics*, pp. 45-46 ; Jeeves, *op. cit.*, p. 74.
8) Dumity and Guest, *Interfering in Politics*, pp. 47-48.
9) Jeeves, *op. cit.*, p, 70.
10) D. Cammack, *op.cit.*, pp. 28-29.

11) Percy FitzPatrick, *South African Memories*, introd., and edit. by D. Lavin, p. 142 ; letter of FitzPatrick to A. Beit, 4ᵗʰ March, 1898, in A. H. Dumity and W. R. Guest eds., *FitzPatrick : South African Politician Selected Papers, 1888-1906*, Johannesburg, 1976, pp. 143-144.
12) Dumity and Guest, *Interfering in Politics*, pp. 48-51.
13) *Ibid.*, pp. 55-56.
14) FitzPatrick, *South African Memories*, pp. 129-132.
15) *Ibid.*, pp. 132-136.
16) Fitz to Wernher, 7/11/1898, in Dumity and Guest eds., *Selected Papers*, pp. 165-166.
17) Dumity and Guest, *Interfering in Politics*, pp. 55-58. フィッツとスマッツの交渉については、K. Ingham, *Jan Christian Smuts*, London, 1986, pp. 19-22. スマッツとの交渉についてのウェルナーへの報告は、Fitz to Wernher, 7/10/1898, 7, 21, 28/11/1898 などから翌年1月2月まで)
18) Ingham, *Smuts*, pp. 23-24.
19) C. Headlam, edt., *The Milner Papers : South Africa-1897-1899-*, London, 1931, pp. 320-321 ; J. S. Marais, *The Fall of Kruger's Republic*, Oxford, 1961, p. 248.
20) Fitz to Wernher, 4/3/1899, *FitzPatrick : Selected Papers*, p. 183. またグリーンを通じてミルナーに伝えている。Green to Milner, 3/3/1899, **MS. Milner dep.**, 204-218, Private letters and telegrams to and from Milner in **Oxford Bodleian Library.** 以下 (**Milner Papers**) と略。
21) Dumity and Guest, *Interfering in Politics*, pp.61-64. Green to Milner, 3/3/1899, Milner to Green, 3/3/1899, Milner to Chamberlain, 3/3/1899 (Milner Papers)
22) Milner to Chamberlain, 9/3/1899 (Milner Papers)
23) FitzPatrick, *South African Memories*, pp. 141-142.
24) Dumity and Guest, *Interfering in Politics*, pp. 65-66.
25) Green to Milner, 13/3/1899 (Milner Papers)
26) Green to Milner, 15/3/1899 (Milner Papers). 集会の参加者は24名、ハルの音頭でクウィーンへの乾杯がなされた。Dumity and Guest, *Interfering in Politics*, pp. 66-67.
27) Headlam, edt., *The Milner Papers*, p. 327. Dumity and Guest, *Interfering in Politics*, p. 67. Green to Milner, 17/3/1899 (Milner Papers), これに関してはウェルナーとフィッツの間では連絡済であった。
28) J. P. FitzPatrick, *The Transvaal from Within*, London, 1899, p. 348.
29) Headlam, edt., *The Milner Papers*, pp. 330-331. Dumity and Guest, *Interfering in*

Politics, pp. 68-69 ; The Transvaal from Within, pp. 350-351.
30) Dumity and Guest, Interfering in Politics, pp. 69-71 ; The Transvaal from Within, pp. 351-354.
31) Green to Milner, Milner to Green, 13/3/1899 ; Green to Milner, 21/3/1899 (Milner Papers)
32) J. S. Marais, The Fall of Kruger's Republic, p. 257.
33) Jeeves, op. cit., p. 63.
34) Fiddes to Milner, 7/4/1899, in Headlam, edt., The Milner Papers, p. 347.
35) Green to Milner, 19/4, 3/5, 5/5 in 1899 (Milner Papers).
36) FitzPatrick to Wernher, 4<sup>th</sup> and 6<sup>th</sup>/3 (Milner Papers)
37) Milner to Chamberlain, 22, 29/3 & 1/4/1899 (Milner Papers).
38) S. Marks, Review, p. 108 ; Jeeves, op. cit., p. 70. ミルナーとフィッツの関係については T. Pakenham, The Boer War, London, 1979, p. 56.
39) Pakenham, Ibid., p. 89.
40) I. R. Smith, The Origins of the South African War 1899-1902, London, 1996, p.
41) R. Rotberg, The Founder : Cecil Rhodes and the Pursuit of Power, Oxford, 1989. S. Marks and S. Trapido, "Lord Milner and South African State Reconsidered", in M. Twaddle, Imperialism, the State and the Third World, 1992, pp. 89-90.
ローズの「妥協的姿勢に」に対するミルナーの警戒心については Pakenham, op. cit., pp. 57-58
42) The Last Will and Testament of Cecil John Rhodes, edt. by W. T. Stead, London, 1902, pp. 107-108.
43) S. Marks and S. Trapido, "Lord Milner and the South African State", op. cit., pp. 56-57.
44) J. J. Van Helten, "Review", Journal of Southern African Studies, 19, pp. 234-235.
45) I. R. Smith, The Origins, p. 411.
46) Ibid., p. 409.
47) Ibid., p. 393.
48) 下院における批判を主とした「世論」については、J. Marlowe, Milner, op. cit., pp. 77-83. G. Wheatcroft, The Randlords, op, cit., pp. 201-202, 214-217.
49) R. Hyam, "The Primacy of Geopolitics : The Dynamics of British Imperial Policy, 1763-1963", in R. D. King & R. Kilson eds The Statecraft of British Imperialism, 1999, p. 41. またルメイは「ミルナーは金に興味はなかった」と述べているが、マー

クスとトラピドーはミルナーとマーチャントバンカー出身の財務大臣ゴッシェンとの関係の強さそしてミルナー自身の財政管理者としての経験から見て、それを首肯できない主張と批判する。さらに彼等はこの時期における社会帝国主義の潮流と経済利害の関係に注目している。S. Marks and S. Trapido, "Lord Milner and the South African State", *op. cit.*, pp.57-58.
50) Smuts Papers, quoted in Smith, *The Origins*, p. 393. スマッツは「鉱山所有者の戦争」と規定し、これがジェイムスンレイドに起源を持つ、と述べる。
51) *Olive Schreiner : Letters, Vol., I*, edt. by R. Rive, Oxford, 1987, pp. 381-382. to W. P. Schreiner, 24/9/1899. 彼女は兄のケープ植民地首相シュライナーに「あなたはクルーガーが譲ったら事態は救われていたという。しかしもしあなたが私のようにローズの手下・オイトランダーの輩を知っていたら、ヨハネスブルクで彼らがやっている陰謀を知っていたら、私の言いたいことがわかるでしょうに」と書いている。
52) David Yudelman, "Rothschild, Afrikaner scabs and the 1907 strikes", *African Affairs*, 1982, no. 323, pp. 257-269.
53) Paula M. Krebs, *Gender, Race, and the Writing of Empire*, Cambridge, 1999. 戦争後の植民地宣言、ミルナーの政策、ブーア人のナショナリズムの興隆、スマッツの役割、自由党政権、アパルトヘイト、黒人・労働力対策についても今後の課題として残された。

# 第四部　アフリカ分割の政治経済学

## X　東アフリカ、戦略と商業、エリートと非エリート

### 1　東アフリカ：1880年代、分割の開始

　19世紀の前半における西アフリカのような合法貿易の発展は東アフリカには見られなかった。イギリスによる奴隷貿易の禁圧は世紀半ばにおいても沿岸部においてしか効果を発揮せず、依然としてアラブ人を中心とした奴隷貿易が続いており、それはリビングストンやスタンリーらも彼らの間接・直接の援助を受け内陸部に向かわざるを得なかったほどのものであった。東アフリカは、1850年代以降においても、またイギリスにとってすら探検と宣教の地であり、商業の地ではなかったのである。

　東アフリカにおける商業とはアラブ人による奴隷狩りと奴隷の売買、そして少量の象牙と香料の販売であり、ヨーロッパからの商品もその量はその他のアフリカへのそれと比較して少ないものであった。この地域における主たるヨーロッパ勢力はポルトガルだった。ポルトガルのこの地への関心は長い間アラブ人との奴隷売買を通じたものであり、19世紀においてはその国の名誉を汚すものとなっていた。1884年のイギリスとポルトガルのコンゴ支配に関する協定もポルトガルの奴隷貿易との関わりが批判の対象ともなり、廃棄の道をたどったのである。イギリスは1840年代からリビングストン、そしてバートンとスピーク等の探検家を生み出し、またザンジバル領事を通じてこの地のスルタンへの影響力の拡大を図ってきたが、それは直接支配につながるものとは言えない低水準のものであった。

　リビングストンの奴隷貿易禁止・通商の発展の意思を継ぐものとしてスコットランド長老派の宣教師団体を核とした会社、アフリカ湖水地帯会社がこの地の内陸部、シーレ川上流の高地地域（Highland, ハイランド）で活動を始めていたが、その通商の規模は取るに足らないものであり、会社は赤字を続けてい

た。

## （1） W・マキノン、1886年協定

　ザンジバルを中心としたこの地の通商は1862—72年の10年間においては平均100万ポンド、それが1879年には220万ポンドに上昇していた。イギリスの割合はその3分の1程度であったが、同じく3分の1ほどを占めるインドとの取引の多くはイギリス人によって行われていた。また海運の多くを担っていたのが下記のマキノンの会社である。東アフリカは将来の市場としても評価され始めていた。東アフリカの本格的支配に初めて目を向けた人物はインド航路の「英印汽船会社」オーナー、ウイリアム・マキノン（W. Mackinnon）であった[1]。

　彼は1877年、東アフリカからヴィクトリア湖に至る地域を特許会社の方式で支配しようとの計画を持った。彼はマンチェスターのハットン（J. F. Hutton）、スコットランドのサザランド公爵（後に東アフリカ会社の会長に）と親交を結び、またグラスゴウからロンドンに本社を移すことでシティとの結びつき強めようとした[2]。

　マキノンは1884年、ハットンと協力し、レオポルド二世とも協調し、イギリス・ポルトガルのコンゴ協定を葬り去った[3]。これはこの時点で明らかになりつつあったドイツの東アフリカへの関心の増大に対処するものでもあった。イギリス商業界、外務省もこの地への関心を強めつつあった。1885年にはドイツはザンジバルへの通商ルートにあたる後背地と保護条約を締結したが、これはイギリスにより明確な対応を迫るものであった。東アフリカの支配を巡ってイギリスはドイツと協議に入った。1886年にはザンジバル後背地に関する二国間での勢力圏が決められた。この地域全域での自由貿易が宣言され後にケニヤとなる北部地域のイギリスへの割り当てが決定された[4]。東アフリカにおける主な競争相手のドイツが自由貿易を宣言している限り、またエジプト問題やヨーロッパ政治の面でドイツとの協調を必要とする限り、イギリスの対応は、西アフリカにおけるフランスへのそれとは異なり、調停と妥協をベースとしたものであった[5]。

　これにやや先立って1884年、ジョンストンは、ザンジバルの副領事としてキ

リマンジャロ地域の探索を命ぜられ、この地域におけるいくつかの協定を獲得し、帰国した。彼はこの地の市場および資源供給地としての将来性を強調する報告書を書き、著作も出版した。彼の誇張された表現には疑問が呈せられたが、この地域獲得の世論が形成されていった[6]。

## （2） ソールズベリとビスマルク

1888年、英東アフリカ会社が、マキノンを中心として創立され活動を始めた。マキノンの目的が商業的なものから個人的な名誉心と人道主義の面に重心を移したとの観測もあるが、彼の意図は、継続的に、商業上の利益にあった[7]。彼は政府の財政上の支援を求めたが、それは与えられなかった。

1880年代半ばグラッドストンはドイツの東アフリカへの関心を下院で公然と歓迎した。「ドイツが植民国家になるというならその成功を祈りたい」と[8]。ソールズベリも東アフリカには特別の関心を持っていなかった。彼にとっては、エジプト、アフガニスタン、ブルガリアが重大地域であり、これらはみなドイツの支援を必要とする地域であった。これらの目的のために必要な場合、彼は東アフリカを犠牲にすることもやむをえないと考えていた。東アフリカ会社への支援どころか、むしろそれをうるさい利害集団と考えていたし、また東アフリカの今後の商業上の価値についても認めていなかった[9]。

ドイツのビスマルクも東アフリカを重要とは考えていなかった。彼はK・ペータースたちのドイツ植民会社の活発な動きと途方もない計画「東アフリカから大西洋に」に対して1888年12月に次のように述べている。「ナイル上流を含む計画は危険である」。「ペータースたちはロシアとフランスのために動いている」。「これはやりすぎだ。イギリスの利害地域はナイルの源流域まで延びている。あなた方のアフリカ地図はすばらしい。しかし私のアフリカ地図はヨーロッパにある。ここにはロシアがおり、ここにはフランスがいる。われわれはその中間にいる、これが私のアフリカ地図なのだ。」[10]

1889－90年においてもイギリスとドイツの外交の重視、それゆえの協調の基本姿勢は変わらなかったが、しかし変化が生まれていた。1886年の時と異なっている点は、両者の支持・依存関係に変化が生じていた点と、それぞれの内部

地図 X—1　東アフリカ（1878—1895年）

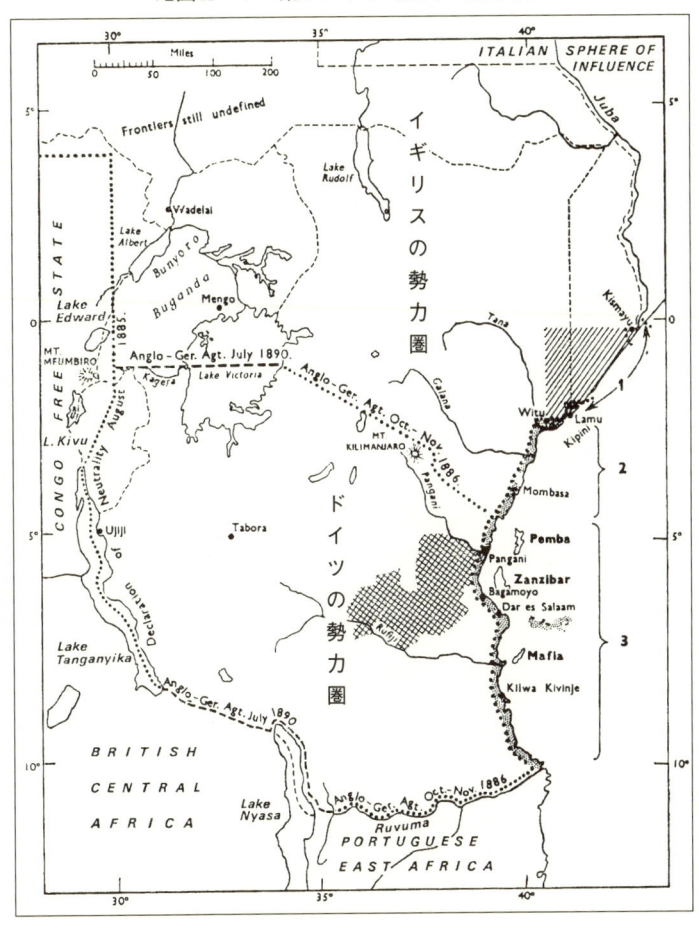

　　　　協定(1885/1886)　　　　　　　協定(1890/1891)

　　　1889年ドイツによって主張されたウィツ保護領．1890にイギリスに譲渡

　　　1885年ドイツによって主張された地域

　　　1886年イギリス，ドイツ，フランスによって認められたザンジバルのスルタンの領域

1　Zanzibar northern Ports leased to I.B.E.A. Co. 1889.
2　Northern coastline of Zanzibar leased to I.B.E.A. Co. 1887.
3　Southern coastline of Zanzibar leased to German E.A. Co. April 1888. Sold to Germany December 1890.

出所：G. S. Galbraith, *Mackinnon and East Africa, 1878-1895*, Cambridge, 1972, p. 104.

において個人や組織の「植民活動」がより活発に展開されていたことであった。

(3) 1890年英独協定への道

　1886年の交渉ではイギリスはドイツの要請に配慮し東アフリカにおけるドイツの勢力圏を大きく認めた。しかし1890年の交渉ではイギリスは強気に出た。この4年間に状況は変化していた。1885年から1887年にかけては外交的にイギリスがドイツに支持を求めなければならない状況にあった。地中海とエジプト、とりわけ後者の占領継続に関してドイツの容認は必要であった。しかしエジプト財政の好転そしてスーダンのマーディ教徒の脅威もあり、1887年以降エジプトからの早期撤退が緊急課題ではなくなるとイギリスはドイツへの依存から自由になった。ドイツのほうが1888年以降、再保障条約の廃棄、仏露の接近などによりヨーロッパ外交においてイギリスの支持を必要とする状況になってきた[11]。両者の外交上での依存関係は逆転したのである。

　さらに両者は1889年ごろからそれぞれの植民会社の活発な活動と、それに呼応した国内における世論の動きに配慮せざるを得なくなった。マキノンの英東アフリカ会社は1888年の設立後活動を活発化させ、ドイツとの軋轢を増していた。ローズの英南アフリカ会社は1889年1月の設立の後、トランスヴァールの膨張への抑制力として、またポルトガルの西方への拡大を阻止する面でも安上がりな方法として外務省に評価され始めた[12]。ソールズベリはビスマルクの植民地に関する慎重な姿勢をよく認識していたが、彼を取り巻くドイツの状況とりわけ、カール・ペータースとその背後にある植民会社の内陸進出の動きに警戒心を持った。ソールズベリの外務省の部屋とハットフィールドの書斎にはアジアやバルカンの地図に代わってアフリカの地図が掲げられるようになった[13]。

　1890年の政府間交渉が始まる前に双方の会社の活発な動きがあった。1889年、ペータースたちは「大計画」を構想していた。それは、まずイギリスの勢力圏を取り囲む形でブガンダ地域および湖水地域・コンゴ自由国間の地域を支配する。さらにナイル上流部からコンゴ自由国の北辺を廻り込みカメルーンから大西洋に抜けるというものであった。ドイツ側のこうした動きを察知し、イギリス側とりわけ東アフリカ会社は警戒感を強めた。ドイツ側もまた英東アフリカ

会社が内陸部でドイツの締め出しを図っていると考えた[14]。双方の内陸部における動きと軋轢は、1886年の英独協定がヴィクトリア湖の北方を開放しており、ここからナイル源流部へのドイツの進出を可能にしていたからである。ナイル源流部といわゆる「赤道州・エクアトリア、Equatoria」は英独の植民会社、そしてレオポルド二世の草刈場になろうとしていた。それはマーディ教徒の圧力を受け崩壊寸前のエクアトリアから「総督」エミン・パシャを救出するという大義名分による進出競争をも伴った。

イギリス外務省はこの地域に関して、双方の個人や会社の勝手な動きを抑制し、ドイツとの包括的な調停を可能にする道を探り始めた。しかしこの時点でまだイギリス政府は財政出動し内陸部を手に入れようとする意欲を持っていなかった。英東アフリカ会社もブガンダ（ウガンダ）内部の内乱を利用し支配権を握ろうとする財力と意欲を持てずにいた[15]。

ドイツへの警戒感そして政府に対する不信感から東アフリカ会社は独自な外交を展開しようとした。「ケープからカイロまでの夢」を実現するためにマキノンはレオポルド二世に接近した。1890年春の両者の話し合いは、南アフリカ会社と東アフリカ会社を連結する回廊をコンゴ自由国が提供し、代わりにナイル上流部における自由国の拠点・フットホールドの設定を会社が認めるというものであった。この話し合いにはローズの南アフリカ会社も参加した。ニアサ湖から東アフリカへの連結を探り、また自由国の南東部国境地帯カタンガの支配を狙っていた南アフリカ会社はレオポルドとの交渉に入った。東アフリカ会社と南アフリカ会社は共同してレオポルドと交渉し、南から北へのタンガニーカ湖西岸の鉄道建設の権利が自由国に有利な国境策定と引き換えに承認された。さらに交渉は進み、タンガニーカ湖北部からエドワード湖そしてアルバート湖にいたるまでの両者の線引きが行なわれるところまで話し合いは展開した。自由国にはラドまでのナイル左岸への主権が認められた[16]。マキノンやローズにとって「ケープからカイロへの夢」は実現寸前に見えた。

(4) 1890年協定

そしてここでソールズベリは動き出したのである。彼はマキノンと東アフリ

カ会社を信用せず、レオポルドも軽視していた。彼の交渉相手はドイツのビスマルクであるはずだった。同様に植民会社の独自な行動に不安を感じていたビスマルクは1889年の秋、英独間の交渉を提案した。彼らは双方の植民会社が引き起こしつつあるすべての軋轢を一気に解決する包括的な協定を結ぼうとした。もうひとつソールズベリを問題解決に向かわせたのはブガンダからの宣教師やキリスト教徒の虐殺のニュースとそれに煽られたイギリスの世論であった。チャーチ・ミショナリ・ソサイアティなどの人道主義団体はソールズベリの非介入の姿勢に批判を強めていた。

　1890年3月ビスマルクの解任があったが交渉は継続された。1890年7月に締結された条約の内容は以下のごとくである。双方は1886年協定によって勢力圏と認められた地域の内陸支配権を持つ。イギリスはウガンダそしてナイル上流部への進出の「権利」を、ドイツはコンゴ国境に至る地域の「権利」を持つ。イギリスは沿岸部のドイツの飛び地ウィツを手に入れ、ザンジバルの支配権を獲得し、ニアサ湖西岸の地域を手に入れる。ドイツはこれらの譲歩に対して北海の小島ヘリゴランドをイギリスから譲られた[17]。

　協定はイギリスにとっては満足すべきものであり、ジョンストン、マキノン、カークをはじめ多くの関係者は歓迎の弁を述べた。後述するようにこの条約が「ケープからカイロまでの」道を閉ざすことになってもである。この条約はエジプトおよびナイル上流の保全という戦略のみによって企てられたものではない。より大きなヨーロッパ外交、すなわちドイツとの協調をベースに、また東アフリカの戦略的考慮を含めて、また宣教師団体やイギリス世論の動向を踏まえて決定されたものである。ドイツにとってもイギリスとの協調という大目的を壊さずに、また海軍にとって決定的重要性を持つヘリゴランド島の獲得を達成した点で満足すべきものであった。双方の植民会社にとっても結果はほぼ満足すべきものであった。唯一不満だったのは双方の植民地過激派であり、彼らはそれぞれの「壮大な夢」を放棄させられたのである[18]。

（5）　帝国東アフリカ会社の破産

　広大な領域の支配を任された東アフリカ会社は支出に比較して収入が見合わ

なかった。会社創設時の24万ポンドは2年ほどで費やされ、1889年に公開募集された75万ポンドも3分の1が応募されたに過ぎなかった。1890年には支出は12万ポンドを超える状況になった。内陸部のブガンダ（ウガンダ）支配の遠征、効果的占領の費用は会社を破滅に追いやっていった[19]。収入を得るための内陸部の開発には鉄道が必要であったが、この建設費用は会社の能力を超えていた。180万ポンドと見積もられた鉄道建設への政府の支援（利子保証）は議会において自由党の反対にあった。1891年議会では調査費用すら認められなかった[20]。マキノンらはウガンダからの一時的撤退、現地王の利用などで外務省と交渉に入った。会社の苦境を救うべく人道主義団体のチャーチ・ミッショナリ・ソサイアティ、原住民保護協会が財政支援を申し出る動きがあり、また国内の各地商業団体を利用し政府に圧力をかける試みが行われた。しかしこの時点では総じて世論は私的な企て・鉄道建設に政府の補助を与えることに批判的であった[21]。

　1892年には事態は転換する。この年の8月に生まれた自由党の第4次グラッドストン内閣は帝国政策で分裂していた。グラッドストンの後継者とみなされていた外務大臣ローズベリは勢力を増しつつある自由帝国主義グループのリーダーでもあった。大蔵卿のハーコートも金のかかる帝国拡大に反対ではあるもののグラッドストンのような厳格な小英国主義者ではなかった。それまでに財政危機に陥っていた東アフリカ会社は清算そして支配権のザンジバル太守への移管などの道を探っていた。外務省の現地官僚ポータルは会社支配より植民地による支配を効率のよいものと提案していた。このときウガンダからの撤退に対する反対論が世論の装いを持って現われてきた。撤退は虐殺、無秩序、奴隷制の復活をもたらすというのである。チャーチ・ミッショナリ・ソサイアティやウガンダ現地から帰国していたルガードらは国内で撤退反対運動を盛り上げた。マンチェスター、リヴァプールをはじめとして全国の商業会議所から将来の市場を確保せよとの要請が政府に向けられた。リヴァプール商人層は、ロイヤル・ニジェール会社との経験から植民地による統治を要求した。政権についたばかりの自由党内閣は難しい選択を迫られた。外務大臣ローズベリは多数が非干渉主義の内閣に、時には辞任の脅しを使い、タイムズなどの新聞を使い、

最後には直接支配論者のポータルをウガンダ現地派遣の弁務官に任命するという手段でウガンダ領有を飲み込ませた。マキノンと彼の会社はウガンダの支配において政府から救援されるはずが、結果的には破産の宣告を受けることになり清算の道が残された。会社は事業にも統治にも完全に失敗したのである。マキノンは失意のうち翌年6月に死んだ。1893年ウガンダには会社の旗の代わりにユニオン・ジャックが翻った[22]。

1890年代初頭においてアフリカの分割は、保守党、自由党、ソールズベリ、ローズベリを問わず、イギリス政府の仕事の重要な部分になりつつあった。グラッドストンらの小英国主義は「時代遅れ」のものになっていったのである。

## 2 「ケープからカイロへ」の夢[23]、ニヤサランド

1887年、ジョンストンはベニン・ビアフラ沿岸領事代理としてニジェール・デルタ地域の有力な商人王ジャジャを商業の独占者、自由な通商の破壊者として、「逮捕」し追放した。（Ⅴ章）　このとき彼は、ホルト等リヴァプール商人の意向を汲んだイギリス商業帝国主義の実践者であった。彼の行動は首相兼外務大臣ソールズベリおよび外務省の意図をこえた独断専行であった[24]。にも拘らず、彼は、帰国後の1888年7月、ソールズベリの邸宅ハットフィールドに招待されるという異例の待遇を受けた。ソールズベリは若い領事代理に関心を持ち、彼のアフリカにおける「イギリスニジェール帝国 A Great British Niger Empire」および「ケープからカイロ」を含む帝国拡大構想に耳を傾けた。彼を有能で使える男と判断したのである。それゆえ、ジョンストンの次の任務はポルトガル領モザンビーク領事であった。モザンビークから内陸部にかけての東アフリカはニアサ湖、タンガニーカ湖を含み中央アフリカ、南アフリカとの接点にあたる地域であり、イギリスにとってポルトガルとの領域確定の仕事は差し迫ったものであり、それゆえにモザンビーク領事の職は重要任務であった[25]。またこの地域は南からはイギリス、東からはポルトガルのみならず、西北からはコンゴ自由国、北東からはドイツがそれぞれ拡大を望む地域であり、アフリカ分割の焦点であった。さらにイギリスにとっては自立の傾向を強める

地図X−2 イギリスの中央アフリカ：保護領と南アフリカ会社の勢力圏

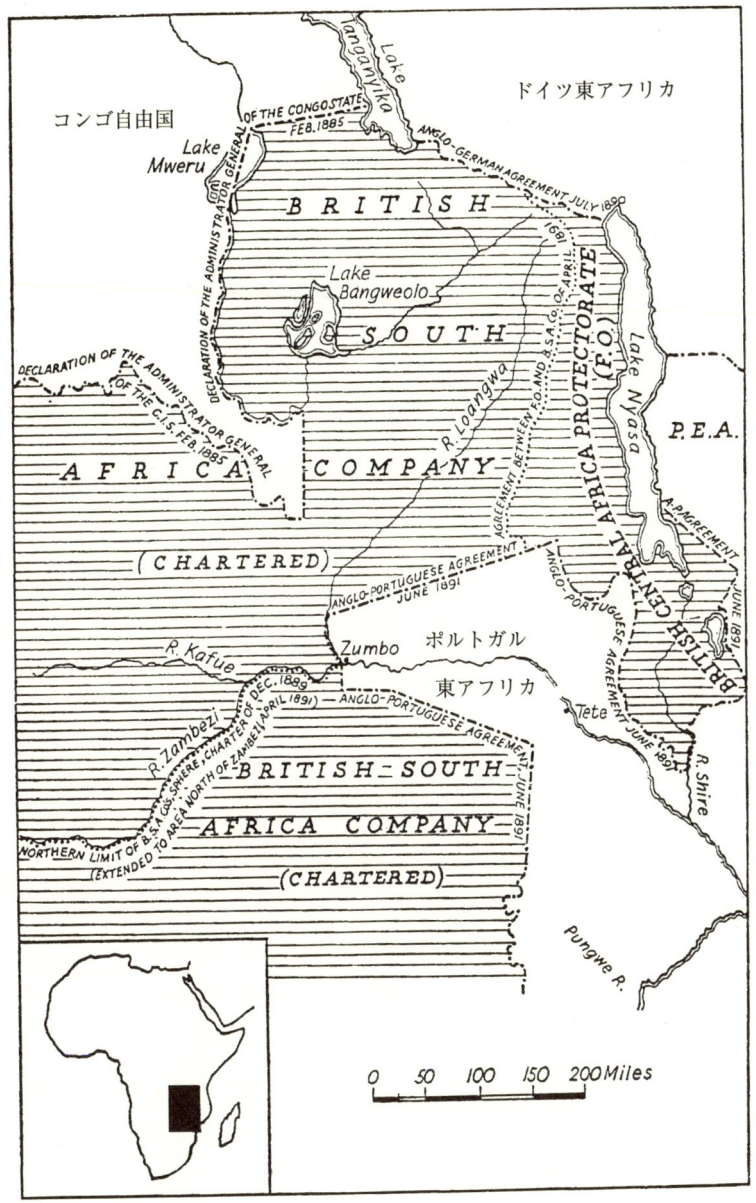

出所：R. Oliver. *op. cit.*, p. 190.

X 東アフリカ、戦略と商業、エリートと非エリート

トランスヴァール共和国の北方への進出を押さえる必要もあった。

ジョンストンは1888年8月、『タイムズ』に「あるアフリカ探検家」によるとして『アフリカにおけるイギリスの政策』を発表した。これは北、西、東そして南アフリカの全域にわたる政策提言であったが、重要な点は「ケープからカイロ」の考えが明確に提案されていることである。彼はこう語る。「もし政府がこの湖水地域に足場を築いてきたイギリス人の商業および伝道の諸機関を援助するならば、南アフリカの我々の領域が、東アフリカにおける我々の勢力圏およびエジプトのスーダンと結び付けられ、イギリスの連続した領域支配が可能となるのです。アフリカ湖水地帯会社（African Lakes Company）がタンガニーカ湖の北岸で英東アフリカ会社と手を結び、エミン・パシャ（Emin Pasha、ドイツ人、エジプト管理下のスーダン南部いわゆる赤道州の総督）が白ナイル地域の文明化のためにイギリスの名の下でその地域を支配する日の来ることがありうるのです。」[26] この文章と「ケープからカイロへ」の思想は彼のものであるが、この記事の背景にはソールズベリがいた。もちろんケープからカイロの政策を認めたわけではないが。

新たにモザンビーク領事に任命された直後の1889年3月、彼はソールズベリの命を受けてリスボンに赴きポルトガルとの領土交渉を行った。交渉は双方の妥協があったものの、イギリスはザンベジ川を挟んだ地域のみならず北部への回廊を確保することになり、またポルトガルの支配に入ることになる地域においても低関税・自由貿易を認めさせたことで、その地域の実質的な開発はイギリス人に委ねられるとジョンストンは解釈した。しかしスコットランド長老教会の宣教師団がリビングストンの遺志を継いで長い間活動し、同じくスコットランド系の「アフリカ湖水地帯会社」の本部のあるシーレ高地をポルトガルに委ねることになるこの協定は、両団体の強力な圧力を国内で受けていたソールズベリにとっては受け入れることのできないものとなった[27]。この時点において彼にとっては回廊の確保よりはシーレ高地の確保のほうが政治的に重要だったのである。ジョンストンのポルトガルとの交渉（回廊の確保）は実を結ばなかった。しかし彼の「ケープからカイロへ」の夢に新たな援軍が現れた。

任地への出発直前の1889年5月初頭、彼はロンドンに滞在していたローズに

会った。二人は一晩中「ケープからカイロへ」について語り合い、ニヤサランド地域をその回廊としてイギリスが確保すべき点で一致した。そのときローズは2千ポンドをこの地域での保護条約の獲得資金として提供したのである[28]。ジョンストンのモザンビーク領事としての仕事の内容は画定されていなかったが、内陸部でのポルトガルの合法的支配領域の範囲を確認することに加え、合法性の確認されない地域での各部族との条約締結は許可されていた。しかし大蔵省は金のかかる拡大には反対であり、そのための費用の支出を拒否した。ソールズベリも安上がりな拡大を望んでいた。ローズからの資金提供はソールズベリと外務省によって承認された[29]。これに先立つ4月末に、「英南アフリカ会社 British South Africa Company」の設立を目指すシンジケート（ロスチャイルドやコースターなどのロンドン金融業者グループとローズたち南ア利害の結合した）はベチュアナランドからザンベジ川地域への特許権を申請していた[30]。ローズにとってジョンストンのニヤサ湖およびタンガニーカ湖周辺での保護条約獲得は、自らの南からの進出を大きく拡大しうる条件となるものであり、また北への進出を狙うトランスヴァール共和国を牽制できる条件でもあった。ローズはジョンストンを介してソールズベリに会い、将来のニヤサランドとザンベジ川北部地域の統治のために年間一万ポンドの資金提供を申し出た。これらの資金提供の申し出が英南アフリカ会社の承認に影響したことは間違いない[31]。

　ジョンストンはザンジバルからニヤサ・タンガニーカ湖周辺に赴き、各地の部族との保護条約を手に入れ、イギリスの支配権確立への道をつけた。彼は外務省の予想を越えた地域の保護領獲得に走り、ポルトガルのみならずコンゴ自由国やドイツとの軋轢を生み出した。レオポルド二世がジョンストンのことを知り警戒し始めたのはこの時からである[32]。しかしニジェールデルタでのジャジャ逮捕の時と同様に、彼の行動はソールズベリの承認を得た。ソールズベリは1890年2月には「牡牛に陶器店の番をさせるようなもの」とジョンストンのやりすぎに警戒感を持っていたが、結局翌月には彼の行動を承認した。彼が年末に「モザンビーク、ニヤサランド、ザンベジ北部の弁務官および総領事」に任命されたのは、それが功績と認められたからである[33]。1891年春にレオポル

ド二世がイギリスを訪問した際、彼はソールズベリにジョンストンの任命に異議を唱えたがソールズベリはそれを無視した[34]。

## 3　英南アフリカ会社の北上

　ローズは1889年10月「英南アフリカ会社」のチャーターを手に入れた。その地域は、「ベチュアナランドとトランスヴァールの北方そして東アフリカポルトガル領の西方に位置する南アフリカ全域」と緩やかに規定されていた。北方への進出はザンベジ川までとされてはいたものの、「効果的占領」が行われた場合にはその川の北方にも領域は拡大されうると解釈された[35]。会社の創設を申請する時点1889年の4月においてローズの頭の中には、ザンベジ川北方、タンガニーカ湖、さらにはウガンダへの拡大、終局的には英東アフリカ会社との合併、すなわち「ケープからカイロへの夢」が存在していたのである[36]。ザンベジ川北方への進出に関しては、この会社はまずアフリカ湖水地帯会社との合併にとりかかり、ニヤサランドの会社勢力圏への編入、およびタンガニーカ湖方面への進出の権利を手に入れようとした。さらに会社は複数のエイジェントをザンベジ川北方に送り込み現地の王との条約を締結していた[37]。
　ザンベジ川北方の領域確定にはポルトガル、コンゴ自由国、さらにはドイツとの交渉が必要であった。1890年の英独協定は東アフリカの領域確定とともに、タンガニーカ地域でのドイツの権利を認めたため「ケープからカイロへの夢」は断たれた。1890年のポルトガルとの暫定協定および翌年の協定はイギリス保護領および英南アフリカ会社の勢力圏を大きく認めるものであった。他方、資源の宝庫と見られたコンゴ自由国の南端カタンガは自由国の領域内に存在することが確認された[38]。
　勢力圏に入ったこの広大なザンベジ北部をいかに統治するかが問題であった。会社はアフリカ湖水地帯会社の吸収に手間取っていた。この地への特許権の拡大には後者の吸収が前提とされた。それゆえ当面この地の支配は保護領として外務省官僚ジョンストンの下に置かれることになった。ジョンストンとローズの話し合いは合意に達し、政府からの承認も取り付けられた。ジョンストンが

ニヤサ湖西岸地域（ニヤサランド、「中央アフリカ保護領」）を政府の領事として支配し、また同時に南アフリカ会社の勢力圏に入った西方のザンベジ北部を名目的な監督官・弁務官として支配する、これらの政府の仕事に対して会社は年間1万ポンドを支払うというものである。1891年の2月、政府はこの方式を正式に承認し、ジョンストンを「モザンビーク領事に加え、ザンベジ北部のイギリス勢力圏の弁務官および総領事」に任命した（彼の給与はモザンビーク領事のみの800ポンドから1200ポンドに上がった）。4月にはこの地域への会社の特許権の拡大が政府によって公的に認められた[39]。この過程でジョンストンは政府と会社の間で調整役を担った[40]。（彼はローズが期待したような彼の右腕、目下の同盟者の立場は取らなかった。彼は外務省の役人の立場を守ったのである。これはローズにとっては裏切りに見えた。その後両者の関係は冷却化していく。）

　「ケープからカイロへ」の構想はジョンストンが主張するごとく彼によるものであり、ローズによるものではない。彼はエネルギーと構想力を持っていたが、夢を現実のものとする金と権力を持っていなかった。ローズはエネルギーと資金を持っていた[41]。両者は数年間その夢と野心のため協力した。そして「ケープからカイロへの夢」は実らなかったものの広大な中央アフリカの「イギリス支配地域」、ニヤサランドとローデシアを作り出すことに成功した。

　両者はその後ジョンストン管理下の地域におけるコンセション認可をめぐって対立する。ローズは1万ポンドの資金提供から、会社の勢力圏のみならずニヤサランドにおける開発の先取り権を主張する。1893年のジョンストンへの手紙の中で、彼はあからさまに会社の権利を主張する「われわれはそこでの統治を維持するために年間1万ポンド支払っている。株主たちは遅かれ早かれ私にその金にどのような見返りがあるのかと問うて来るだろう。この問題が解決される前に貴兄が要請して来た財政問題について話すのはむだなことだろう。」彼はさらにローズベリにも1万ポンドと株主、土地と資源への彼らの権利について手紙を書いている。しかしこの手紙は送られなかった。おそらく彼は「帝国の無私な提唱者」という称号が、こうしたあからさまな利害意識の発露によって傷つくのを恐れたのであろう。また自由党の外務大臣がこれに刺激され

政府の補助金を支出し直接支配に向かうことを恐れたのかもしれない[42]。ともあれこれはローズが理念ではなく（だけではなく）利害で動く人物であったことを示す一例である。

南アフリカ会社は社長には保守党のアバコーン公爵、副社長には自由党のファイフ公爵という、二人の公爵を頭に多くのエリートを株主にというジェントルマン風のスタイルをとっていた。しかし実質的な支配者は現地・ケープにいたローズであり、彼が各地への進出の決定を下していた。

その後会社はマタベレランド、マショナランドという後のローデシア全域の支配に取り組む。ローズの配下ジェイムスンが指揮する部隊は機関銃を有効に使用しロベングラなどの有力な支配者を屈服させていく。この攻撃に対しては高等弁務官ロックから慎重な行動やロベングラとの妥協の可能性について要請があったもののローズはそれを無視した。イギリス政府、植民省も安価な支配を望む立場から統制を放棄していた。ローズは会社のロンドン役員会からも独立していた。彼はケープ植民地の首相でもあった。彼を制御できるものはどこにもいなかったのである。この状況が1895年におけるトランスヴァールへのジェイムスンの攻撃を許しローズの政治的大敗北を引き起こしたのである[43]。

## 4　1890年代、ソールズベリの平和的拡大

ソールズベリはローズやジョンストンのエネルギー、野心、資金を利用しイギリスのアフリカ帝国の拡大を進めていった。ただ彼にとってアフリカの分割は列強間の政治・外交の一部を成すものであった。ヨーロッパの勢力均衡をはかり、またアフリカ全域での対立状況を考慮すると当面の主敵はフランスであり、その動きを封じ込めるため、彼はドイツ、ポルトガルおよびコンゴ自由国とは妥協の道をとった[44]。

1890年のドイツとの東アフリカ協定はタンガニーカ湖においてイギリスの回廊を閉ざすものになっていた。1890年6月、英独間での東アフリカ協定の交渉時、外務省アフリカ局長のアンダスンはベルリンのマレットに次のように書いている。「勢力圏の確定は、イギリスのそれが切れ目なく中央アフリカを縦断

すべきとの期待に添って行われるわけには行かないだろう。交渉が開始されたからにはこの考えには現実性はない。……」[45] ソールズベリも下院における答弁で「通商が大陸横断を必要とするとは思えない」とのべている[46]。ジョンストンのこの地域での活動の成果が一部否定され、「ケープからカイロへ」の夢の実現は当面の間望み得ない状況となる。また直前に妥結していたマキノンのレオポルド二世との協定による回廊の設置も「否定」されることになる。

　この間、ソールズベリのアフリカ問題は外交とフランスへの対応、そしてエジプトを中心に回っていた。ソールズベリはナイル上流・盆地への道を各国の進入とりわけフランスからから守るため腐心する。1890年のドイツとの協定、1891年のイタリアとの協定（東海岸地域からのナイル源流域への接近を阻止）はそのためのものであった）。ローズベリーによる1894年のドイツとの協定も1894年のコンゴ自由国との協定もソールズベリのこの政策（緩衝地帯論）を継いだものであった[47]。

　ソールズベリの帝国主義は「平和的拡大、平和的帝国主義」と呼ぶべき穏健なものであった。彼の政策はローズ、ジョンストン、ルガードのアグレッシブで冒険主義的な帝国主義をどう彼の全体構想の中でコントロールし利用するかであった[48]。


1)　J. Forbes Munro, "Shipping Subsidies and Railway Guarantees : William Mackinnon, Eastern Africa and the Indian Ocean, 1860-93", *Journal of African History*, 28, 1987, pp. 211-213 ; . J. S. Galbraith, *Mackinnon and East Africa 1878-1895*, Cambridge, 1972, pp. 25-26.
2)　Cain/Hopkins, *British Imperialism*, I, Longman, 1992, p. 389.
3)　W. Hynes, *The Economics of Empire*, Longman, 1979, pp. 60-66.
4)　Cain/Hokins, *op. cit.*, p. 390 ; Hynes, *op. cit.*, pp. 81-82 ; J. S. Galbraith, *Mackinnon and East Africa*, pp. 91-92.
5)　Hynes, *op. cit.*, p. 103.
6)　R. Oliver, *Sir Harry Johnston and the Scramble for Africa*, London, 1959, pp. 56-58.
7)　Forbes Munro, *op. cit.*, 210-211.

8) C. J. Lowe, *Foreign Policy of the Great Powers : The Reluctant Imperialists Vol. I, 1878-1902*, 1967, pp. 123.
9) *Ibid.*, p. 125.
10) *Ibid.*, p. 131
11) *Ibid.*, p. 126, 129-130. 831 ; Galbraith, *Mackinnon*, p. 167.
12) Lowe, *Foreign Policy*, p. 127.
13) Galbraith, *Mackinnon*, pp. 167-168 ; Lowe, *Foreign Policy*, p. 126.
14) Galbraith, *Mackinnon*, pp. 168.
15) Galbraith, *Mackinnon*, pp. 171-175.
16) Galbraith, *Mackinnon*, pp. 176-180 ; Roger Louis, "Sir Percy Anderson's Grand African Strategy, 1883-1896," *English Historical Review, LXXXI*, 219, 1966, p. 303. : W. Langer *The Diplomacy of Imperialism*, first pub., 1935 in Harvard, second pub. 1951 in New York, p. 119.
17) Lowe, *Foreign Policy*, pp. 135-136 ; Cain/Hopkins, *op. cit.*, p. 390 ; *G. N. Sanderson, England Europe and the Upper Nile, 1882-1899*, Edinburgh, 1965, pp. 52-64.
18) Galbraith, *Mackinnon*, pp. 187 ; Sanderson, *op. cit.*, pp. 60-64
ソールズベリはドイツとの交渉の数日前にレオポルドに対してマキノンとの協定の承認を与えていた。このことは2年後に問題として再燃してくる。Louis, "Sir Percy Anderson's, pp. 304-305
19) Galbraith, *Mackinnon*, pp. 192-199 ; Langer *The Diplomacy*, p. 120.
20) Galbraith, *Mackinnon*, pp. 207-208.
21) Galbraith, *Mackinnon*, pp p. 210-215 ; Sanderson, *England, Europe and the Upper Nile*, pp. 64-65.
22) Galbraith, *Mackinnon*, pp. 216-226, Saderson, pp. 65, 102-103, 111-112 ; Roberts, pp. 525-527. ポータルは1893年11月のリポートで、ウガンダの重要性をナイル防衛上の戦略的な位置である点と、中央アフリカで最も豊かな土地であり、将来の市場が見込める点においている。Langer, p. 123-124. 各地商業会議所の要請については、Hynes, pp. 128-129.
　ハーコートはグラッドストン、モーリー、アスキスの見解をまとめて次のようにローズベリに書いている。「会社がウガンダに向かったのはドイツ人へのねたみと限度のない領土獲得欲からに過ぎない。……これは復讐意識を持ったジンゴイズムである」Langer, p. 121. こうした自由主義の流れは徐々に帝国主義に侵食されていった。

ルガードなどはハーコートによれば「第二のゴードンになりたい狂気の男」なのであるがもはやこうした人物を掣肘することはできなかった。T. Pakenham, *The Scramble for Africa*, London, 1991, pp. 429-433.

23) ジョンストンによれば「ケープからカイロまで」という言葉を最初に使ったのはE. Arnold である (1876年)。しかし Lois A. C. Raphael はその一年前に大陸横断電信計画に関して H. Strangway が述べていると書いている。彼は同時に「その起源がどうであれ、その言葉はジョンストンによって一般に知られるものとなった。彼は1889年それを様々な新聞の記事でまたローズやソールズベリとの会話で使った」としている。

Lois A. C. Raphael, *The Cape to Cairo Dream–A Study in British Imperialism–*, New York, 1936, p. 409. またジョンストンは1893年、ローズとの激しい衝突の後、彼への手紙の中で「『ケープからカイロまで』は1889年の会合で私が使った、……私の発明なのだ」と書いている。R. Oliver, *Sir Harry Johnston*, pp. 153-154.

24) 本書V章参照。
25) R. Oliver, *Sir Harry Johnston*, pp. 145-146.
26) Great Britain's Policy in Africa, by an African Explorer, *Times* August 22nd 1888 cited in *Ibid.*, pp. 140-141.
27) *Ibid.*, pp. 146-151.
28) *Ibid.*, pp. 152-153. Raphael, *op. cit.*, p. 135 ; J. S .Galbraith, "Cecil Rhodes and his Cosmic Dreams: A Reassessment", *The Journal of Imperial and Commonwealth History*, p. 183. ローズからジョンストンへの二千ポンドについてはジョンストン自身が自伝などで語っている。H. Johnston, *The Story of My Life*, 1923, pp. 234-238.
29) Oliver, *op. cit.*, p. 152.
30) J. S. Galbraith, Cecil Rhodes, pp. 175-176 ; Raphael, *op. cit.*, pp. 124-126.
31) Raphael, *op. cit.*, p. 135-136. ザンベジ川北部支配の費用へのローズによる一万ポンドの提供の申し入れと南ア会社承認の関係についてラファエルはジョンストンによる My Story of the Cape to Cairo Scheme, vol. i, in L. Weinthal, *The Story of the Cape to Cairo Railway and the River Route, 1887-1922*, 1923, pp. 77, 82-83. を参照している。
32) Oliver, *op. cit.*, pp. 156-171 ; J. S. Galbraith, "Cecil Rhodes", pp. 185-186.
33) Oliver, *op. cit.*, pp. 171-172.
34) *Ibid.*, pp. 193-194.
35) Galbraith, Mackinnon, p. 185.

36) Oliver, *op. cit.*, pp. 154-155.
37) Galbraith, *Mackinnon*., pp. 179-181, 182-184. Oliver, *op. cit.*, pp. 173-174.
38) Galbraith, "Anderson", pp. 303-304 ; Galbraith, *Crown and Charter*, pp. 103-104.
39) Oliver, *op. cit.*, pp. 181-190
40) *Ibid.*, p. 189.
41) Galbraith, *Mackinnon*, pp. 153-154 ; Oliver, *op. cit.*, pp. 184, 187.
42) Oliver, *op. cit.*, pp. 226-227
43) Galbraith, *Crown and Charter*, pp. 310-339.
44) Raphael, *op. cit.*, pp. 261-268.
45) Anderson to Malet, 28/6/1890, Accounts and Papers, 1890, vol. 51, Africa no. 6 (1890){c. 6046}, Enclosure in No. 1. p. 450 cited in Raphael, *op. cit.*, p. 265.
46) Galbraith, "Anderson", p. 302.
47) Galbraith, "Anderson", pp. 305-309.
48) G. N. Uzoigwe, *Britain and the Conquest of Africa*, Michigan, 1974, pp. 19-20, 62. "pacific expansion", "pacific imperialism"

### 補注　ジョンストン：外交とコンゴ改革

　ジョンストンは1891年から96年までニヤサランド・北部ザンベジの弁務官および総領事（兼モザンビーク総領事）であり、その後チュニスの総領事を経て1899年から1901年までウガンダの統治機関の創設に関わった。この間彼はソールズベリにとっては有能で使える男であったが、エリートの外務官僚から疎外された存在になりつつあった。ソールズベリの政界引退に合わせて1902年、43歳で早めの引退を余儀なくされたのもそれが原因である。（R. Oliver, *Sir Harry Johnston and the Scramble for Africa*, London, 1959, pp. 338-339.）

　彼は帝国の拡大を主張し実践した帝国主義者であり、政策においては保守党よりであった。しかし個人的に付き合いのあった下院議員には、ハーコート、ディルク、ラブシェーなどの自由主義者が多く、彼等は保守党の帝国拡大に多くの場合異議を唱えていた人々であった。彼の思想には自由主義と帝国主義が共存し、気質はラディカルだった。彼の考えは政治的にはローズベリーらの自由帝国主義（Liberal Imperialist）に最も近いが、チェンバレンの関税改革にも賛意を示していた。彼は1903年の補欠選挙で自由党から立候補したものの当選できなかったが、これは彼自身の思想や主義の矛盾した状況、分かりにくさによるところがあった。（Oliver. *Ibid.*, pp. 341-342）

　アフリカの自然、動物、言語にも豊富な知識（当時では専門的といってよい、鳥類

学についてはケンブリッジ大学の名誉科学博士号を授与された）もっていた彼は、その後それらをテーマにした書物さらには自伝的小説の執筆に専念し始めた。彼は、アフリカについての権威・アフリカニスト（Africanist）と認められた。

アフリカニストそして植民地経営の専門家として彼はコンゴ改革運動（コンゴ改革運動については拙著『イギリス人の帝国』ミネルヴァ書房、2000年、Ⅴ章などを参照）に参加することになる。モレルたちラディカルの主導の下に形成された運動の中で、彼は穏健な路線を代表する役割を担う。彼は「ベルギーによる解決」を提起し、「国際的な管理」を主張するモレルたちを説得した。1905年の半ばにおいて彼の提案は当面の目標として受け入れられた。1906年11月に出版されたモレルの『レッドラバー』にはジョンストンが序文を寄せている。ここに彼のコンゴ改革のみならず植民地統治についての考え方が的確に述べられている。

彼はまず運動に参加する際に彼が感じた戸惑いについて、それが、コンゴにおけるベルギー人の初期の活動について賞賛すべき点があることと、植民地をもつどの国も非難されるべき点があることによると述べる。彼によれば「……コンゴに悪しきベルギー人がいたとすれば、悪しきイギリス人も、無慈悲なフランス人も残酷なオランダ人も……存在した。ベルギー人はコンゴ自由国の存在そのものを脅かす運動の矢面に立たされているが、それは悪しき統治に責任のあるその国の支配者が彼等の王であったが故にである。この地の主権者としての王の独裁的支配がアフリカへのヨーロッパの介入の歴史においてもはや許すことのできない恐るべき汚点であるかぎり、ベルギーおよびベルギー人によって払われた今までの努力と犠牲は、自由国を保護領あるいはその他の管理領域としてベルギーに引き渡すことによって、報われるべきである。コンゴ盆地における単一の巨大なアフリカ国家 |ヨーロッパ人による| の誕生はこの地域でのアフリカ人の発達状況から見てやむをえないものであると見なされていた。この広大な領域を列強の間で分割することは新たな妬みや軋轢を生み出すことになる。ベルギーはそのエネルギーの捌け口として地球の未開発の地域に対する一定の役割を果たす資格を持っている。(H. H. Johnston, "Introductory", in E. D. Morel, *Red Rubber*, London, 1906, x.)

彼はベルギーがこの仕事を引き受けられない場合には国際会議が開催され、その創設時の理念に沿って改造されねばならないとする。しかし彼はそれが国際的な機関によってなされることは根本的には避けるべきものであると考える。「その萌芽が見え始めているものの、未だ国際的道義（International Conscience）というものは存在しない。1850年から1882年にかけての副王（Khedive）の名目的な支配下の『イギリス・エジプト統治下のスーダン』はコンゴ自由国の現状に類似している。副王は名目

上の支配者であり、ナイル盆地を征服し管理するために彼が雇った代理人達は多国籍であり、彼らの行為は特定の国の道義に関わるものではなかった。……」彼によればスーダンにおいてもコンゴにおいても「国際的に」集められた軍人や官僚の指揮下で恐るべき虐待がなされてきたのである。それゆえ未だ存在しない国際的道義よりは国民的道義のほうに訴えるべき妥当性がある。各国の植民地の場合、悪しき行為はそれぞれの国家に機関あるいは世論を通じて訴えることによって是正されうる。しかしコンゴ自由国の場合訴えるべき国家的道義の象徴は虐待の元凶たる国王である。この矛盾は、国王に代わってベルギー国家が支配の責任を引き受けることによって解決されるのである。(*Ibid.*, xi-xii.) ジョンストンの「ベルギーによる解決」は改革協会の目標として認められたものの、モレル達が彼の考えのすべてを受け入れていたわけではない。ベルギーの責任感や能力についての彼等の疑念は非常に大きかった。また国際的な解決についてもかなりの期待が表明されていた。後にウルフ (L. Woolf) は彼の『アフリカにおける帝国と商業』においてジョンストンの「国際的」なる用語法の誤りを鋭く指摘している。彼は、ジョンストンのいう「国際的支配」、「国際的要員募集」はスーダンにおいてもコンゴにおいても国際的なものなどではなく、個別的個人的な支配 (Individual Sovereinty) にすぎない経済的帝国主義の典型であったと論破する。(L. Woolf, *Commerce and Empire in Africa*, 1926) 国際的と言われるべきものはモレル達によってコンゴ統治の代替策として考慮され、ウルフやホブスンなどによって国際連盟運動のなかで展開されてきた理念なのである。

　コンゴ改革においてジョンストンは、外務省すなわちエリートと運動の担い手たち非エリートとの意図せざる仲介者であった。「ベルギー人による解決」は、外務大臣グレイおよび外務省のエリートによっても受け入れられる方策であった。彼等は、20世紀初頭のヨーロッパにおける新たな同盟関係の模索の中で、列強間の紛争の種となりうるアフリカの現状の変更に抵抗したのである。またジョンストンのアフリカ認識は、アフリカ人の自発的な発展をかなり遠い所に想定する点でルガードのそれ（拙著『イギリス人の帝国』Ⅵ章を参照）と似ていた。それはモレルたちリヴァプール派（次章にて後述）の認識と大きく異なるものであった。彼は「アフリカ人の自己開発能力についてセンチメンタルではない」と語っている。(Johnston, *op. cit.*, xiv-xv) 非エリートではあるが外務官僚の一員であるジョンストンと非エリートの民間人モレル達との意識の相違は大きかったのである。彼は改革運動の主流からは「アウトサイダー」と見られていた。

# XI 商業帝国主義の主体：リヴァプール派

## 1 リヴァプールとホルト

　西アフリカの植民地化のプロセスにおいてイギリス国内各地の商業利害が影響力を行使した。中でもリヴァプールの商人層は、現地に大きな商業利害を持ち、要求は具体的であった。彼らは商業会議所内部に西アフリカセクションを作り、また合併組織アフリカン・アソシエイションを組織し、商業活動のみならず、政策への圧力も効果的に行った。

　彼らのリーダーはジョン・ホルトである。彼は、ジョンストンによるジャジャの排除の際、自由貿易の名の下に政府の介入を求めそれに成功した。彼はアフリカン・アソシエイションのリーダーとなり、ロイヤル・ニジェール会社に対抗し、あるいはそれとの合併を画策した。しかし彼は、自ら西アフリカ最強の商事会社を作り上げた独立型の経営者であり、合併の中での埋没を潔しとせず、独自な行動を選択した。自由貿易による通商の拡大は便宜主義的な傾向を帯びつつも彼の信条であった。

　1890年代後半、彼の自由貿易主義に抵触する問題が発生していた。フランス領コンゴにおける独占の強化、イギリスの植民地シェラレオネにおける小屋税問題、ベルギー王支配下のコンゴにおける住民虐待問題である。小屋税は統治費用を捻出しようとした総督の政策であり、これは住民の反乱を引き起こした。ホルトはメアリー・キングズリーとともに状況の改善に努力した。ホルトはコンゴ地域にも商業活動を展開していたが、1890年代初頭から、このいわゆる「コンゴ自由国」の内部で、商業独占が実施され、原住民に対する強制労働が行われているとの情報がもたらされるようになって来た。原住民保護協会は何人かの議員に働きかけ、議会における質問が行われ、また、マンチェスターやリヴァプールの商業会議所も、懸念を声に出すようになっていた。問題は、自

写真Ⅺ—1：ジョン・ホルト

出所：John Holt & Co (Liverpool) Ltd, *Merchant Adventure*

由国が、1884－5年のベルリン西アフリカ会議の原則、とりわけ、自由貿易と原住民保護に違反しているという点であった。ホルトは、この問題に重大な関心を向ける。彼の助けでコンゴ改革協会を結成しコンゴ支配を変革したのがE・D・モレルである。

ホルトの活動を三つに分け検討するのが本章の課題である。第一にジャジャ追放の前後から10年にわたる西アフリカ商業界の対立と合併の動き、第二はシェラレオネ小屋税問題、第三はコンゴ改革運動、である。主役はホルトであり、商業帝国主義、自由貿易主義、博愛がキーワードである。

## 2　西アフリカの商業とホルト

### （1）対立の主役

ニジェール川流域において活動していたいくつかの会社を結合して特許権を持ったロイヤル・ニジェール会社を形成したのはグラスゴウのG・ゴールディである。彼は1879年最初の合併会社、連合アフリカ会社を4社で、1882年にはナショナルアフリカ会社を、そして1886年にはこの特許会社を作り上げた。特許の条件には原住民の保護や独占の禁止などのベルリン条約に沿った条件が定められていた。しかし「行政費を賄う限りで」認められた関税徴収権は実質的な商業独占をもたらし、ニジェール流域というあいまいな領域規定はフランス

やリヴァプール商人そして現地の王たちとの軋轢のもととなった。株主名簿によると、社長にすえられたアバデア卿は3000株を、副社長のゴールディは9700株を、ニジェールデルタとりわけその東部分のオイルリヴァーにおいてリヴァプール商人と競争していたミラー商会は8600株を、そしてチェンバレン家が4000株をというように、株主のうち名目的なトップにはジェントルマンが、その他はグラスゴーとロンドンの商人が目立っていた。(1891年、10ポンド株、97,675株。総計名目976,750ポンド)[1] 会社の指導者はゴールディであり、彼は会社の将来性を考え、まもなく本社をロンドンに移した。ミラー商会はニジェールデルタでは独立の企業活動を行うことになっていた。

ロイヤル・ニジェール会社と商業上の激しい競争、そして統治方法での対立に入っていたのはリヴァプール商人による協同組織アフリカン・アソシエションである。1885年、ホルトやハリソン商会などのリヴァプール商人グループはパームオイルの購入カルテルを作った。彼らは共同してアフリカ人仲買のなかでも最大の王ジャジャに対抗しようとしたが同時にニジェールデルタ地域で活動してきたミラー商会とも対立することになった。1887年、ジャジャ追放にイギリスの領事代理ジョンストンの力を借り成功したものの、同時にミラーを仲介に進めてきたロイヤル・ニジェール会社との合併工作は失敗した。1889年、ミラー商会を除いたオイルリヴァーの9社はアフリカン・アソシエイション株式会社を作った。総資本額は名目で100万ポンド、実質で50万ポンド、実力ではロイヤル・ニジェール会社をしのいでいた[2]。

これらの二つの強力な商業資本と対立していたのが西アフリカ海運をほぼ独占していたエルダー・デンプスター社で、これを支配したのがA・ジョーンズである。彼は商人間の競争を巧みに利用し運賃交渉で優位に立っていた。オイルを中心とする嵩のある商品の運送量は1889年には142万トンに達していた[3]。

(2) ロイヤル・ニジェール会社の成立と反対運動

ホルトがオイルリヴァーで活動する商人たちを糾合し大きな合併会社を作ろうとしたのは1884年末であった。これはベルリン会議が始まった時で、会議における発言権を大きくしようとしたドイツがカメルーンを占領し西アフリカ

進出していた。リヴァプール商人にとってこれは東からの脅威であった。もうひとつの重要な要因はオイル価格の下落傾向が強まっていたことであり、彼らは競争を抑制する必要に迫られ合併の方向を探る。合併交渉はこの地でもっとも活発な商業活動を行っていたホルトとミラーとの間で行われた。しかし交渉は商社間の不信感から失敗する。また1885年4月からの英独交渉でオイルリヴァー地域がイギリス勢力圏であることが確認され、ドイツの脅威が去ったことによる[4]。ホルトを中心としたリヴァプールの諸社は合併をあきらめカルテル組織アフリカン・アソシエイションを結成する。

(3) ロイヤル・ニジェール会社の成立

この前後1885年の初頭からニジェール川流域における支配をどうするかに関してこの地域の唯一の大会社ナショナルアフリカ会社への特許権付与が検討されていた。政府と会社は、政府から自立した支配権をどの程度まで会社に認めるか、支配地域はどこまでかについての交渉を進めていたが、1886年7月に特許権が付与されロイヤルニジェール会社が設立された。特許の範囲はニジェール下流域とあいまいであり、会社の関税徴収権が「今までの保護領拡大の費用弁済のため」として認められ、政府の統制権は最小限に抑えられた[5]。この時点で、ホルトをはじめアフリカン・アソシエションは境界域の明確な線引きすなわちオイルリヴァーへのニジェール会社の侵入を阻止しうる保証を求めるが政府はあいまいな回答を与えるのみであった[6]。1887年春まで、ホルトたちは、会社の商業独占を厳しく批判し、会社の支配をニジェール中流域に制限するように求めるが、政府は、会社の内陸部への拡大指向性をフランス勢力の南下抑止に使えるとして会社を支持する政策をとった[7]。

(4) 合併のための交渉

しかしニジェール会社とアソシエイションは1887年半ばには合併を目指した交渉に入る。両社はイギリス政府内部に直接支配の動きがあることを知り、植民地支配のために自らに降りかかる課税強化を避ける道、両者が統合した特許会社を設立する可能性を探り始めた。交渉はホルトとミラーとの間で行われた

が、9月におけるジャジャ排除問題での両者の対立（ホルトは排除を求め、ミラーは反対した）から、ホルトとゴールディの間で行われることになった[8]。

1887年11月から1888年の1月にかけて両者の一致点と不一致点が明らかにされる。ホルトはゴールディへの手紙において彼の基本的考えを伝えている。ここには、植民地のもたらす不利益、特許権拡大の便益、独占による利益、将来の市場の大きさについての一般論に加え、合併に関する技術的な諸点、すなわち平等な合併、双方の資産の評価基準、新株の発行、ニジェール会社の行政費用の清算、などである[9]。

他方、ホルトはリヴァプールの諸社に回状を出している。これには、現在の不況、オイル価格の低下、利潤の急減という現状分析に始まり、今後の更なる競争の激化、植民地支配の可能性とその不利益、そしてニジェール会社との合併による利益が述べられている。そしてホルトはこの回状で合併への彼の本心を語っている。彼はニジェール会社によるオイルリヴァー地域への北西からの侵入とオイルリヴァー保護領の東西分断化への懸念を訴え、合併によるニジェール会社の現支配地への封じ込めを説いている。そして同封されている合併基準案には、資産評価、資産の移動、理事会構成などの技術的問題が述べられており、特にオイルリヴァー諸社の資産移動計画には詳しいプランが書かれていた。そしてこのプランには実質的なオイルリヴァー地域のリヴァプール商人による確保、すなわちニジェール会社をニジェールデルタ西端に囲い込む意図がもられていたのである[10]。

これによると新会社の株はA株とB株とに分けられ、前者は現ニジェール会社の所有者に保持され、後者の新株はほとんどがリヴァプールの諸社に配分され、その一部が現ニジェール会社のオイルリヴァーにおける利害（ミラー社）に応じて配分されるというのである。これは新会社の名目の下に二つの利害がそのまま存続することを意味していた。ゴールディはこの案に当然反発する。利害と地域の固定化とオイルリヴァー商人層の投資額がニジェール会社のそれより大きいとのホルトたちの見解を厳しく批判する[11]。その後、この二つの会社案については3年後の本格的な合併までの暫定措置という妥協案が提出されるものの、オイルリヴァー内におけるミラーの利害をどう評価するかで交

渉は停滞する[12]。

　そしてこの停滞の間に合併への反対者が現れてくる。リヴァプール海運界の大物ジョーンズである。1888年3月から彼はロンドンで彼の政治力を行使し、またリヴァプールの小商社群を反対勢力に組織する[13]。それに加え、ニジェールを上流に向かっていたドイツ人商人が課税を逃れようとしたとの理由でニジェール会社から追放処分を受ける事件が発生した。これはイギリスとドイツの外交問題となり、政府はニジェール会社への監督権を行使するという事態になった。9月には、政府は調査官（特別弁務官）からの報告が出るまで特許権の拡大は認可されないとの立場をとるようになる。この時点で合併すなわち特許権の拡大はほぼ不可能となる。調査の対象となる現地の首長たちはニジェール会社の独占政策に強い反感を持っており、調査報告はそれを考慮してまとめられることになるからである[14]。同じ9月ニジェール会社は合併案の境界設定に関してニジェール会社によるオイルリヴァーへの事業展開を認めるよう求めてきた。この点はリヴァプール側に受け入れられるものではなかった。彼らは交渉の失敗を確認し、独自の特許会社の設立に向けて努力を傾けることにする。

（5）　アフリカン・アソシエイションとホルト

　1889年1月、アフリカン・アソシエイション株式会社設立への活動が始まる。4月には独自の特許会社案が外務省に示され、6月には株式会社が設立される。その資本は名目200万ポンド、実質50万ポンドであり、ニジェール会社の規模を超えていた。彼らの目的は独自の特許権の獲得であったがその前に大きな障害が立ちはだかった。まずはニジェール会社で、ゴールディとミラーはオイルリヴァー西部への進出を図っていた[15]。さらにアフリカ人の特許会社への反感である。ホルトは彼らのニジェール会社への敵意が自分たちに向けられないように、オポボの首長たちの支持獲得のためジャジャの復帰すら検討したが、彼らの特許会社への嫌悪感は消えることはなかった[16]。そして1890年1月、特別弁務官マクドナルドの調査報告書が出てきた。この報告書はニジェール会社の政策を批判するものであったが、オイルリヴァーの支配形態に関しては植民地を最善とし、次善の策として領事支配の強化を提案していた[17]。さらにグラス

ゴウ、バーミンガム、マンチェスターから自由競争の維持を名目に特許権付与への反対が声明される[18]。1890年半ばには外務省の姿勢は特許反対で固まる。マクドナルドがオイルリヴァー保護領の支配者、高等弁務官兼総領事に任命されたのが1891年である。

　1891年以降、再びニジェール会社とアソシエイションとの対立はオイルリヴァー西部地域の商業活動を中心に激化していく。具体的な成果を得られない状況の中でアソシエイションの内部で指導者のホルトは強硬派として次第に孤立していくことになる。しかしもう一度この地域の商人たちの合同の可能性が出てきた。ニジェール会社が領域内の反乱で窮地に陥ったのである[19]。支流ブラス川の住民は課税強化に反乱を起こし、それを厳しく鎮圧しようとした会社はマクドナルドと彼の報告を受けた外務省によって阻止される。議会でもその支配に批判が出される[20]。

　1895年末、会社は直轄支配の導入を恐れ、アソシエイションとジョーンズに接近し三頭支配によるニジェールデルタ・オイルリヴァー全域の支配を提案する。ジョーンズはマクドナルドにこの事情を明らかにし、計画は阻止される。しかしニジェール会社からの接近を受けてホルトは二社の合併に再び乗り出す。しかし交渉において強硬な姿勢を貫いたホルトはアソシエイション内の穏健派と対立し1896年末、アソシエイションの議長職を辞し、翌年には正式にこの組織から脱退した[21]。

　彼の10年以上にわたるこの地域における巨大貿易会社の設立への努力は終わった。彼はこの間絶えざるオイル市況の悪化に悩むオイルリヴァーの商人たちの指導者として、競争の制限、カルテルの結成、合併会社の設立、特許会社の創設と、自由貿易主義者としてはあるまじき行動を取ってきた。しかしニジェール会社の独占に対して、またアフリカの現地商業王の内陸支配権の「独占」に対しては自由貿易主義者として行動した。1890年代の後半、このご都合主義の自由貿易主義を終結させる新たな局面が発生してきた。自由貿易の真のリーダーとして彼を必要とする事態が彼の商業活動の別な方面、コンゴから起こってきたのである。

## 3　コンゴ問題の発生

　1915年のジャーナル・オブ・アフリカン・ソサイアティー誌において協会創設者の一人アリス・グリーンはホルトについて次のように語っている。「彼の厳格な個人主義、統制や援助への反感などが、政府の介入に対する彼の一貫した拒否の姿勢を導き出すものであった。彼は政治家にも軍人にも支援を求めなかった。彼はアフリカ人との取引についての彼のやり方に絶対的な信念を持っていた。ジョン・ホルトのように視野が広く自主独立で生まれながら商人の才能をもっている人物は、アフリカ人を搾取することによる短期的な利益に惑わされることは決してない。彼はその地における自由な労働のシステムにこそ信頼をおいていた」[22]ホルト自身が晩年、西アフリカ人への感謝をしばしば明らかにしている。「彼らが今の私を作ってくれた」、「彼らの労働、彼らの肉体、彼らの才能が私の持っているすべてのものを生み出したのだ。私は彼らを暴力と不正から守ろうとしてきた」[23]グリーンの評価も彼自身の言葉も語られた状況やコンテクストを考慮して理解されなければならない。しかし彼の性格と行動はこれらに現された重要な要素を持っていた。すなわちアフリカ人の自由な労働による生産、彼らの所有する商品とヨーロッパ商人の商品との自由な交換による双方の利益と福祉の増大、である。

　彼の考え方の成長（転換）は世紀転換期におけるコンゴ問題への取り組みから生まれたといってよい。1899年の春、フランス領コンゴ内においてホルトの所有する商品がフランスの商事会社によって接収される事件が起きた。これらの商事会社は同年の2月フランスの植民大臣によって与えられた40もの利権の一部を獲得していた。ホルトはこの利権がベルリン条約の一条「自由取引の保障」に抵触するものと批判しフランス政府とイギリス政府に訴えた。フランス政府は利権会社によるその土地の生産物の所有を認め、住民の所有権を否定し、それゆえホルトの所有権をも否定した[24]。

　フランス領コンゴの利権政策は隣のコンゴ自由国のそれを取り入れたものである。コンゴ自由国は1885年の創設時に自由貿易を宣言しイギリスはじめ諸国

の承認を得てコンゴの支配を任された。彼らはベルリン会議の精神、原住民保護などを遵守する責任を負っていた。しかし1880年代末期からこの国は商業的独占、利権の私的会社への販売という政策をとるようになっていた。そして1890年代に入ると住民虐待・虐殺の恐るべき状況が外に漏らされるようになった。この問題に最初に取り組んだのが原住民保護協会のボーンや自由党所属ではあるが独立派でラディカルの下院議員ディルクである。彼らはイギリスの世論に訴え、議会においてはベルリン条約違反をもってコンゴ自由国を弾劾した。（これは1903年には議会において全会一致の非難決議となる。）しかし実際にコンゴ住民が救援されるには1904年から始まるコンゴ改革運動を待たねばならなかった。

　このころ、1898年、ホルトは彼の生涯において最も重要な人物、メアリー・キングズリーとモレルとの交流を深めていた。キングズリーは『西アフリカの旅』などの著作でイギリスのエリート社会において寵児となっていた[25]。彼女は同時にイギリスのアフリカ商業界において多くの知人を持ち、アフリカに関する権威として意見を求められる立場にあった。1898年彼女の最初で最後の大きな政治活動、シエラレオネ小屋税問題が起きた。この問題の解決をめぐりキングズリーとホルトの思想は深まりを見せた。

## 4　シェラレオネ小屋税問題

　シェラレオネでは保護領域の拡大とその支配のために住民に小屋税が課せられることになった。フリータウンを中心に商業活動を行っていたイギリス商人と現地の商人は住民の購買力を奪うことになるこの税に反対した。住民は自らの小屋・所有物に税をかけられることはその所有権を否定されると受け取った。1898年1月の導入とともに全土で反乱が起き総督はその鎮圧に手間取った。キングズリーは「小屋税導入はアフリカにもともと伝わるシステムや価値観への無知によるものである」[26]との立場から反対運動を組織する。彼女はホルト達西アフリカ商人に立ち上がるよう求め、リヴァプールやマンチェスターの商業会議所は小屋税撤廃を植民省にもとめていく。議会でも質問が行われる。

植民大臣チェンバレンは当初キングズリーの影響を受けて小屋税撤廃を考慮するが[27]現地の総督、宣教師、軍人たち「現地の人物」たちの報告とそれを受け入れた植民省官僚によって現状維持の姿勢に転換する。彼女はチェンバレンの統治に関する理念のなさ現状追認の姿勢を批判し、ホルトに植民地支配に代わる「商人による支配」を提案する。「西アフリカは官僚の手に落ちようとしています。商人が作り上げた健全な開発が彼らによって壊されようとしているのです」と[28]。彼女にとって官僚と宣教師はアフリカの文化や伝統に無関心そして無知であり彼らに変化を強制し、その結果反乱と鎮圧を繰り返す無責任で無能な人種なのである。それに比較して商人は長い経験から自由な通商をベースとした着実な発展を現地にもたらすことができる人々なのである。

彼女はホルト以外にゴールディやジョーンズとも連絡を取り、西アフリカにおける商人支配「国家」の構想を明らかにする。しかし構想には「域内での統一関税、利潤のプール、その3分の1の分配と残りの行政費用としての使用」[29]など、商人全体での合意が形成しにくいものであり、また自由通商の原則にも抵触するものであった。彼らは植民省が実際に各地を植民地化していく世紀末の新しい状況の中で自らが統治の仕事を引き受ける気力と理念に欠けていた。彼女もそれに気づいていたが、官僚支配のより大きな悪に対して商人支配に期待をかけたのである。商人たちは結局現状追認の姿勢にもどり、小屋税政策は継続されることとなった。ホルトは単独ではこの状況を転換させることはできなかった。キングズリーは1899年半ばにこの反対運動の失敗を認識し、アフリカに戻り休息しようとした。そこに南アフリカ戦争が勃発した。彼女はブーア人捕虜の看護に従事し、チフスに罹り1900年6月に死んだ。

## 5 リヴァプール派

キングズリーは小屋税闘争をホルトと共に闘っている最中、彼にリヴァプール派の創設を提案している。「私が望んでいるのは、ホルトさん、アフリカの統治についてのリヴァプール学派（Liverpool School）です。マンチェスター学派のように政治的な影響力を持つものです。この学派は形成されたら持続し

ていくことでしょう。なぜならリヴァプールの商人はアフリカを経験的にそして個人的に知っているからです。マンチェスターは自らを知っているに過ぎません。あなたこそそれができる人です。あなたはアフリカについて最も豊富な知識を持っているだけでなく、複雑な利害関係を把握することのできる人です。どうか人々にリヴァプールが知性を持っていること、そして単なる野蛮な金の亡者でないことを知らせてください。……私はそのためにあらゆる努力をいたします。」30)

　ポーターは名著「帝国の批判者たち」においてキングズリー、ホルト、モレルを「リヴァプール派」とし、「熱帯属領の統治に現実的な関心を持つ場合、人は何らかの種類の帝国主義者にならざるをえない」と述べている31)。リヴァプール派はこの意味で帝国主義者の集団であった。しかし彼らの帝国主義は自由貿易とアフリカ人の土地所有・産物所有の権利を認めた温和な類のものであった。そして19世紀半ばの自由貿易を引き継いでいる点で自由貿易の帝国主義、商業帝国主義の部類に属するものである。その点で彼らは時代の流れに乗り遅れ気味であり、時代の趨勢、「新帝国主義」の利権や独占をベースとしたものと異質であり、それゆえそれらと対立する傾向を持っていた。それが彼らによるコンゴ改革運動を生み出すことになるのである。

　ホルトはキングズリーと小屋税問題で共闘しているときに先述したフランス領コンゴにおける自らの商品の接収問題でモレルの支援を受けることになる。モレル自身当時キングズリーとも親交を深めつつあり、3人はともにアフリカの統治について活発な発言を行うようになる。彼らの論理の基調とりわけホルトとモレルのそれは、自由貿易と住民の権利である。コンゴ問題では、ジャーナリストのモレルはホルトを支援するために各紙にこの問題を取り上げさせる。彼ら二人はキングズリーの死後も、今度はコンゴ全域とりわけコンゴ自由国の住民虐待を追及していくことになる。

## 6　コンゴ改革運動とホルト

　1890年代、コンゴ自由国内部における、ゴムや象牙を収穫するための強制労

働、規定量を達成できないものへの鞭打ち、手足の切断、処刑、そして彼らの家族、部族の人質と懲罰、などが世間に知られるようになってきた。1900年、モレルはこの圧政を「白人の責務」に代えて「黒人の重荷」と表現し、雑誌「スピーカー」に「コンゴスキャンダル」なる連載記事で明らかにする。1903年イギリスのコンゴ派遣領事であったケイスメントが虐待についての詳細な報告書を外務省に提出する。これに前後してモレルはケイスメントと会い、コンゴ改革のための組織を作ることで合意する。1904年の1月モレルはホルトにこの件を相談する。二人はこの組織を「党派と宗派を超えた人道主義に基づいた組織」とすることで一致する[32]。4月、コンゴ改革協会が設立されるが、この組織への最初の寄付はケイスメントからの100ポンドであり、ホルトとバーミンガムのチョコレート製造業者キャドバリーからの100ポンドであった。その後10年にわたり、ホルトとキャドバリーはモレルの改革運動のために多額の援助を行っていく[33]。この援助と以前からのモレルのリヴァプール商業界との関係、とりわけホルトとの密接な関係から、コンゴ自由国側はこの運動を「リヴァプールの陰謀」と宣伝する。

　しかしモレルへのホルトの援助は経済的なものだけではなく理論的、道義的なものでもあった。モレルはコンゴ自由国の住民搾取を、自由国の輸出超過状態を他の西アフリカ植民地の輸入超過と対照しその異常性を明らかにすることで論証する。植民地は輸入超過になるのが普通である。それは行政費用のみならず初期のインフラストラクチュア建設に輸入が必要だからである。1899年から1902年にかけて自由国は輸出736万ポンド（ゴム615万ポンド）に対して輸入はわずかに353万ポンド（そのうちの264万ポンドは住民の生活に関係のない武器など）に過ぎなかった。そこから彼はゴムの採取に駆り出された住民に対価というものがほとんど支払われていないこと、すなわちそれが強制労働によって行われていることを主張。モレルはこの論証に「ホルト氏の経験と知識に誰よりも大きなものを負っている」と書いている[34]。

　運動は前進しつつも時には困難な局面に陥った。そのたびにモレルが相談を求めたのがホルトである。レオポルド二世の私的支配からベルギー国家に統治を受け継がせるという「ベルギーによる解決」を協会が採用した時、それをレ

オポルド二世が認めその実施への監視が必要であった時、ホルトはモレルに適切な助言を与え、「道義上の力の源泉」として運動を成功に導いた[35]。

ホルトはコンゴ改革運動をモレルと進める中でリヴァプール派の考えを形成し、実行していった。自由貿易と住民の福祉の向上である。しかし彼らの考えには植民地一般を、帝国主義を即座になくすという考えはなかった。彼らは健全な帝国主義者として不健全な新帝国主義に異議を唱えその改革を求めたのである。しかしその改革は歴史的な意義を持っていた。少なくとも植民地史上最悪といわれたシステムを変革させることに成功したからである。当時の自由党の旧自由主義のなかには徹底した小英国主義、非干渉主義が存在していた。この思想は帝国主義を認めないし、そのため帝国主義の統治の方法に、その良し悪しに、その改善に本来無関心である。それは1906年以降の自由党政権の中で内政改革の重視という点でまだ役割を果たしうるものであった。しかし時代はイギリスを含め「帝国主義とその内実の転換」の時代であった。リヴァプール派はその中でニュー・リベラリズム[36]とともに時代を切り開く思想のひとつだったのである。ホルトは先述したグリーンの言葉で賞賛された「偉大な商人」に値する人物である。

1) "List of persons holding shares in the Royal Niger Co.", Holt Papers, 4/7. **Holt Papers** はオックスフォードのローズ・ハウス・ライブラリーに所蔵されている。4/7 との表記は Box 4, File 7 を表す。
2) J. J. Rankin, *A History of the UAC*, in the UAC Library, London, pp. 73-77.
3) P. N. Davies, *The Trade Maker, Elder Dempster in West Africa, 1852-1972*, London, 1973, chapt., 2 & 3.
4) Resolutions and Minutes of Merchants, at the North West Hotel, Liverpool, 8/1/1885 ; Miller to Holt, 26/12/1884 ; Harrison to Miller, 27/1/1885, in Holt Papers, 4/1.
5) J. E. Flint, *Sir George Goldie and the Making of Nigeria*, London, 1960, pp. 83-85.
6) "Correspondence with the FO and the RNC in respect to the territory of that Company and those of the Oil Rivers Protectorate, 1886-92", compiled by the AA Limited, AA to FO, 19/7/1886 ; FO to AA, 28/7/1886. Holt Papers, 4/7.
7) P. Anderson, 15/3/1887, FO 84/1857, cited in C. Gertzel, "John Holt : A British Merchant in West Africa in the Era of Imperialism", Oxford Ph. D. thesis, 1959, pp. 286-

287.

8) Miller to Holt, 11/8/1887 ; 12 & 15/11/1887, in Holt Papers, 4/1.
9) Holt to Goldie, 26/11/1887 in Holt Papers, 3/6.
10) "Circular", 19/1/1888 ; "Basis of Fusion", 19/1/1888 ; "Scheme for Transfer of River Interet to RNC", Plan 6, 19/1/1888 in Holt Papers, 5/3.
11) Goldie to Holt, 16/1/1888 in Holt Papers, 3/7.
12) Holt to Goldie, 28/1/1888 (5/3) ; Miller to Holt, 9/12/1887 (4/1) ; Holt to Goldie, 31/12/1887, 4/1/1888, 7/1/1888 (3/6) ; Miller to Holt, 30/1/1888 ; (4/1) ; Goldie to Holt, 26/1/1888 (3/7) in Holt Papers.
13) Flint, *op. cit.*, pp. 107–110 ; Davies, *op. cit.*, p. 99 ; Miller to Holt, 25/4/1888 in Holt Papers 4/1.
14) Flint, *op. cit.*, pp. 114–115, 118–119, 125 ; FO 84/1940, Macdonald to Salisbury, 12/6/1889, *Ibid.*, p. 133 ; Macdonald to Salisbury, 9/1/1890 (Report), *Ibid.*, p. 136.
15) "Memo. of AA", pp. 5–7, in Holt Papers 4/7 ; Rankin, *op. cit.*, p. 73.
16) Gertzel, *op. cit.*, pp. 380–386.
17) Flint, *op. cit.*, pp. 132–135 ; Gertzel, *op. cit.*, pp. 390–396, 398.
18) Gertzel, *op. cit.*, p. 418.
19) Flint, *op. cit.*, pp. 187–215 ; Anene,
20) "Minutes and Report of Special Committee" appoineted, 12/12/1895 in Holt Papers 4/8.
21) "Reminiscences of one connected with the West African Trade from 1863 to 1910", by Harry Cotterell in P. N. Davies ed., *Trading in West Africa 1840–1920*, London, 1976.
22) Alice Green, "A Founder of the Society", *Journal of the African Society,* Oct., 1915, pp. 11–16, in S. J. C. Cookey, *Britain and the Congo Question, 1885–1913*, London, 1968, 59.
23) *African Mail*, 2 July 1915, in *Ibid.*, p. 60.
24) *Ibid.*, pp. 57–58.
25) メアリー・キングズリーは小説家 C・キングズリー (Charles Kingsley) の姪、旅行家 G・キングズリー (Dr. Geoge Kingsley) の娘として1862年に生まれた。父と母の相次ぐ死で「解放」された彼女は1893年、30才で西アフリカに旅だった。呪術と魚を研究することが目的であった。1895年の二度目の旅から帰った彼女はジャーナリズムや学界にうけいれられ、「西アフリカの旅 *Travels in West Africa*」を出版し

た1897年までには旅行家、探検家、作家、講演家として著名な人物となった。彼女は短い期間に多様な人々の知己を得た。最も重要だったのは西アフリカ商業界の大物たちとの関係だった。西アフリカの海運を支配するジョーンズ (A. L. Jones)、ロイヤル・ニジェール会社のゴールディ (Geoge Goldie)、大商事会社のホルト (John Holt) である。80年代初頭から西アフリカでの商業利害をめぐり対立と妥協を繰り返してきた三者が共に彼女の友人になったのである。さらに彼女はこの商業界で育てられたモレルとも師弟の関係をもつようになった。政府の高官との結び付きもアフリカ局を中心に形成され、植民大臣チェンバレン (J. Chamberlain) にも政策提言できる立場をえた。

26) Christopher Fyfe, *A History of Sierra Leone*, Oxford, 1962, pp. 567-568 ; Dea Birkett, *Mary Kingsley : Imperial Adventuress*, 1992, pp. 112-113.
27) Kingsley to Holt, 19/4/1898 in Holt Papers.
28) Kingsley to Holt, 21/4/1898 in Holt Papers.
29) Kingsley to Holt,26/4/1898 in Holt Papers : J. E. Flint, "A New Introduction in Mary Kingsley", *West African Studies*, 1899, 1901, 1964. pp. 57-58.
30) Kingsley to Holt, 4/3/1898 in Holt Papers.
31) Bernard Porter, *Critics of Empire*, 1968, Chapt. VIII, and p. 239.
32) Holt to Morel 18/1/1904 in Morel Collection,Morel to Holt 22/2/1904 in Holt Papers.
33) W. R. Louis, ed., *E. D. Morel's History of the Congo Reform Movement*, Oxford, 1968, pp. 258-260.
34) *Ibid.*, pp. 36-37.
35) *Ibid.*, pp. 212-214.
36) ニュー・リベラリズムは19世紀末から20世紀初頭にかけてホブスン、ブレルスフォード、エンジェルらによって提唱された。社会的公正、社会改良のために国家の役割の増大を求める主張である。自由党主流の旧自由主義はレセ・フェールと均衡財政論に手を縛られ、社会進歩に動くことができなかった。他方、自由党内部の「自由帝国主義」は海外膨張に関して国家の介入を要請するという、対外的国家干渉論者の集団であった。ニュー・リベラリズムは反帝国主義的傾向が強かったが、リヴァプール派は帝国支配の改革を求めた一種の帝国主義グループである。

# XII アフリカ分割の政治経済学

## 1 マネーと自由貿易

　イギリスの帝国拡大の歴史においてマネーは重要な役割を果たした。もちろんマネー以外の要素、政治・外交、戦略、思想、意識、宗教、などなどが大きな役割を占めたことも事実である。ホブスンも「帝国主義論」第二部において、思想、主義、イデオロギーが経済利害と同様に帝国拡大の要因として重要であったことを主張している。しかし帝国の歴史、帝国の研究史においてマネー、経済利害は特別な位置を占めている。海外投資の形におけるマネーは、多くの帝国史研究者によってその量、質、方向性などが検討されてきた。南アフリカの金鉱王たちによって蓄積されてきたマネーは20世紀への転換期における南アフリカ戦争を語る際に議論の中心にあった。セシル・ローズによって蓄積された巨額な資金のかなりの部分はアフリカにおける帝国形成の目的に提供された。このこともまた歴史家による活発な議論の対象となってきた。

（1） マネーはいかに動き、作用したか
　富豪のローズにとってはそれほどでもない額・2000ポンドが、東南部アフリカのニヤサランドにおける帝国建設の拠点を生み出すためにジョンストンに用立てられたのはマネーと外交戦略との関係を問う上で重要な事実である。1889年、ローズはジョンストンにロンドンで会い「ケープからカイロの夢」[1]について語り合った。そのアイディアは大きくエキサイティングであった。彼らはその夢がいかなる形であれ実現されるべきだと合意した。ジョンストンはモザンビークの総領事に任命され東アフリカに出発するところであった。
　ジョンストンをこの重要任務に就けたのは、首相兼外務大臣のソールズベリであった。この時代の東および中南部アフリカはイギリス、ドイツ、ポルトガ

ル、コンゴ自由国、そしてトランスヴァールさえ含んだ列強による分割のさなかにあった。ソールズベリにとってこの事態はまず外交上の話し合いによって平和的に、そして国家財政からに余分な支出を伴わないで解決されるべきものであった。財務大臣のゴッシェンはこうした目的のための支出は拒否するのが常であった。ヴィクトリア時代の均衡財政論はこの時期にいたっても不可侵な原理だった。ソールズベリとゴッシェンはローズの私的な金がジョンストンのニヤサランドへの旅に使われることを認めた。その金は有効に働いた。それはアフリカにおける最も重要な戦略拠点の一つ、ニヤサランドの保護領化に役だったのである。

ローズはジョンストンへの資金援助によって外務省エリートおよびソールズベリとの個人的関係をもつことができたが、それは、南アフリカ会社の特許権獲得の道を開いた。また会社の北部へのさらなる拡大の承認もニヤサランド（中央アフリカ保護領）への年間1万ポンドの財政援助を約束することで手に入れた。彼は帝国の夢のためにのみこれらの金を支出したのではない。支出先には将来の資源があった。かれは夢想家の前にビジネスマンであり、投資に見合う利益を得ようとしていたことは明らかである。

（2）　自由貿易：帝国形成の道具・思想

自由貿易を通じての金儲けは1880／90年代のアフリカにおいて将来の市場[2]を求める商人たちの共通の意識だった。自由貿易思想はアフリカにおけるイギリスの帝国建設にとって最善の道具であった。1884-85年にかけてのベルリン西アフリカ会議は、この自由貿易思想がイギリスに有利な形での列強間の調整にいかに有利で扱いやすい道具であるかを証明する最初の場面となった。会議はアフリカ分割の一般原則を確認し、各国の分割におけるポジションを大まかに決定した。最大の受益者は明らかにイギリスであり、会議以前におけるイギリスの外交上の困難から見ればとりわけそうであった[3]。勢力圏の面では、イギリスはニジェール川地帯において影響力を行使しうる唯一の国家であること認めさせたばかりでなく、他の強国とりわけフランスに対してはコンゴ自由国という緩衝地域を手に入れた[4]。アフリカ分割の一般原則に関しては、イギリ

スは自由貿易、自由航行、原住民の保護、そして効果的占領[5]を認めさせることに成功した。これらの原則のすべてがこの時代の世界経済におけるイギリス商工業の優越的地位に適合するものであった。これらの原則は商業界のみならずアンダスンやリスター等の外務省高官が歓迎すべきものであった[6]。

　会議の前およびその最中にイギリス商業界とりわけマンチェスターのハットンやグラスゴウのマキノン等はこれらの原則の支持で団結した。コンゴの支配をどうするかについて彼らは成立寸前にあったイギリスとポルトガルとの条約に反対した。それはポルトガルが保護貿易国であること、そして未だに奴隷貿易に関与していると疑われたからである。彼らは一致して「コンゴ自由国」の創設に賛成した。それはその領域を支配することになるレオポルド二世が自由貿易を表明していたからである[7]（しかし宣言された自由貿易と原住民保護が独占と強制労働に転化したことに気付かされるまでには10年とかからなかった）[8]。

### （3）　自由貿易と独占

　イギリス商人は、原則上の自由貿易と実践上の自由貿易との二つ自由貿易思想を使い分けていた。1886年、グラスゴウの商人ゴールディはロイヤル・ニジェール会社を設立したが、これには広大なニジェール中下流域における商業独占の要素が含まれていた[9]。公式には自由貿易と自由航行が宣言されていたにもかかわらず、会社にはその管理費用を賄うための関税徴収が認められていた。リヴァプールのホルトはこれを独占につながるものとして激しく非難した[10]。しかしイギリス外務省の官僚たちはこの地域を安上がりに支配する方法として会社を認めた。彼らはイギリスの直轄支配という手数のかかる方式をさけようとしたのである。イギリスの官僚たちの思考は柔軟であった。彼らはコブデン、ブライトのような主義に拘泥するタイプの人々ではなかった。

　イギリスの商人たちは理念型の自由貿易主義者ではない。彼らの自由貿易思想とは便宜主義的なものである[11]。彼らはライヴァルを沈黙させるために「理念としての自由貿易」を使い、自らの利益を確保するためには「実践的自由貿易思想」を使った。西アフリカにおいて商業的なライヴァル関係には二つの重

要なものがあった。一つはヨーロッパ商人間のもの、とりわけロイヤル・ニジェール会社とリヴァプール商人との対立である。もうひとつは、アフリカの商人王とヨーロッパ商人（とりわけリヴァプール商人）との対立である。ロイヤル・ニジェール会社の商業独占を批判したリヴァプールの商人たちですら、自らカルテルを形成したり、この会社と合併を図ったり、さらには自ら特許会社の設立を構想したりと変幻自在の自由貿易論を展開した。彼らは対立するアフリカ商人王に対してその内陸部支配権を独占的なものとして非難し、彼らの追放をイギリス政府に求めた。

東アフリカの将来の市場とその開発を目指して設立された東アフリカ会社はドイツの植民会社との競争の中で内陸部のウガンダへの遠征と支配に金を使わざるを得ない状況になった。指導者のマキノンは商業の拡大と人道主義の発展（奴隷貿易の禁圧）などを掲げたもの、重なる出費に対して商業的収入は伸びず破産状態に陥った。ついにはナイル源流部赤道州支配者のエミン・パシャの保有する5万ポンドといわれた象牙を目当てに「エミン・パシャ救出」遠征を計画するほどであった。ここでも自由貿易は名分として使われたのである。

アフリカ各地におけるこうした利害の錯綜する状況下で、進出か撤退か、植民地による支配か会社による支配かの判断を迫られたのが、現地に派遣された領事たちである。彼らは抗争する諸勢力への中立を維持するかのようにふるまい、利害関係者の調停も行ったが、ほぼ自国の商人層の、時にはその一部の利害に沿った行動をとった。その利害が自由貿易を標榜している際にはさらに行動を決定しやすかった。アフリカにおける金儲けにとって自由貿易の呼びかけが最大の武器であり、国旗よりも役に立つものであった。

## 2 政策決定の責任者たち

ロビンスン・ギャラハーはアフリカの分割におけるイギリス側の第一の考慮要件は戦略であると述べた。1882年のエジプト征服は、もっぱらイギリスの政策担当者たちによるスエズ運河の保全・インドルートの確保という戦略上の視点から決定されたというのである。もちろん彼らには、エジプト民族主義者の

動きへのイギリスの対応という現地・ペリフェリーの条件を重視する視点もあるが、経済要因はまったく考慮の対象外であった。

　南アフリカ戦争の原因を追及する論者の中には、南アフリカ全域におけるイギリスの主権確保の問題、そして強固な帝国意識を持つ高等弁務官ミルナーの主導性を強調する傾向がある。経済要因はこの場合無視される。これに関連して、金融・金鉱会社の支配者たちが戦争に否定的であった点が強く主張される。

　エジプトに関しても南アフリカに関してもこれらの解釈はあまりに単純である。帝国拡大の決定はより構造的により多面的に理解されるべきである。経済要因は簡単に無視され得るような単純な構成にはなってはいない。経済要因が普遍性も個別性も持つものである点については自由貿易とマネーという形で先述した。次は自由貿易とマネーを媒介にして政策決定に参画する主体をいくつかの層に分け分析し、さらにそれらの総合を企ててみることにしよう。

（1）　商業利害、商人

　強力な利害意識と個性を持った商人たちがアフリカ各地の帝国拡大に重大な役割を果たした。彼らは自らの利害の保持・拡大のためにイギリス政府の行動を求めた。1880年代の前半においては、要求は商業団体による抽象的で一般的なものが主であったが後半になると要求は個別的で具体的なものとなった。各地で彼らの利害を守るために保護領設定の要求が行われ、また懲罰的遠征も要請された。そのすべてが受け入れられたわけではないが、要求は時を経るにしたがい多様化しまた精力的なものとなった。

　マンチェスターの西アフリカ商人、ハットンは最も活動的な人物であり、1884年の英・ポルトガル条約反対をイギリス商業界全体の運動としてまとめる能力を持っていた。彼はアフリカ分割に関する主な登場人物のほとんどと個人的接触を持っていた。レオポルド二世、スタンリー、ゴールディ、マキノン等と。それゆえに彼の名前は西、中央、東とアフリカ各地の領域確定時に、また各地の特許会社の株主名簿に出てくる。

　ゴールディはロイヤル・ニジェール会社を、マキノンは英東アフリカ会社を、ローズは英南アフリカ会社を、80年代後半に相次いで結成した。彼等の目的は

もちろん金儲けであったが、それぞれが博愛主義、人道主義、奴隷制反対、文明化、善政などを標語として掲げた。もちろん自由貿易の擁護も第一に掲げられている。これらの会社の社長、会長には著名な貴族が就任した。ロイヤル・ニジェール会社の社長にはアバデア卿が、南アフリカ会社の場合には二人の公爵が会長と副会長に、東アフリカ会社の場合には大株主にイギリス最大の地主サザランド公爵が、という具合にである。会社への投資を呼びかける際の社会的「信用」と、彼らの政府との間の太いパイプが重視されたからである。

リヴァプールのホルトは中小の商人たちを糾合し、アフリカン・アソシエイションなるカルテル・プール組織（後には株式会社）を結成した。彼はこの組織を武器にロイヤル・ニジェール会社さらにはアフリカの商人王と対決し、時に成功を収めた。彼はナイジェリアやコンゴにおける商業独占に反対した。コンゴ改革運動に参加するのもそこでの独占がベルリン条約に違反するとの観点からであった。

ローズは彼らの中で最も大きな資金を持ち、また最も大きな夢に動かされていた。彼は外務省管轄の保護領ニヤサランドに対してさえその管理費用を出していた。しかし彼の「ケープからカイロへ」の夢は実現半ばまでいったものの、対フランスのためにドイツとの協調を重視したソールズベリ外交のグランドデザインの前に消えた。しかし彼は中部・南部の広大なイギリス勢力圏の中でより大きな経済利害を求め、政治的に動き回ったのである。

アフリカ分割の「先兵」であったこれらの会社は、経営能力も問われたが、主として現地の経済的将来性についての判断の甘さから経営難に陥り、世紀転換時において相次いで破産・解散し、それらの支配地域は直轄植民地となった。政治的な分割時に、経済的な分割を目指したこれらの組織は時代を先取りしてはいたものの厳しい経済的現実の前に撤退を余儀なくされたのである。さらにそれらはイギリス商業界の傾向を象徴はしていたが、その全体の意思を代表するものではなかった。イギリス商業界も各地域での将来の市場の確保を主張する点では積極的であったが、総体としてのアフリカ政策を持っていたわけではない。各地の商業会議所の意見の相違、そしてそれぞれの内部における分裂などもすでに指摘されてきたところである[12]。

## (2) 金融業者、金鉱業者、利権

　南アフリカで形成された大規模なダイアモンドと金の鉱山業者は、自らの巨額な資金を基礎にシティの金融業界とも資金面で結合し、巨大な金鉱山会社を作り出した。それはまた自らも世界を対象とした金融業に参加していく「金融・金鉱会社」という特異な形態をとっていた。ウェルナー・ベイト社と、ローズのコンソリデイティッド社はその代表格であった。それらは政治にも関与していく傾向を持ち、ジェイムスンレイドはこの二つの会社の資金と人材によって計画された。それらは西・東アフリカにおける商人や特許会社と比較して桁外れの資金と政治力を持っていたが、時にはその力が失敗の元ともなった。彼らは全体状況を見ずに冒険的事業や侵略に走る傾向があった。やはりイギリスのエリートから見ると成り上がりの一団に過ぎなかったのである。ローズはジェイムスンレイドの失敗の後、事実上政界からの引退を余儀なくされた。しかし彼に代わって金鉱・金融業のために活動する組織や人物は現れ、彼らがミルナーとともに緻密に画策したのが南アフリカ戦争であった。

　南アフリカにおける金融・金鉱会社とシティのマーチャントバンカーを中心とする金融業との関係は密接さを増していたが、摩擦や齟齬も存在した。ダイアモンド独占ドベール社の設立にロスチャイルド商会の資金が重要な役割を果たした。同社の経営はロンドンの役員会でおこなわれたが、現地役員会はローズの支配下にあり、その関係はスムーズではなかった。金鉱業の独占化に役割を果たしたエクスプロレイション・カンパニーにもロスチャイルドたちシティのマーチャントバンカーが参加していた。彼らが生み出したコンソリデイティッド社の経営でもロンドンの役員会と現地のローズたちとの方針は一致しない場合が多かった。両者の場合には長期的には現地の過激な動きをロンドンの役員会が調整していくことが可能であった。しかし南アフリカ会社の場合には現地のローズの支配力は圧倒的で、領域の拡大方針、ジェイムスンレイドなどは、ほとんど彼の独断によるものであった。

## 3　政策決定におけるエリートと非エリート

### (1)　エリート

　エリートの政治家たちがアフリカの問題をヨーロッパ列強の力関係とハイ・ポリティクスの脈絡において思考するのは当然な傾向であった。経済的な解釈に対する批判者によればエリートと高官たちの優先課題は、戦略、地政学、勢力均衡そして国家の威信である。しかし彼らは経済的関心や利害に無関係ではいられない。彼ら自身はイギリスを核とした国際経済の中で、小さくあるいは大きく、個人的にあるいは組織的に何らかの経済利害を持っている。そして彼らには自由貿易、健全な通貨そして財政均衡というイデオロギーがある。彼らは事業家や商人を好ましいとは思っていないが、ビジネスや商業と無関係ではいられない。

　ソールズベリはエリート中のエリートである。彼は貴族（侯爵）であり、保守党のディズレーリの後継者として1870年代末に外務大臣を務め、1880年代半ばから3度政権をにない首相兼外務大臣として1880・90年代のイギリス外交を支配した。アフリカ分割は彼の作品といっても過言ではない。しかし彼は単純な帝国主義者ではなかった。彼にとってヨーロッパ外交こそ得意とする分野であった。アフリカ問題は1880年代末になって彼の課題となったものであり、それも外交の一部をなすに過ぎなかった。分割政策も基本的には仏独などの動きに対抗するという受動的なものであり、「平和的拡大」といわれるほど慎重なものであった。彼が現地の拡大派に安易に引きずられて決定を下すことはなかった[13]。

　グラッドストンはエリートではあるものの最後までミスター・グラッドストンであり続けた信念を持った自由主義者であった。1880年彼は第二次政権を率い自由貿易主義と小英国主義に基づいたイギリス外交を展開しようとした。しかし1882年、アイルランド自治供与を優先課題とする中で妥協を迫られ、彼の主義に反しエジプト占領を余儀なくされた。1884年から85年にかけてベルリン西アフリカ会議に参加し自由貿易などを主張し成功を納めたのは彼の政権で

写真Ⅻ—1　ソールズベリ（1896）

出所：R. Oliver. *op. cit.*, p. 160.

あったが、直後のゴードン将軍のハルツームにおける憤死は、急援軍の遅れなどを批判され、彼の名声を傷つけるものとなった。時代は次第に彼に反逆するようになっていたのである。1886年アイルランド問題で自由党は分裂した。ハーティントンとチェンバレンは帝国の維持を主張し党から離れ、自由党は選挙に敗北する。彼の最後の政権、1892年からの自由党内閣は外交面では機能しえなくなっていた。彼の後継者とみなされていた外務大臣のローズベリーは小英国主義どころか自由党内で力を持ち始めた自由帝国主義のリーダーであった。彼の外交政策はソールズベリのそれと変わるところはない帝国派のそれであった。ウガンダ領有のプロセスなどはソールズベリの「平和的拡大」を超える強引なものであったといってよい。グラッドストン、ハーコート、モーリーなどの自由党領袖も彼の方針を覆しえないほど世論と自由帝国主義の勢力は強まっていたのである[14]。

(2) 非エリートの力量

　政策決定に携わる政治家たちは政策、思想、意欲において統一した状態にあるわけではない。帝国建設者として名を馳せたチェンバレン、ディルク、ミルナー、ローズたちはエリートの世界においては「よそ者」であった。彼らはエリートの政治家や官僚たちの保守主義と怯懦を嫌っていた。この感情は相互的であり、ジェントルマンエリートの側からすると彼らはあまりにラディカルで、

冒険主義的であった。こうした強い個性を持った人物たちが拡大と侵略の政策立案そして実行者であった。彼らが経済利害との関係をエリートより持ちやすいのはその出身の地域、資産の量や性格などから見て当然であった。彼らはこの時代次第に役割を増してきた新聞を中心とする世論に注目し、それを利用するに長けまた逆にそれから影響を受けた。こうした有能な個々人がエリート政治家と官僚たちをアフリカ各地の拡大政策に引きずり込んだように見える重要なケースがある。

**ディルク**

　ディルクは、1882年、グラッドストン内閣の外務次官としてエジプト征服の決定に重要な役割を果たした。彼は次官でありながら大臣の意向を時には無視し、時には次官辞職の圧力を行使し、内閣の決定を形成していった。グラッドストン内閣は、エジプト問題では分裂していた。グラッドストン本人と自由貿易主義者のブライトは原則主義的な小英国主義者で征服には最後まで反対の姿勢を崩さなかった。ブライトは征服の決定に抗議し閣僚を辞任した。彼の原則主義をグラッドストンはディルクの「機会主義」と対照してたたえている。閣僚の多数はウイッグ系のエリートたちであり、ハーティントンの前進派の動きを許容していた。前進派の頭脳がディルクとチェンバレンの急進派だったのである。

　ディルクの急進主義は二重三重の意味を持っている。彼は1868年政界にデビューして以来、内政問題においては一貫した共和主義者で、選挙権拡大、教育制度などについてラディカルの指導者であった。しかし同時にその思想と無関係ではなくイギリス帝国の存在意義、特に民主制度を伴った帝国運営についてはすでに『グレイターブリテン』(1868)の著作で有名であった。彼の共和主義と帝国主義は結びついている。エジプトには民主主義を導入する必要がある、しかしエジプトの民族主義はそれと相反するファナティックな傾向を持ちつつある、ゆえに征服やむなし、というのが彼の論理である。彼の内政での急進主義と外交での急進主義は二重と言うより絡み合っている。さらに気質での急進主義がこの論理のベースになっている。

　ディルクの内政上の共和主義は女王から嫌悪されたが外交での急進主義は評

価された。彼が1883年地方行政局長官に任命されようとした時、女王の同意を得るのにエジプト問題での前進派としての活躍が役に立った。彼は内閣最年少の閣僚であり、将来の外務大臣そしてグラッドストンの後を継ぐ人物との評価を受けつつあった。準エリートが本当のエリートになる道が開かれたかに見えた。すでに1879年、ディズレーリは彼を「若手の中でもっとも有益で影響力のある議員」と評し「彼は確実に首相になりうる」と予言していた。輝ける将来が保障されたかに見えた1885年、彼はある女性との関係と離婚訴訟に巻き込まれ失脚する。彼を援助しようとするエリートは多くなかった。「失われた首相」、「ヴィクトリア時代の悲劇」であった[15]。

### チェンバレン

　チェンバレンは、1880年のグラッドストン内閣で商務省長官となりディルクと同盟を組みラディカルの主張を政権内で実現しようとした。選挙法の改正はその最大のものである。彼らは閣僚の多数を占めるハーティントンを代表とするウィッグ系貴族と対立し、次第に政権内で力を付けていった。彼の初期の社会改革プラン「アンオーサライズド・プログラム」は、普通選挙権、農業労働者の土地保有、労働者の生活改善、地方行政機関の土地収用などの政策提案であり、伝統的支配階層には革命に思えるようなものであった。彼は1886年、国内改革よりアイルランド自治法案に執着するグラッドストンに失望しウィッグのハーティントンとともに自由党を分裂させた。(彼とグラッドストンの間を仲介できる唯一の人物であったディルクは自ら個人的トラブルの中にありその役割を果たし得なかった。自由党にとっても悲劇であった)

　チェンバレンは1895年、保守統一党(Unionist)の大勝により政権を担うことになったソールズベリから、外務大臣以外のすべての閣僚の地位を保証されたが植民大臣を選んだ。彼は内政での改革を帝国の維持拡大と結びつける社会帝国主義の立場に立っていた。それゆえ一貫して帝国の解体に繋がりうるものに反対してきた。アイルランド自治も当然阻止すべきものであった。彼は世紀転換期におけるイギリスの植民地政策全体を統括し、南アフリカ戦争に関しては「チェンバレンの戦争」、「押しの強いジョー」などのレッテルを貼られるほどのラディカルで非妥協的な帝国主義者だった。彼は保守統一党のエリートの

写真XII—2　ジョセフ・チェンバレン

出所：G. S. Graham, *History of the British Empire*, London, 1970, p. 208.

中ではその実力を恐れられながらも最後まで仲間とは思われなかった。彼が1904年、政治生活最後の賭け、関税改革キャンペーンに打って出て、今度は保守統一党を分裂に追いこみ、自由党の再生・選挙での大勝に導いたのも彼のラディカリズムゆえにであった。

**ミルナー**

　南アフリカ戦争は多くの論者が「ミルナーの戦争」と表現するほど、高等弁務官ミルナーの主導性ははっきりしていた。危機の最初から最後まで戦争によって問題を解決しうるとの彼の決意は揺るがなかった。それに比べ植民大臣のチェンバレンは最終局面まで圧力によってブーア側は屈服すると考えてもいたし、首相ソールズベリは「金融・金鉱業者のための戦争」にあからさまな嫌

XII　アフリカ分割の政治経済学　271

悪感を表明していた。ミルナーは一旦まとまりかけた金鉱業者とトランスヴァール政府との交渉を、会社代表の一部と謀りながら破局に持ち込んだ。これにより戦争への道が開かれたのである。
　ミルナーの帝国意識はイギリスの政治制度の優越性、支配民族としてのイギリス人の最適性の確信に基づいている。彼にとってはエジプト人が自治能力を持たない程度にブーア人も支配民族としての適正に欠けた民族なのである。南アフリカはイギリスの主権の下でのみ近代化できるというのが彼の考えであり、これはドイツ育ちの彼らしい規律、効率、徹底性によって支えられている。かれの非妥協的な気質が、何回もあった妥協の可能性をつぶし戦争をもたらしたのである。
　エリートたちが有能な非エリートによって戦争や征服に引きずり込まれるケースが多いように見える。しかしゲームは一方的ではない。非エリートには行動しうるが超えられない境界域があった。エリートの政治家は原則として外交政策においては集団として最終決定を下した。またソールズベリのような政策原理を持った政治家は、彼と同等あるいはそれ以上の能力を持っているとみなされたチェンバレンさえ自説を容易に押し付けられる人物ではなかった。政策決定の最終局面において決定は通常、コンセンサスあるいはその名目においてなされた。エリートの政治家集団は時に非エリートの政治家グループに引きずられそうになりつつも急激な政策を穏健化し国家の政策としていったのである。
　エジプト占領において前進派の圧力に後退し、僚友のブライトを失いつつもグラッドストンは占領の最終決定を閣議で下した。その際に早期の撤退は条件ではなく前提であった。占領は帝国主義への転換を示すものではなく、不干渉主義政策のなかでの例外と受け止められた。撤退政策は保守党政権の中でも当然のこととして継続され1888年まで追求された。南アフリカ戦争の開始もソールズベリの下、閣議の一致した結論であった。ソールズベリは「ミルナーの設定した道義論」の上で行動決定しなければならないことに嫌悪を明らかにしつつ、南アフリカにおけるイギリスの主権に関する彼の非妥協的立場から自ら判断を下したのである。

## (3) 外務省官僚

　ホワイトホール・外務省には高級官僚、アフリカ各地には高等弁務官、総督、領事たちという「プロフェッショナル」がいた。彼らは首都・中心地におけるトップの政策決定者と現地の個別諸利害との間の媒介の役割を果たしていた。彼らはビューロクラトであり、強力な外からの圧力、すなわち統一した商業利害や強国の活発な外交政策に直面しない限り、「慎重な外交」を変化させようとはしなかった。しかし1880年代においてアフリカ局の官僚たちは次第に列強の動きだけではなく経済利害についても考慮せざるを得ない状況になった。

　アンダスンは1883年、外務省アフリカ局長に就任し1896年の突然の死までイギリスのアフリカ分割政策のほとんどすべてに関与した。イギリス代表として1884-85年のベルリン会議に、1890年のドイツとの交渉でベルリンに、さらに1890年代初頭のイタリア、ポルトガル、コンゴ自由国などとの交渉に、である。これらの会議におけるイギリスの目標は将来の市場の確保と、フランスの進出に対してコンゴ自由国を緩衝国として配置すること、そしてドイツなどとの協調によりナイル源流部へのフランスの進出を阻止することである。ドイツとの協調、コンゴ自由国の利用は彼の発想であると同時にソールズベリの意図を具体化したものである[16]。

　外務省アフリカ局の指令の下に多くの領事たちが各地に派遣されていった。現地の官僚たちは、商人、コンセショナー（利権会社）、宣教師団などの要請に悩まされた。政策決定において現地派遣官僚たちが時に決定的役割を果たしたことは、ジョンストンやルガードを始め、ポータルやケイスメントの例を見れば明らかである。彼らは時には外務省の指令を受けないまま、あるいはその指示を無視して行動に踏み切った。多くの場合それらの行動は既成事実として事後承認された。彼らの行動が基本的には外務省の政策の大枠の中で調整され得るものとみなされたからである。

## 4　政策の決定構造

　政策決定の複雑な構造についてハイヤムは次のようにまとめている。……われわれは二つの異なったレベルの行動を想定しなければならない。二つの利害が指令系統の軸心に沿って交わっている。中心地あるいは政治の頂点におけるエリートから下方に向かう政策があり、他方に現地の圧力（たとえば利権集団、植民地の冒険者、宣教師団、移住者、軍人などによる）がペリフェリ・現地から上方に向かって伝えられている。中央での政策も現地の行動も一方だけでは決定には至らない。諸状況を組み合わせるには帝国政治の内部と外部のピニオン・歯車が効果的に接合される必要がある。この接合は個人によって、すなわち領事、大使、高等弁務官、総督、司令官などの「現地の人物」によって行われる。彼らは政策責任の流れを収束する接合点に存在する。……17)

　このモデルにおいては、メトロポリタンには経済利害が、ペリフェリには政治理念が存在しない。しかし我々は中央における政策に経済的関心を付け加えることができる。自由貿易と健全な通貨へのエリートの前提的観念は、イギリスが指導者である国際経済およびそれに自由貿易的に (free tradingly) 接合している帝国という場面において、戦略思想と絡み合っている。そうした渾然たる政策思想が、個々の帝国拡大において個別経済利害と接合される場合が多くあった。もちろん個別利害が自由貿易の名の下で要請を行い、それに必要な経費が少ないと想定された場合にはより容易にである。

　現地には様々な個別的な経済利害が存在する。ハイヤムは「南アフリカ戦争は金鉱の発見がなくても起こりえた」18)と述べている。そうでなかったことはすでに多くが語られている。さらに南アフリカ戦争は現地の個別経済利害を超える規模の経済利害によって引き起こされた。金融・金鉱会社はシティの金融業と結びついていた。

　南アフリカ戦争は金融・金鉱会社の総体としての利害ではなく一部の人物たちの利害関心によって起こされたかに見えた。しかし、その個別な利害関心者、ウェルナー・ベイト社のジュニア・パートナー、フィッツパトリックはみずか

らが全体利害を代表する者と考え行動した。その行動は金融・金鉱会社や鉱山業界の過半から黙諾を得つつあった。戦争は結果的には（長期的には）彼ら総体の利害に役立つものと予想された。さらに表面的には戦争への道は政治家、ミルナーたちによって決定された。経済利害にとっては口を出す必要がなければそのほうがよかったのである。そして結果は予想通り彼らにとって有利なものとなった。

　アフリカ分割におけるイギリスによるさまざまな拡大の事例はそれぞれ個別の原因を持っている。経済的、非経済的、そして帝国意識に関するものも。西アフリカには商業と将来の市場が、東アフリカには商業と戦略が、エジプトには投下された資本と戦略が、南アフリカには金融と金鉱業そして主権問題が、中央アフリカには緩衝地帯戦略と資源確保が、という具合にである。そして政策決定も統一した論理によってというより、多くは経験主義や機会主義によって行われた。しかしアフリカ分割の10数年という時間的短さと領域獲得の巨大さを考えるとその要因に関して何らか包括的なものが存在したと判断を下すことができる。まず自由貿易による将来の市場の確保、資本投資による資源の確保であり、そしてそれを支えた外交戦略思想とイギリスによるアフリカ文明化の論理である。

## 5　帝国意識、帝国の観念

　イギリスによるアフリカ文明化の使命なる観念が分割の過程で大きな役割を果たすことになったのは、ホブスンを初め多くの研究者から指摘されてきた。ホブスンは「帝国主義」の第二部においてミルナーやローズベリーの言辞などを紹介し、それがイギリス人の思考の中にいかに根付いていたかを証明している。文明化の使命はアフリカ人を遅れている人種と認識し、ヨーロッパ人を文明化した人種と見る人種主義・偏見から成り立っている。イギリス人の場合に、それは他のヨーロッパ人に比較し自らが相対的にあるいは絶対的に支配人種としては優れていると見る点とも絡み合っている。彼らは父権主義的にアフリカ人を見守り、指導するとともに、他のヨーロッパ人の虐待から彼らを保護しう

る唯一の民族であるとの信念を持つ。それは自ら形成してきた民主制度への誇りから来るものである。

　こうした信念は反帝国主義者にも存在し、ホブスンにすら取り付いていたかのように見える。ホブスンは「帝国主義の」最終場面で、非文明地帯を向上させていく任務に近代化地域が参加しうることを一般論として認めている。彼はもちろん個々の企業家や個々の国がそれを適正に行いうるとは考えていない。彼が想定する開発は将来の国際連盟のような国際組織による共同事業としてなのである。(のちに彼は、世紀転換期において自ら痛烈な批判を展開した金融業者の資本輸出とは異なるタイプ、異なる時代のものではあるが、資本輸出による後進地域の開発を必要なものと見ていく論理を展開することになる)。それと関連して「不健全な帝国主義」に対して「健全な帝国主義」がありうるとするホブスンの記述がある。

　健全な帝国主義を問うことができるとすればそれは世紀転換期におけるリヴァプール派のそれであったろう。彼らはアフリカにおける慣習や伝統の理解の上に自由貿易とアフリカ人土地所有をベースとしたアフリカの開発が可能であると考えていた。これは彼らの商業活動の発生地域、西アフリカでの経験をもとに生み出された論理である。それゆえにその他のアフリカにおける資本投資をベースにした資源開発、プランテイション、そしてそれに伴う強制労働などを厳しく批判することにもなる。彼らこそリビングストン以来の「博愛と通商」のイギリス的伝統を受け継いできたものである。

　しかしイギリス帝国主義のイギリス的性格(Englishness)を評価する場合「博愛と5パーセントの利子」のほうが適切な表現である。アフリカ分割の経済的、政治的参加者のほぼすべては人道、奴隷制の抑止、よりよき支配などを唱えつつ、投資された資本への5パーセント以上の利子を求めていたからである。ホブスンの次の言はそのことを表現する最も適切なものであり続けている。「これらの勢力(金融業者)の動きは表には出てこない。彼らは本質的に愛国主義の寄生者であり、自らをその保護色に染める。彼らの代表の口からは、文明の地域を拡大する、奴隷制を廃止する、劣等民族を向上させる、などの高尚な言葉が発せられる。このような言葉を発する事業家のうちの何人かがこれら

の目的を達成しようとする本物の熱意をもっていることはある。しかし彼らはまず事業に従事しているのであり、その目的を遂げる上での非利己的な諸勢力の効用を知らないわけではない。彼らの本心はローズの有名な言葉、『女王陛下の旗は世界における最大の商業的資産である』に表されている。」[19]

1) L. A. C. Raphael, *The Cape to Cairo Dream : A Study in British Imperialism*, New York, 1936 ; Roland Oliver, *Sir Harry Johnston and the Scramble for Africa*, London, 1959.
2) Leonard Woolf, *Empire and Commerce in Africa*, London, 1920 ; P. T. Moon, *Imperialism and World Politics*, New York, 1926 ; W. G. Hynes, *The Economic of Empire*, London, 1979.
3) G. N. Sanderson, "The European Partition of Africa : Origins and Dynamics", R. Oliver and G. N. Sanderson, *The Cambridge History of Africa, VI*, Cambridge, 1985.
4) Roger Louis, "Sir Percy Anderson's Grand African Strategy, 1883–1896," *English Historical Review, LXXXI*, 219, 1966, p.300.
5) S. E. Crowe, *The Berlin West African Conference, 1884–85*, New York, 1924.
6) Louis, *op. cit.*, 299–301.
7) R. Anstey, *Btitain and Congo in the Nineteenth Century*, Oxford, 1962 ; Hynes, *op. cit.*, Chapt. 2.
8) Roger Louis and J. Stengers, *E. D. Morel's History of the Congo Reform Movement*, Oxford, 1968.
9) J. E. Flint, *Sir Geoge Goldie and the Making of Nigeria*, London, 1960.
10) W. I. Ofonagoro, "The Opening up of Southern Nigeria to British Trade and its Consequenses ; Economic and Social History (Colombia University, Ph. D. thesis, 1972) ; Cherry Gertzel, "John Holt : A British Merchant in West Africa in the Era of Imperialism"(Oxford University, Ph. thesis, 1959)
11) B. Stanley, "'Commerce and Christianity' : Providence Theory, the Missionary Movement, and the Imperialism of Free Trade, 1842–1860", *The Historical Journal, XXVI*, 1983, 71–94.
12) W. G. Hynes. "British Mercantile Attitude towards Imperial Expansion", *Historical Journal, XIX*, 4, 1976, pp. 969–979 ; Hynes, *The Economics of Empire : Britain, Africa and the New Imperialism 1870–95*, London, 1979 ; B. M. Ratcliff, "Commerce and Empire : Manchester Merchant and West Africa, 1873–1895", *The Journal of Im-*

*perial and Commonwealth History*, VII, 3, 1979, pp. 293-319.
13) Saderson, pp. 65, 102-103, 111-112
13) ソールズベリは帝国主義の新しい勢力を自身の政策の中で安定化 (stabilize) させる個人的能力を持っていたとするのは Uzoigwe の見解である。G. N. Uzoigwe, *Britain and the Conquest of Africa*, Michigan, 1974, p. 62.
14) Saderson, pp. 65, 102-103, 111-112 ; T. Pakenham, *The Scramble for Africa*, London, 1991, pp. 429-433.
15) R. Jenkins, *Dilke, A Victorian Tragedy*, London, 1958, 1965. ディルクの共和主義については pp. 48-88. 女王の彼に対する態度については、p. 158. 彼の能力と将来性についてのディズレーリとグラッドストンの評価については、pp. 157, 105-106. ニコルズもディルクの伝記のタイトルを「失われた首相」としている。D. Nicholls, *The Lost Prime Minister, A Life of Sir Charles Dilke*, London, 1995. 彼は政治の中心からは離れたものの一議員として活動を再開した。彼のラディカリズムは時代の要請を受け社会改革と重なり合い「社会ラディカリズ」に成長した。女性参政権運動に参加していた妻の影響をうけその法制化に努力し、労働組合運動と連携し労働者の生活向上に働き、イギリス帝国内外の諸民族の保護に活躍した。コンゴ改革運動の初期からその議会内スポークスマンとして活動したのもその一環である。政治の中枢における力を喪失しながらも、彼が最も独立した議会人としての第二の道を歩み始めたことが、個人的にもイギリス社会にとっても有益だったのではないかとの伝記作家たちの判断には妥当性がある。
16) Roger Louis, op.cit., pp. 292-314.
17) R. Hyam, "The Dynamics of British Imperial Policy, 1763-1963", R. D. King and R. Kilson eds., *The Statecraft of British Imperialism*, pp. 34-38.
ハイヤムのこの「政策接合論」とも言える論理には先駆者がいる。フィールドハウスは現地の経済利害の「政治化, politicization」という考えを提起していた。彼は (*Economics and Empire 1830-1914*, 1973, Preface) においてそれ以前の自らの経済要因全面否定論を緩和しようとする。彼は「公式帝国の拡大はいかなる経済要求とも直接的には関連しない。それは間接的に、すなわちヨーロッパの経済的利害が現地（ペリフェリ）で政治化（politicized）され、経済的な方法では解決されえなくなるという状況下で中央の政治が発動を余儀なくされる」とまとめる。フィールドハウスもハイヤムもその論は基本的にはロビンスン・ギャラハーのペリフェリ論の延長線上にある。
18) *Ibid.*, p. 41.

19) J. A. Hobson, *Imperialism : A Study,* London, 1902, p. 61.

# あとがき

　最近イギリスの若者の中で歴史が人気なようである。これは近年BBCなどで歴史に関する特集がいくつか組まれ、その出来がよかったこと、またプライベート・ライアン、スターリングラードなどの映画がヒットしたことにあるといわれている。実際イギリスの各書店の歴史部門は充実している。第二次大戦とその原因、ヒトラー、第三帝国に関するものも多い。大学の歴史学科を希望する学生が毎年増えているとのこともあり、われわれ日本の大学で歴史を教えているものにとってはうらやましい限りである。

　2002年夏のイギリスでは三冊の歴史書が注目を浴びていた。『レオポルド王の亡霊』、『ヴィクトリア時代後期のホロコースト』、そして『ピカデリーのピノチェト』である。『レオポルド王の亡霊』はおよそ100年前のベルギー王レオポルド二世支配下のコンゴにおいていかなる残虐な行為が住民になされていたかについての本である。この本を契機に、ベルギーの中央アフリカ博物館が100年前の植民地支配に関する歴史家による調査委員会を作ることになった。人道に対する罪が問われるようになってきた現在、植民地支配に再び目が向けられるようになってきても不思議ではない。ベルギーにおける調査の開始を紹介したイギリスの新聞記事はイギリスの植民地支配についてイギリス人が「自己満足と偽善のままにいるとしたらそれは誤りだ」と述べていた。

　イギリスでは100年前にレオポルド王のコンゴ支配が問題視されコンゴ改革運動が展開された。それは第二の奴隷貿易禁止運動、イギリス人の良心の闘いなどとよばれた。この運動の指導者のなかには本物の博愛主義者がいた。そうした運動が一種の国民的運動になり得るのがイギリスの特徴なのであるが、イギリス人に特有の偽善だという批判もなされてきた。『ヴィクトリア時代後期のホロコースト』は19世紀後半、何回かのインドの飢饉に際しイギリスの支配者が食料輸送などの対策もとらずに何百万人かを死にいたらせしめたことについてである。これは介入主義とは反対の自由放任主義によるものである。この

時期インドはエルニーニョによる大旱魃に襲われていた。「レセフェール・ファナティック」の総督リットンは何もしないことが経済学的に正しいと思っていたばかりでなく、飢饉は人口抑制の自然法則であるという立場に立っていた。彼のヴィクトリア人に特有な高慢さをこの本の著者は厳しく批判する。

『ピカデリーのピノチェト』は、1999年イギリス上院（最高裁）が人道への罪で外国の元首を拘束できるとした画期的な判決に関連して、なぜ長い間（保守党政権時に）チリの元大統領ピノチェトがロンドンの中心地ピカデリーの豪華なホテルの常連でいられたのかを追求したものである。チリの軍事クーデター（1973年）後の虐殺は在住していたヨーロッパ人にも及び大きな国際問題となっていた。著者は前著『イギリス人の帝国』（2000年）のあとがきでコンゴ改革運動時の人権問題と現代におけるそれとの歴史的な差異をピノチェトの逮捕問題に絡めて語ったことがある。しかし結局、2000年の春、病気を理由に彼はチリへの帰国を認められた。国家の政治指導者たちが犯した人権侵害への追求は現在においても難しい。特に大国の場合それは昔も今も本当に難しい。

イギリス帝国における博愛主義と偽善が混在した歴史から見ると、現在のブレア首相のイラク問題に関する他のヨーロッパ諸国から突出した強硬さと、イギリス人のそれへの反発の強さとが共に存在している複雑な状況が理解できる。

本書で著者はアフリカ分割の原因をイギリス側の要因に絞って、さらに経済と政治を中心に検討してきた。著者の本来のフィールドが経済史であるからでもあった。そこには分割の具体的な過程において大きな被害を受けた側からの視点はない。帝国の歴史を見つめる新しい視点、民族、人種、ジェンダー、帝国意識などもほとんど述べられていない。これらの点に関して著者は前著において不十分ではあるが叙述していた。それらの更なる研究が次の課題である。

アフリカの分割に関して最も総括的で読み物としても面白いのがトーマス・ペケナムの『アフリカの分割』である。小さな活字で700ページを超えるこの本に彼は10年かかったといい、献辞の中で「映画『アフリカの女王』でキャサリン・ヘプバーンが演じたような激流下りをこの十年間ともにやってくれた妻に感謝を」と述べているが、著者も妻、真理子に同じ言葉をささげたい。いつも励ましの言葉や助言をいただいているイギリス帝国史研究会の諸兄に感謝し

たい。研究上の指導を今でも受けているピーター・マーシャル師、そして研究面でさまざまな援助や情報をいただいているピーター・ケイン、ピーター・デイヴィス、クライヴ・トレビルコック、そして今テキサスにいるアントニー・ホプキンズ、以前からテキサスにいるロジャー・ルイスなど、友人たちに感謝の意を表したい。出版にあたり新評論の二瓶一郎氏に10年余を経て再びお世話になった。記して感謝したい。

　本書は平成14年度商学部出版助成金を受けている。研究委員会委員長の真屋尚生教授をはじめ研究所事務課の皆さんに、またいつもお世話になっている商学部図書館の皆さんに感謝したい。この書が助成や援助に値しうるものになっていることを望んでいる。

2003年1月

竹内幸雄

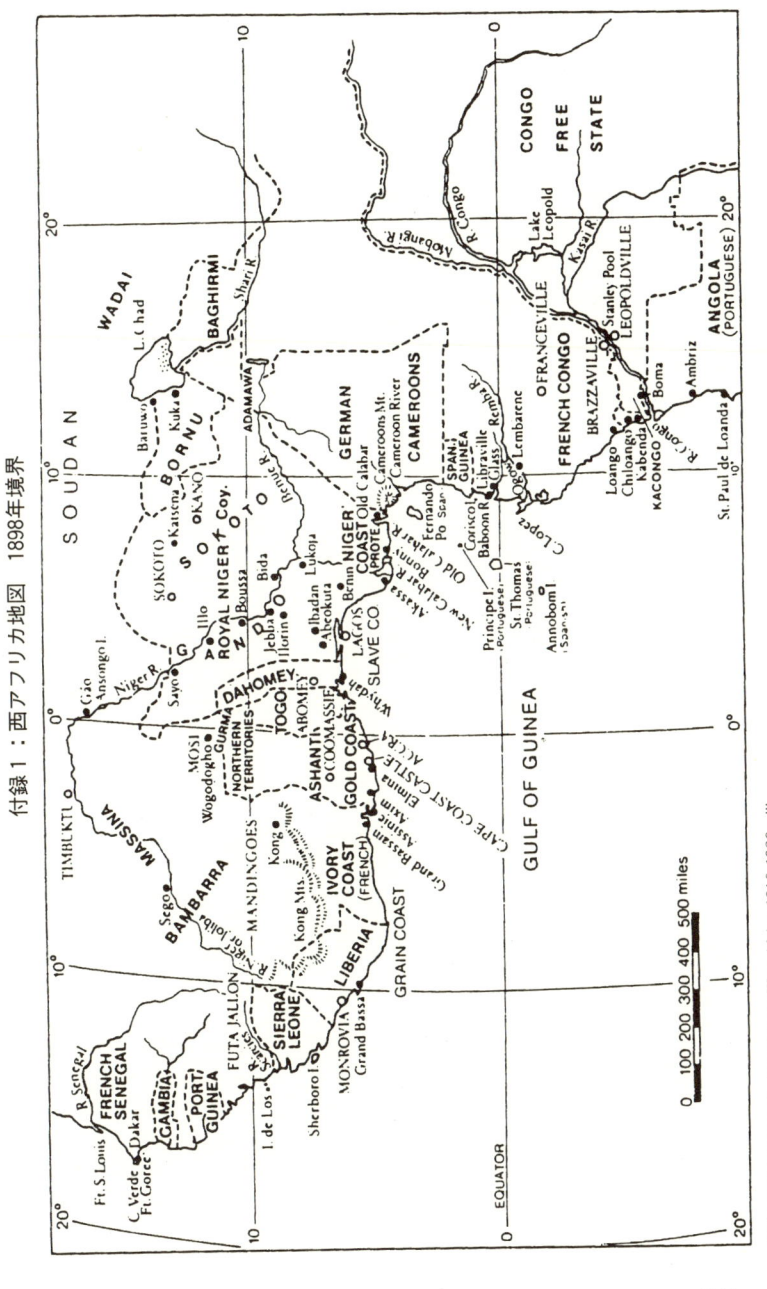

付録1：西アフリカ地図 1898年境界

出所：P. N. Davies edt., *Trading in West Africa 1840-1920*, viii.

付録 285

付録2：熱帯アフリカ（東・西）

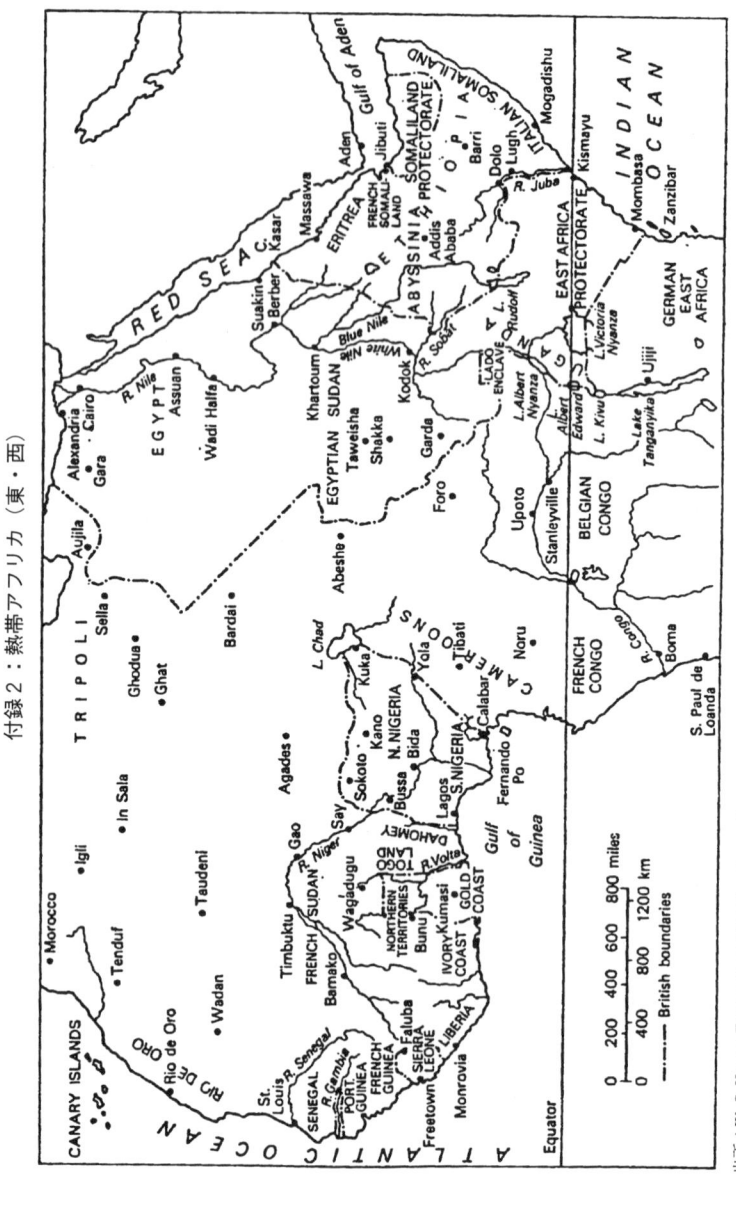

出所：W. G. Hynes, *Economics of Empire*, Appendix.

付録3:「アフリカはいかに分割されるべきか 1886」

出所:ジョンストンによる地図. R. Oliver. *Sir Harry Johnston and the Scramble for Africa*, London, 1957, p. 102

付録 287

付録4：中央アフリカへの列強の進出　1884〜1900

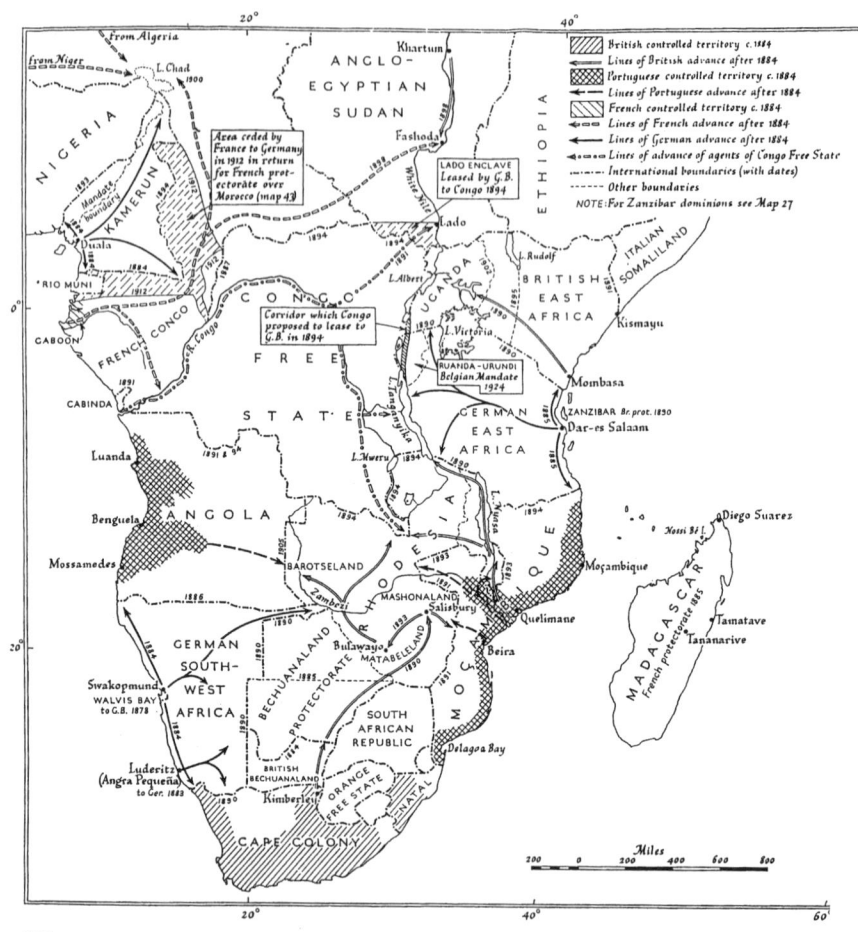

出所：J. D. Fage, *An Atlas of African History*, London, 1958.

# 索　引

## ア行

アイルランド　267, 268
アネネ（Anene, J. C.）　121
アフリカ
　　西　4, 23, 26, 82-83
　　東　22, 224-232
　　南　68
　　中央　78
アフリカン・アソシエイション（African Association, Liverpool　88-91, 112, 114, 127, 245, 247-251
アフリカ湖水地帯会社　234, 236
アレクサンドリア　156, 157, 159, 160, 169, 171, 172
アンダスン（Anderson, Percy）　111, 119, 238, 262, 273
イギリス的性格（Englishness）　275-276
イスマーイール（Ismail, ヘディーヴ）　155, 157, 160-161, 162-163
イムラー（Imlah, A. H.）　54-56, 57, 58
イングランド銀行　216
インド（へのルート）　171, 263
ウガンダ（ブガンダ王国を含む）　20, 229-230, 231
ウェルナー（Wernher, J.）　182, 184, 205, 208, 209, 214-215
ウェルナー・ベイト社（Wernher/Beit）　68, 183-184, 186-187, 190, 195, 205, 212, 266
ウルフ（Woolf, L）　21-23, 154, 244
英東アフリカ会社（Imperial British East Africa Co.）　225-232
英南アフリカ会社（British South Africa Co.）　189, 191, 193, 236-238
エクステイン（Eckstein, H.）＆Co.　183, 189, 209, 210, 213-214, 215
エクスプロレイション・カンパニー　186-188
エジプト　4, 14, 28, 152-174, 228, 230
エーデルステイン（Edelstein, M.）　64
エヴァンス（Evans, J.E.）　207

エヴァンス（Evans, S.）　206, 207
エリート　3, 16
エルダー・デンプスター　247
オイトランダー（Uitlander）　179, 190-191, 194, 196, 205, 209, 210, 214
オイルリバー（オイルリヴァー）　ニジェール・デルタを見よ
尾上修悟　66-67
オーストラリア　183, 187
オボボ　87-89, 92, 99, 101
オラービー（パシャ，Arabi Pasha）　164, 165, 166, 168, 169, 170, 172
オレンジ共和国　179

## カ行

緩衝国・地域（buffer）　77, 261, 273
ガンベッタ（Gambetta, L）　166
ギアリー（Geary, W.）　103-104
キングズリー（Kingsley, Mary）　245, 253-255
キャドバリー（Cadbury, W.）　256
金鉱業・金鉱山　68
金融（業者）　68
金融・金鉱会社　68, 183, 184, 215-217, 266, 275
金本位制　216-217
グラスゴー（および商業会議所）　3, 75, 82, 87, 127, 128
グラッドストン（Gladstone, W. E.）　2, 136, 152-154, 167, 169, 173, 226, 231-232, 267-278, 272
グランヴィル（Granville, 2nd Earl）　78-79, 110-111, 165, 168, 169, 173
グリーン（Green, Alice）　252, 257
グリーン（Green, Conyngham）　198, 207, 210-215
クルーガー（Kruger, P., 政権）　192, 194, 205-206, 210
ケイスメント（Casement, Roger）　256, 273
ケイン・ホプキンズ（Cain, P. J. & Hopkins, A. G.）　1, 16
ケインズ（Keynes, J. M.）　62
ケープ　180, 189

*289*

ケープからカイロへ（の夢） 12, 229-230, 232-239
原住民保護協会 137
健全な帝国主義 257, 276
現存の市場 81, 85
ゴッシェン（Goshen, G.） 158-159, 162, 172, 200, 261
ゴードン・パシャ（Gordon, C., General or Pasha） 20, 173
コナン＝ドイル（Conan-Doyle, A.） 218
コブデン（Cobden, Richard） 2, 3, 262
ゴールディ（Goldie, G.） 88, 127, 246-250, 264
ゴールドコースト 77, 78, 81, 84, 85, 128
コンソリデイティッド・ゴールドフィールド（Consolidated Goldfields） 184, 185, 187, 189, 205
コンゴ（自由国） 20, 24, 72, 77-81, 87, 252-253, 255-257

サ行

サイード（Said, ヘディーヴ） 155
ザンベジ川 236-237
ジェイムスン（Jameson, L.） 191, 238
ジェイムスンレイド 189-195, 266
シェラレオネ 80, 85, 245, 253
ジェントルマン 185
　エリート 13, 267-268
　資本主義 1, 2, 3, 16
紙上の分割（partition on paper） 74
至高権・宗主権（paramountcy） 106, 199
地主・貴族 16
社会改革 259
ジャジャ（King JaJa） 89, 92, 99-121, 126, 144-145
自由帝国主義 231, 268
自由党 72, 136, 231
自由貿易（主義） 2, 12, 24-25, 73, 127, 251, 255, 260-263, 274
自由貿易の帝国主義 1, 2, 14, 16, 73, 119
シュライナー（Schreiner, Olive） 217
シュンペーター（Shumpeter, J.） 22, 26
小英国主義 12, 154
商業帝国主義 26-27, 72, 119
将来の市場 2, 20-26, 27, 72-82, 90
植民省 119, 135-137
ジョンストン（Johnston, Harry） 102-104, 114-121, 225-226, 232-239, 242-244, 260-261
ジョーンズ（Jones, A.） 129, 136, 250-251
スエズ運河 154, 157, 159, 160
スタンリー（Stanley, H. M.） 20, 78, 80, 224
ステッド（Stead, W.） 197-198, 215, 218
ストークス（Stokes, E.） 15, 26, 30-32, 197-199
先取的併合（pre-emptive annexation） 34, 72
ソールズベリ（Salisbury, 3rd Marquess of） 2-3, 113-120, 153, 192-193, 196-199, 217, 226, 228-230, 232, 234-235, 239, 267

タ行

ダイアモンド 182
タイムズ 163, 167, 195, 213, 231, 234
タウフィーク（Tawfik, ヘディーヴ） 163, 165, 172
チェンバレン（Chamberlain, Joseph） 22, 146, 152, 163-165, 191-193, 195, 198, 211, 213, 217, 254, 270-271
帝国意識 275-276
帝国主義 2, 13
デイヴィス・ハッテンバック（Davis, D. & Huttennback, R.） 64-65
テイラー（Taylor, A. J. P.） 193
ディケ（Dike K. O.） 121
ディルク（Dilk, Charles） 13, 154, 165, 168, 169, 170, 173, 253, 269-270
テルエルケビール（タッル・アル・カビール） 152, 153
ドイツ 12, 52-53, 75-76, 111, 128, 168, 192, 194, 225-230, 238-239
統一党（Unionist Party, 保守統一党） 179
投資家（階級、債権保有者階級） 153-154
投資グループ（Investment Group） 184, 186, 188
ドベール（コンソリディッド、ダイアモンド独占） 182, 186
トランスヴァール（南アフリカ共和国） 179-182, 193, 195
トルコ（オスマン） 154, 157, 160

ナ行

ナイル川（源流、上流） 20, 226, 229, 230, 239
ナナ（King NaNa） 99, 120, 121, 126
ニジェール川（流域） 72, 77-82, 100, 137-146

沿岸保護領　137-139
デルタ（オイルリバーを含む）　82, 85-90, 100, 134, 246-251
ニヤサランド　234-238, 261
ニュー・リベラリズム　257, 259

ハ行

ハーティントン（Hartington, Marquess of, 8th Duke of Devonshire）　165
服部之総　31-32, 48
ハットン（Hutton, J. F.）　94, 127, 225, 264
バーミンガム　75, 76
パームオイル　83-86, 87, 101-102, 111, 138
博愛（主義）　13, 276
白人の責務　13
反帝国主義　276
非エリート　3, 268-272
非公式支配　1, 14, 16
ファッショダ　174
フィッツパトリック（Fitzpatrick, J. C.）　195, 198, 206-215, 217, 274-275
フィリップス（Phillips, L.）　190, 207
ビスマルク（Bismarck, Prince Otto Von）　226-227, 230
ヒューイット（Hewett, E. H.）　99, 106-115, 140-141
ブーア（人）　178-179, 193, 216
フェイス（Feis, H.）　52-53, 57
ブライト（Bright, John）　2, 164, 169, 272
フランス　12, 13, 14, 26, 52-53, 75, 76, 78, 80, 115, 128-129, 132-133, 153, 154, 157, 161-162, 168, 169, 172, 173, 225
フランス領コンゴ　252-253, 255
プラット（Platt, D. C. M.）　26, 57, 60-63
ブラント（Blunt, Wilfred）　164, 166, 170
文明化の使命　13, 275
ベアリング商会（Baring Brothers）　186
ベアリング（Baring, E., 1st Earl of Cromer）　154, 168, 170
ペイシュ（Paish, G.）　56-57, 60-63
ベイト（Beit, A.）　182, 184, 189, 191, 205, 213
平和的拡大・侵略（pacific invasion）　73, 239
ヘディーヴ（Khedive, 副王、エジプト支配者）　153, 154
ベルギー　76
ベルギー国際アフリカ協会　77, 78

ベルリン西アフリカ会議　3, 106, 261
ベルリン条約　91, 99-100, 113, 253
保護条約　99-104, 106-109, 112-114
保護領（政策の転換）　73, 86, 91-92, 109-117
ホプキンズ（Hopkins, A. G.）　15, 26, 28, 42-44, 146
ホブスン（Hobson, C. K.）　55-56, 58
ホブスン（Hobson, J. A.）　12-13, 15, 21, 22, 32-33, 35-37, 84-85, 105, 153, 154, 179, 260, 276-277
ホブスン・レーニンテーゼ　15, 26, 27-41
ホブハウス（Hobhouse, Emily）　218
ホルト（Holt, John）& Co.　110, 127, 145, 146, 245-257, 265
ポルトガル（イギリス・ポルトガル条約、英葡条約）　24, 76-77, 80, 127, 235, 236

マ行

マキノン（Mackinnon, W.）　22, 225-232, 264
マーチャントバンカー　68, 158, 185-186, 188
マーディ教徒　174
マクドナルド（Macdonald, C.）　137, 139, 141-146, 251
マレット（Malet, E.）　166, 167, 170
マンチェスター　3, 78, 156
　商人層　3, 23, 73
　商業会議所　2, 3, 20, 23-24, 77-81, 86, 127, 128, 230
　ガーディアン　179
南アフリカ　28, 152
　戦争（アングロ・ブーア戦争）　4, 178-179
ミラー（Miller, A.）　88, 89, 104, 112, 115, 145, 248-249, 250
ミルナー（Milner, Alfred）　154, 194-200, 207, 210-215, 217, 271-272, 275
　の戦争　196-199
ムハンマド・アリ（Muhammmad Ali）　154
モザンビーク　235, 237
モレル（Morel, E. D.）　253, 255-257
毛利健三　51
モーリー（Morley, John）　167

ラ行

ラゴス　77, 81, 84, 126, 128, 129-137, 144-146
リヴァプール（商人，商業会議所）　3, 82, 87, 88-89, 102, 114, 119, 127-129, 132-136, 141,

索引　*291*

143, 145, 231, 245, 247-249, 256
リヴァプール派　254-255, 257, 276
リビングストン（Livingstone, C.）　87
リビングストン（Livingstone, D.）　20
ルガード（Lugard, Frederick）　22, 239
レーニン（Lenin, V. I.）　13, 15, 32-34, 37-39, 49-51
レオポルド二世（Leopold II, King）　20, 24, 225, 229, 235, 239
レセップス（Lesseps, F.）　171
ロイヤル・ニジェール会社（Royal Niger Co., RNC）　88-91, 104, 108, 119, 133, 137, 141-142, 146, 245-248

ローズ（Rhodes, Cecil）　12, 182, 184, 189, 190-193, 205, 215-217, 229, 235-238, 260, 265
ローズベリー（Rosebery, 5th Earl of）　2, 108, 116, 231, 232, 237, 239, 268
ローデシア　193, 237
ロスチャイルド（Rothschild, 1st Baron）　182, 186, 188, 200, 216
ロビンスンとギャラハー（Robinson, R. & Gallagher, J.）　1, 14, 15, 16, 23, 26, 27, 32, 171, 263
ロンドン　68
　シティ　3, 185, 186, 188
　商業会議所　75, 76, 91, 127, 128

## 著者紹介

竹内 幸雄(たけうち ゆきお)

1944年生まれ。
1967年、明治大学商学部卒業。同大学院を経て、
現在、日本大学商学部教授(商業史、近代経済史担当)。イギリスの帝国経済史を研究。
著書『イギリス自由貿易帝国主義』1990年、新評論
　　『イギリス人の帝国』2000年、ミネルヴァ書房
翻訳『ジェントルマン資本主義と大英帝国』1994年、岩波書店
　　『ジェントルマン資本主義の帝国　Ｉ』1997年、名古屋大学出版会(P. Cain & A. Hopkins著、秋田茂と共訳)

---

自由貿易主義と大英帝国──アフリカ分割の政治経済学
(検印廃止)

2003年3月25日　初版第1刷発行

著　者　竹内幸雄
発行者　武市一幸
発行所　株式会社　新評論
　　　　電話　03(3202)7391番
〒169-0051 東京都新宿区西早稲田3-16-28　FAX　03(3202)5832番
http://www.shinhyoron.co.jp　　振替　00160-1-113487番

落丁・乱丁本はお取り替えします　　　印刷　新栄堂
定価はカバーに表示してあります　　　製本　清水製本

©竹内幸雄　2003　　ISBN4-7948-0595-0　C1022
Printed in Japan

| 本多健吉 | 世界経済システムと南北関係 | 2400円 |
|---|---|---|
| 清水嘉治<br>石井伸一 | 新EU論――欧州社会経済の発展と展望 | 2400円 |
| A・H・バー／<br>樋口裕一・山口雅敏・冨田高嗣訳 | アフリカのいのち――大地と人間の記憶／あるプール人の自叙伝 | 3800円 |
| G・リシャール監修<br>藤野邦夫訳 | 移民の一万年史――人口移動・遙かなる民族の旅 | 3400円 |

表示価格はすべて消費税抜きの本体価格です。